Ingelore Welpe
Isabell Welpe

Frauen sind besser – Männer auch

Ingelore Welpe
Isabell Welpe

Frauen sind besser – Männer auch

Das Gender-Management

Signum Wirtschaftsverlag

Besuchen Sie uns im Internet unter
www.signumverlag.de
www.welpe-online.de
Sie können das Trainingsprogramm
zum Gender-Management auch buchen.

Schutzumschlag: Wolfgang Heinzel
Satz: Fotosatz Völkl, Türkenfeld
Druck: Jos. C. Huber GmbH & Co. KG, Garching
Binden: Thomas Buchbinderei, Augsburg
Printed in Germany
ISBN 3-85436-347-8

Gender

Abb. 1

Sex
=
das biologische Geschlecht

Gender
=
die Geschlechterrollen für Frauen und Männer

Inhaltsverzeichnis

Vorwort

»Den Menschen fällt nichts so schwer, wie neue Wege zu gehen.«

Dostojewski

Ist Gender noch ein Fremdwort für Sie? Dann sind Sie in guter Gesellschaft der deutschen Unternehmen. Was international im übrigen Europa, in den Vereinigten Staaten und sogar in den südlichen Staaten Afrikas bereits »state of the art« in der Mitarbeiterführung ist, klingt für die Ohren deutscher Manager und Führungskräfte, die weiblichen eingeschlossen, durchaus als exotische Neuigkeit.
Natürlich weiß man auch bei uns, dass Mitarbeiter männlich und weiblich sind, aber dass dies eine Bedeutung für das Management der Mitarbeiter im Unternehmen haben könnte, ist unbekannt oder wird ignoriert. Diese unbewusste Inkompetenz von Managern und Führungskräften auf allen Entscheidungsebenen hat Gründe. Weder in ihrer akademischen Ausbildung noch in ihrer beruflichen Weiterbildung sind ihnen Sex und Gender als Schlüsselkategorien für Führung und Personalmanagement bekannt gemacht worden. Sex und Gender kommen in den Lehrplänen für Betriebswirtschaftslehre, in Masterprogrammen für Business-Administration oder in den Spitzenseminaren zur Unternehmensführung nicht vor, obgleich die interdisziplinäre Genderforschung spezifische und solide Ergebnisse erarbeitet hat, die erhebliche Auswirkungen auf die Praxis des Mitarbeitermanagements und die Neuorganisation von Unternehmen haben.
Die Frage nach den Rollen und Erwartungen an Männer und Frauen, also die Frage nach Gender, löst sicher einen nachhaltigen Veränderungsprozess im Personalmanagement aus. Unternehmen wissen, dass wirtschaftliche Innovationen viele Gesichter haben. Es sind Produkte, Technologien, Konzepte und neue Ideen. Innovationen fühlen sich zunächst

fremd an und sehen sich verständlichen Widerständen gegenüber. Selbst die Wissenschaften liefern Beispiele, wie groß Innovationsresistenz sein kann. Die späte Zulassung von Frauen zu Universitätsstudien um 1900 ist nur ein Beispiel von vielen anderen.
In allen großen Organisationen richtet sich das Interesse und Bestreben oft übermäßig auf Vergangenheit und Gegenwart statt auf Zukunft. Mit Routinen legen wir uns fest. Das erzeugt Gewohnheiten im Denken und Verhalten. Für Neues gibt es da zunächst keinen Platz.
Immer wieder dasselbe zu denken und zu tun, stiftet eine sichere Identität. Innovativ zu denken und damit Routinen zu verlassen bedeutet daher, einen sicheren Teil der Identität einzubüßen. Daher entstehen gegenüber Paradigmenwechseln starke Widerstände, denen sich seit jeher Frauen und Männer als Erfinder, Denker, Wissenschaftler, Künstler oder Unternehmensgründer ausgesetzt sahen, weil sie Irrtümer aufdeckten oder Neues ausprobieren wollten.
Widerstand gegenüber Neuerungen zeigt sich meistens nicht, wie zu erwarten wäre, bei den Menschen, denen es an Wissen fehlt. Diese sind leicht für Veränderungen zu gewinnen, wenn man Wissen mit ihnen teilt und neue Wege aufzeigt. Verbreiteter sind Widerstände bei Fachleuten mit ihren Ansprüchen an Wahrheit und mit Positionsmacht. Denn jede Neuerung kann eine Bedrohung ihrer Meinungsführerschaft oder fachlichen Position bedeuten.
So ist es nötig, besonders bei Meinungsbildnern für die Akzeptanz von Innovationen zu werben. In einem Unternehmen sind in der Regel die Führungskräfte eine entscheidende Gruppe für Weiterentwicklungen. Gender in ein Unternehmen als neue Perspektive einzuführen erfordert den Beitrag aller, die Verantwortung tragen. Im Kontext des internationalen Wettbewerbs kann ein Unternehmen nicht zuwarten, wenn es darum geht, auf der Höhe der Zeit und des Wettbewerbs zu sein. Zudem haben alle Interessengruppen des Unternehmens sowie die Investoren ein Recht auf ein zukunftsfähiges Unternehmen. Ein Paradigmenwechsel verlangt nach

Projekten, die daran arbeiten, dass Gender als Begriff so selbstverständlich im Gebrauch ist wie »Management«, »Make-up« oder »Download«. Es gibt viele Gründe, warum es für Gender kein deutsches Wort gibt. Es gibt aber keine Gründe, warum es so bleiben muss. Und es gibt bereits genug Wissen darüber, wie man Gender in die Wertschöpfungsketten der Personalarbeit einführt.

Das genderkompetente Unternehmen der Zukunft entsteht durch die Integration von Gendertheorie und Genderpraxis in die Alltagsprozesse von Organisation, Führung, Zusammenarbeit und Management. Das Wissen über männliche und weibliche Interessen, Potenziale und Rollen liegt bereit und wartet auf die Nutzung für die Weiterentwicklung der Unternehmen. Was so besonders an Sex und Gender und wichtig ist für Unternehmen, wollen wir mit Fakten aus den wissenschaftlichen Spezialdisziplinen zeigen. Mit dem Genderblick auf die Strukturen und Prozesse im Unternehmen wollen wir zu motivierenden Erkenntnissen führen und damit persönliche und unternehmerische Innovationen anstoßen.

Wenn Sie das Buch gelesen haben, sollen Sie am Ende sagen können, dass Sex- und Genderfragen im Unternehmen ja so selbstverständlich zu handhaben seien wie Kostenfragen und dass sich die Investition in dieses Buch gelohnt habe.

Wir können Ihnen mit diesem Buch unser Spezialwissen und unsere Erfahrung über Frauen und Männer in Unternehmen geben. Unser Wissen und unsere Erfahrung sind Ergebnisse der Genderforschung und eigener erprobter Anwendungen auf Personalmanagementprozesse, auch in internationalen Organisationen, Unternehmen und Verwaltungen.

Unsere Motive, über Gendermanagement zu schreiben, sind nicht politisch. Das wäre uns zu wenig Antrieb gewesen. Eine Randbemerkung für Kritikerinnen: Wir sind nicht immer politisch korrekt bei der Sprache. Politik kommt nach unserem Verständnis erst nach der Wissenschaft. Mit einem wissensbasierten Personalmanagement, das Genderprofil ins Unternehmen bringt, erreicht man auch politische Ziele.

Frauen sind besser und Männer auch. Sicher sind Männer und Frauen ganz anders, als wir es bisher glauben und wissen und zukünftig wissen werden.
Wir haben unser Ziel erreicht, wenn Sie durch dieses Buch Lust auf den Start zu einem genderkompetenten Personalmanagement gefunden haben.

München und Molfsee, September 2003

Isabell Welpe Ingelore Welpe

1

Gender – das »missing link« im Unternehmen

Bei dem Versuch, die Entstehung des Menschen zu rekonstruieren, hat die Paläoanthropologie[1] ein großes Problem. Bis heute weiß sie nicht, wie die Entwicklungslinie des Menschen von den Vormenschen zu den heutigen Menschen aussieht. Trotz der bisherigen zahlreichen und aufregenden fossilen Funde ist dieses Rätsel nicht aufzuklären. Es fehlen den Anthropologen die wesentlichen Zwischenglieder in den Beweisketten, die bisher aufgestellt worden sind.
Nach diesen »missing links« im Stammbaum des Menschen wird weltweit gesucht. Werden sie gefunden, dann werden wir unsere Entstehungsgeschichte verstehen können. Bis dahin müssen die »missing links« durch Spekulationen, Glaube und Meinungen über die Evolution kompensiert werden.
Die Organisationslehre und die Ökonomie haben es da besser: Für ihre Modelle zur Entstehung von Unternehmen und zum Unternehmenserfolg muss nicht nach »missing links« gesucht werden. Hier gibt es keine Rätsel. Unsere Wirtschaftsformen und unsere Unternehmen sind Kulturprodukte. Wir bestimmen selbst, welche Wirtschaftssysteme wir benutzen wollen, welche Unternehmen wir gründen, auf welche Märkte wir gehen und welche Arbeitskräfte wir dazu brauchen. Das Konzept für Wachstum und Profit unserer Unternehmen entwerfen wir bis ins Detail selbst.

Was wir zu einem erfolgreichen unternehmerischen Handeln wissen müssen, können wir wissen, wenn wir es wissen wollen.

---

[1] Paläoanthropologie = Stammbaumforschung.

Seit Adam Smith 1776 sein Buch über den Reichtum der Nationen veröffentlichte, haben die Wirtschaftswissenschaften mit ihrer Forschung und Praxislehre unablässig daran gearbeitet, unsere Vorstellungen von den richtigen Eigenschaften des Menschen in der Wirtschaft und unseren Unternehmen zu beeinflussen. Daher glauben Unternehmen auch von sich selbst, dass sie rational handeln und den ökonomischen Nutzen maximieren. Der Mensch im Unternehmen ist dem Erwerbsstreben verfallen[2] und männlich. Diese orthodoxen Annahmen sind inzwischen von der ökonomischen Psychologie vehement kritisiert worden. Ihre Ergebnisse haben nur das wissenschaftlich bestätigt, was jeder Mensch im Beruf erlebt und erfährt. In Unternehmen wird immer auch irrational gehandelt, und es wird keineswegs immer der Nutzen optimiert oder der Profit gesteigert. Richtig ist allerdings, dass die Entscheider, Manager und Führungskräfte in Unternehmen männlich sind. Die bisherigen Fakten, nach denen Unternehmen nur von Männern im Topmanagement gesteuert werden, sind veränderungsbedürftig.
Die Kernfrage an die Ökonomie und die Betriebswirtschaftslehre heißt: Verfolgen Menschen und Unternehmen tatsächlich ihre Ziele bestmöglich nach ökonomischem Nutzen? Was wollen Männer in Topmanagementpositionen, was wollen Menschen und ihre Unternehmen maximieren? Ihre Sicherheit, ihr Einkommen, ihren Status oder den Profit Dritter? Eine weitere Schlüsselfrage muss die Unternehmenspraxis beantworten: Welche Bedürfnisse und Kräfte stehen hinter den ökonomischen Prozessen in Unternehmen, die unternehmerische Entscheidungen und Aktionen bedingen? Wir meinen, es sind die Kräfte der Psychodynamik.
Ökonomie ohne Psychologie kann den Erfolg oder das Versagen eines Unternehmens nicht erklären. Jedes ökonomische Modell, das nur mit volkswirtschaftlichen Gütern wie Preisen, Markt oder Geldmenge rechnet und Produktivität nur im Zu-

---

[2] Rosenstiel und Ewald (1979) haben *dieses* Menschenbild der Wirtschaft als falsch kritisiert.

sammenhang mit den allgemeinen Wirtschaftsbedingungen sieht, hat gedankliche Fehler und ist daher revisionsbedürftig.
Unternehmen bestehen aus Menschen. Sie sind daher die Summe der Potenziale und der Defizite ihrer Menschen. Daher sind Unternehmen sowohl produktiv als auch faul, sowohl rational als auch abergläubisch, sowohl egoistisch als auch kooperativ, sowohl aufgeklärt als auch ideologisch.
In den ökonomischen Standardannahmen über Unternehmen und darüber, wie sie geführt werden sollten, fehlen nicht nur wesentliche Aspekte über die Psychologie des Verhaltens in Organisationen, sondern es gibt **noch** ein großes »missing link«: **Gender**.

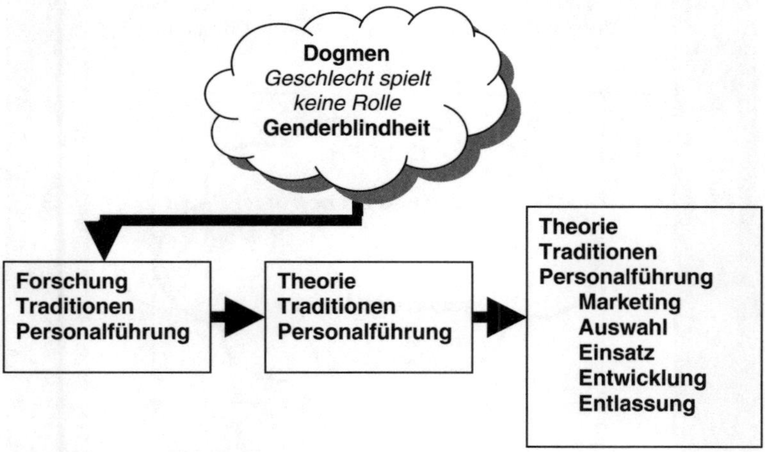

Abb. 2: Dogmen und Traditionen in der Personalführung

Was bedeutet Gender?
Das englische Wort Gender bezieht sich auf Männer und Frauen und bezeichnet die Rollen, die eine Gesellschaft oder Kultur für Frauen und Männer definiert.

Mit dem **biologischen Geschlecht, Sex** genannt, verbindet jede Gesellschaft Vorschriften und Erwartungen, setzt Normen für Verhalten und gewährt Zugang zu Ressourcen und Positionen in Wirtschaft, Politik, Wissenschaft und Kunst.

Vereinfacht gesagt ist das biologische Geschlecht (englisch: Sex), das, was wir zwischen den Beinen haben, und Gender das, was wir im Kopf haben.
Ihr soziales (Gender) und biologisches (Sex) Geschlecht bestimmen für alle Männer und alle Frauen[3] ihre Möglichkeiten und Grenzen im Beruf und Privatleben sowie den Zugang zu Besitz, Geld und Macht.

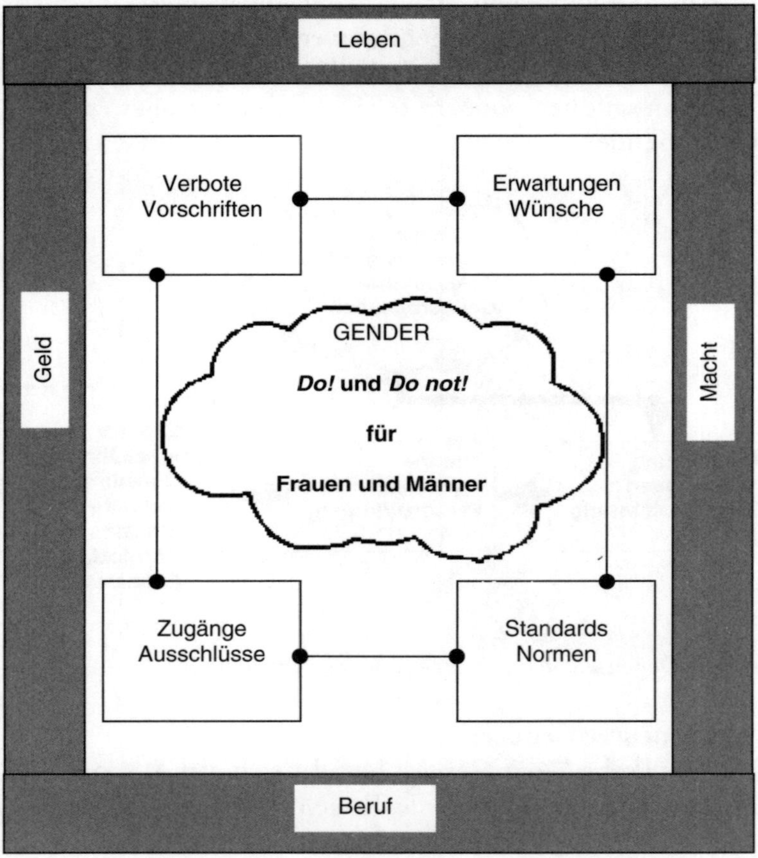

Abb. 3: Definition Gender

[3] Wenn wir von Männern und Frauen sprechen, meinen wir nicht den einzelnen Mann oder die einzelne Frau, sondern sprechen hier »von der statistischen Mehrheit« der Männer und Frauen.

Die Übereinstimmung von Sex und Gender, also den biologischen und sozialen Funktionen, war in den Anfängen unserer Evolution überlebenskritisch, daher notwendig und ökonomisch sinnvoll. Was ursprünglich einmal zwangsläufig war, ist heute auflösbar und verhandelbar. Die Fortschritte der Technik und der Wissenschaft und damit der Freiheit des Denkens und Handelns ermöglichen es Frauen und Männern heute, sich unabhängig von der Gesetzmäßigkeiten der Fortpflanzung ihre Rollen und Aufgaben in Leben, Beruf und Gesellschaft frei zu wählen und zu definieren. Männer und Frauen sind heute freier denn je.

Nicht allein den Emanzipationsbewegungen oder Revolutionen, sondern auch den bisher entwickelten intelligenten Maschinen und speziellen Nahrungsmitteltechnologien ist es zu verdanken, dass Männer heute ohne Frauen Kinder aufziehen und Frauen bei militärischen Sondereinsätzen kämpfen können. Die derzeitigen Entwicklungen in der Reproduktionstechnologie eröffnen nun auch die völlige Auflösung von Sex und Gender in der nächsten Zukunft. Vergleicht man allerdings den Stand des gegenwärtigen Wissens und der Technik mit dem Stand der Geschlechterrollen und der Geschlechterverhältnisse in Gebrauch, so sind erhebliche Diskrepanzen zwischen den Möglichkeiten, die Männer und Frauen hätten, und der geübten Praxis festzustellen.

Im Privatleben bevorzugen die meisten Männer und Frauen die **alten** Rollenmuster. Von ihren Fortpflanzungsfunktionen lassen sich Frauen und Männer immer noch mehr bestimmen als von neuen Möglichkeiten, ihr Leben anders zu gestalten. Die Verhaltensbiologen haben ja längst erklärt, dass die von Menschen bisher entwickelte Kultur es möglich macht, die biologischen Spezialisierungen bei Frauen und Männern bei der Definition von Genderrollen zu ignorieren.

Die heutigen Menschen können künstlich zeugen lassen, biologische und soziale Elternschaft können getrennt und Schwangerschaft kann in das späte Erwachsenenalter verlegt oder delegiert werden. Die Gesetze der Fortpflanzung gelten nicht mehr für die Genderrollen. Männer und Frauen können daher in jedem Bereich der Gesellschaft frei kooperieren.

Die wesentlichen sozialen Kooperationsfelder für Männer und Frauen sind dabei das Privatleben und die Wirtschaft.

Warum werden die Fortschritte der Technik, des Wissens und der Erfahrung ebenso wenig wie die Freiheit der Lebensgestaltung von Männern und Frauen ökonomisch nicht besser genutzt?
Warum wählt das Personalmanagement in Unternehmen nach dem alten Geschlechterrollenmodell Menschen aus, beurteilt oder befördert sie auch danach? Und warum bedenken Personalführung und Personalmanagement auch in den seit dem letzten Jahrhundert heftigsten Umbruchzeiten für die Wirtschaft immer noch nicht, dass die Zukunftsfähigkeit eines Unternehmens von einem modernen Verständnis seines Humankapitals abhängt, das ja aus **leibhaftigen Männern und Frauen** besteht? Da man erlebt, dass Personalverantwortliche, meist männlich, auf allen Ebenen und Führungskräfte aller Branchen und auch in sozialen Organisationen das Personal als Kostenfaktor führen und managen, ist es nicht verwunderlich, dass Genderpotenziale nicht erkannt werden oder es nur eine lässliche Sünde ist, diese spezifischen Talente nicht zu nutzen.
Hängt diese eingeschränkte Perspektive auch damit zusammen, dass es nahezu ausschließlich Männer sind, die in Managementpositionen Perspektiven entwickeln dürfen?
Menschen in Unternehmen sind mit ihren Potenzialen die primären Produktionsfaktoren. Das nicht zu begreifen, führt zu Denkfehlern in der strategischen Personalführung. Strategische Fehler vernichten Produktionskraft und Wirtschaftsleistung, kosten Unternehmen viel Geld, reduzieren Wettbewerbsvorteile und führen zuletzt zum Untergang von Unternehmen. Fakt ist: Potenzialgetriebene und unternehmerisch orientierte Personalstrategien haben in deutschen Unternehmen noch keinen ausreichenden Stellenwert.

Bisher machte es keinen Unterschied, ob Personalvorstände, Personalmanager oder Führungskräfte unternehmerisch denken und handeln oder nicht. Noch schlägt es sich nicht in ihren Beurteilungen, Dotierungen oder im Karrieretempo nieder. Es schadet möglicherweise sogar einer männlichen Führungskraft persönlich, ihrem Image oder ihrem Standing im Unternehmen, wenn sie sich statt mit Zahlen, Verfahren, Administration oder Umstrukturierungen mit den eigentlichen Erfolgsdeterminanten des Unternehmens intensiv beschäftigt: dem Humankapital und dem Potenzial, das es darstellt.

Das Management von Humankapital ist kein Handwerk, es ist eine Kunst.

Kunst setzt Neugier und Motivation voraus, Wissen, Anwendung und Übung. Kunst hat ein Ziel und eine Moral: Eine Spitzenleistung soll erreicht werden, die einen Mehrwert schafft. Das Streben nach der besten Leistung und nach dem ökonomischen und sozialen Mehrwert ist beim Management des Humankapitals in Wirtschaftsunternehmen keineswegs eine beliebige Angelegenheit. Denn: **Es gibt den Wettbewerb.** »Der Wettbewerb ist das großartigste und genialste Entmachtungsinstrument der Geschichte, weil errungene Machtpositionen immer wieder erodieren und deshalb Macht immer wieder diszipliniert wird.«[4] Unternehmen haben also keine andere Wahl, als ihren Unternehmenserfolg zu steigern. Die Erforschung des Humankapitals kommt voran. In München haben im März 2003 bei der öffentlichen Premiere des Human Capital Club 100 Personalmanager, Unternehmensberater und Wissenschaftler mit Analysten bereits diskutiert, ob und wie sich die Investition in Mitarbeiterpotenziale in künftigen Unternehmensbilanzen niederschlagen kann. Der Human Capital Club ist überzeugt, dass in modernen Industrie- und Dienstleistungsunternehmen das

[4] Vgl. Homann & Blome-Drees (1994).

Potenzial des Personals zur Steigerung des Shareholder-Value beiträgt.
Die ersten Nachweise dazu sind von großen Unternehmensberatungen[5] wie Boston Consulting, McKinsey und Gallup vorgelegt worden. Sie sind ermutigend. In unserem Buch schauen wir das Humankapital im Unternehmen genauer an und differenzieren Humankapital nach Männern und Frauen und nach ihren spezifischen Potenzialen. Wir zeigen, welche Bedeutung diese für die Struktur und Leistung des Unternehmens haben.
Wenn in unseren Unternehmen Gender noch ein Fremdwort ist und diese immer noch nicht genderkompetent geführt werden, dann ist es Zeit, dass unsere Unternehmen den Anschluss an den »Stand der Kunst« im Personalmanagement finden.

Frauen im Unternehmen wollen nicht unterschätzt und Männer dürfen nicht überschätzt werden.

Sie beanspruchen entsprechend ihrer spezifischen Potenziale und unterschiedlichen Bedürfnisse Genderkompetenz in der Führung. Wenn zukunftsorientierte Unternehmen heute nach dem besten Humankapital suchen, dann sollten sie die Ergebnisse der Genderforschung kennen und nutzen und nach den für sie besten Männern und besten Frauen[6] suchen. Viele Frauen und viele Männer sind sehr viel besser, als es ihr Personalmanagement oder ihre Führungskräfte wissen.
Gender in das Personalmanagement und in die Mitarbeiterführung einzuführen ist wie ein Abenteuer. Es ist aufregend und birgt Überraschungen. Schwierige Situationen, Höhen und Tiefen müssen gemeistert werden. Es ist wie eine lange

[5] Sie können dazu den Artikel von W. Gertz im Personalmagazin 05/2003 nachlesen.

[6] Wenn wir von den besten Männern und Frauen reden, dann meinen wir, dass die besten jeweils die sind, die mit den Anforderungen und Aufgaben am besten zusammenpassen. Für alle Positionen gibt es beste Mitarbeiter. Man muss sie nur finden.

Trekkingtour. Am Ziel sieht man ein verändertes Personalmanagement, das souverän die Fragen beantwortet hat, die heute noch offen sind.
Was ist genderkompetentes Personalmanagement? Wie sehen Personalprozesse vom Marketing bis zur Topkarriere frauenspezifisch und männerspezifisch aus? Sind Männer anders zu motivieren als Frauen? Welche geschlechterspezifischen Beurteilungsfehler entstehen, wenn Genderkompetenz fehlt? Was muss ein Mann wissen, wenn er Frauen führt? Wie führt man das Leistungsmanagement für männliche und weibliche Mitarbeiter in der Praxis durch? Kann man Teams unter Genderaspekten optimieren?
Im Verlauf dieses Buches sollen diese Fragen mit Fakten und Praxisbeispielen beantwortet werden. Der Genderblick im Unternehmen soll damit so klar und selbstverständlich werden wie die Kostenfrage im Unternehmen. Außerdem wird die Genderperspektive allen Frauen und Männern, die im Beruf Erfolg anstreben, überraschende persönliche Einsichten geben.

Take away!

1. **Das Management von Humankapital ist kein Handwerk, es ist eine Kunst.**
2. **Gender ist die moderne Schlüsselkategorie für erfolgreichere Personalführung und glücklichere Berufskarrieren.**

2

Innovationsquellen für das Personalmanagement

Man muss ganz bescheiden sagen, dass wir seit historischen Zeiten nicht wirklich Innovationen in die Personalführung eingeführt haben. Es gibt nichts, was wir als Durchbruch in der Managementlehre oder in der Managementpraxis bezeichnen könnten. Der allergrößte Teil der Literatur zu Personal und Führung, der verkauft und gelesen wird, kann uns nicht viel Neues vermitteln. Auch die Alltagserfahrungen von Menschen in Unternehmen sind immer die gleichen. Zielsetzung und Stil der Personalführung sind unverändert, erscheinen administrativ, oft altbacken und wenig individuell. Auch wenn die Deutsche Bank in der derzeitigen Finanzmisere auf den Humankapitalmarkt geht und rechnen lässt, was ein Mensch wert ist und der einzelne Humankapitalträger so an Rendite abwirft, scheint das innovativ. Wenn dabei Gender, wie geschehen, aus den Berechnungen ausgespart bleibt, kann das Ergebnis nur falsch sein.
Aus drei Quellen können Innovationen in der Personalführung kommen: wenn die Ökonomie auf psychologische Grundlagen[7] gestellt wird, wenn die Ergebnisse der Gallup-Studien[8] zur Personalführung und zum Talenteinsatz angewendet werden und wenn die Genderperspektive in die Praxis des Personalmanagements eingeführt wird.

---

[7] Vgl. das Buch zu den psychologischen Grundlagen der Ökonomie: Fehr & Schwarz (2002).

[8] Was Spitzenmanager in der Personalführung tun, haben Buckingham und Coffman in ihrem Buch »First, Break All The Rules« 2001 beschrieben.

Abb. 4: Innovationsquellen für das Personalmanagement

In den veränderten ökonomischen Situationen seit den 90er-Jahren verlangen immer mehr Mitarbeiter in immer mehr Unternehmen nach Managern, die »vor uns wissen, was sie wollen und was zu tun ist«. In den obersten Verantwortungsebenen der deutschen Industrie und Wirtschaft finden wir ein führendes männliches Management, das sich selbst charakterisiert durch

- Durchsetzungsvermögen
- Entscheidungskraft
- Leistungsorientierung
- Konfliktstärke

und das mit einem klaren Anspruch auf Steuerung und Führung vorgibt, Unternehmen und die Millionen von Männern und Frauen, die darin beschäftigt sind, erfolgreich machen zu wollen. Topmanager wollen nach eigenen Angaben Menschen sein, die andere im Unternehmen dazu bringen, etwas zu tun, was diese von selbst nicht tun würden, so zum Beispiel ihr volles Potenzial für die wirtschaftliche Leistungssteigerung im Unternehmen zur Verfügung zu stellen.

Nun entspricht das eigene Selbstbild selten genug dem Bild, das andere von uns haben. Wenn all das, was das Topmanagement sich an Eigenschaften zuschreibt, tatsächlich vorhanden wäre, dann müssten unsere Unternehmen zu den besten gehören. Es ist sicher derzeit nicht der Fall. Viele Innovationen sind dafür noch zu leisten. Nehmen wir nur den simplen Fakt, dass eine Idee wie Gendermanagement Befremden oder Erstaunen in allen Unternehmen auslöst, dann genügt schon das, um festzustellen: Es ist noch ein weiter Weg, nicht nur zu dieser Innovation.

Bevor man etwas Neues tut, hilft es oft, zurückzuschauen. Ein Blick zurück in die Geschichte der Menschenführung und auf die spektakulärsten Führungserfolge der Geschichte zeigt, dass schon die historische Managementelite immer davon ausging, dass Menschen – richtig geführt und gemanagt – das Beste aus sich machen und mit anderen erreichen wollen. Spitzenleistungen haben sich nie von selbst ergeben. Sie müssen strategisch, mit Geduld und Umsicht, beharrlich und unermüdlich von Führungskräften erarbeitet werden.

»Immer wieder überraschte mich im Laufe meiner Untersuchung der Umstand, dass sich die von mir beobachteten Topmanager – sämtlich sehr kompetent – von ihren Ebenbildern 100 (oder auch 1000) Jahre zuvor nicht wesentlich unterschieden.« So sprach Henry Mintzberg in einem Aufsehen erregenden und mit dem McKinsey Award ausgezeichneten Artikel über den Führungsstil von Topmanagern.

In seinem Buch »Sternstunden der Führung«[9] hat H. Altmann 1997 brillante Analysen über die Erfolgsfaktoren der Führung von Männern und Frauen der Geschichte vorgelegt. Immer beruhten deren exzellente Führungsleistungen auf ihren ungewöhnlichen Strategien und ihrer persönlichen Lernfähigkeit. Mit Mittelmäßigkeit und der Annahme, dass Innovationen die Akzeptanz aller benötigen, gab es noch nie gute Fortschritte.

---

[9] Die hier erwähnten Beispiele sind aus Altmanns Buch »Sternstunden der Führung« genommen, das wir zum Nachlesen empfehlen.

Eine innovative Personalstrategie zu entwickeln, ist die Aufgabe der Personalvorstände. Eine innovative Personalstrategie zu realisieren, ist die Aufgabe der Personalmanager. Zum Anstacheln Ihrer Innovationslust sollen die ausgewählten historischen Beispiele aus Altmanns Buch dienen.
Diese Beispiele sollen Sie für innovative Durchsetzungsstrategien begeistern und davon überzeugen, dass sehr schwierige Herausforderungen bewältigt werden können.

I. Beispiel: Themistokles

Er zieht gegen den persischen Großkönig (Xerxes), er schlägt die Schlacht bei Salamis, er erringt den Seesieg gegen die Perser um 480 v. Chr. Athen steht vor dem Untergang. Das Ende Athens und der griechischen Kultur droht. 1200 Perserschiffe stehen gegen 368 kleine Griechenschiffe.
Es geht um die Zukunft. Wer bestimmt die Wirtschaft, die Sprache, den Handel und die Kultur? Perser oder Griechen?
Was gelang Themistokles?
Der Sieg über die Perser durch Motivation eines mutlosen Athenerhaufens. Wie? Mit einem Diplomatenmord[10] als eindeutigem Zeichen der Entschlossenheit.
Der Perserkönig Xerxes will zunächst eine friedliche Eroberung. Er schickt einen Gesandten, der in griechischer Sprache die Kapitulation fordert. Themistokles schlägt dem Gesandten einfach den Kopf ab. Was war sein Kalkül?

- Hinrichtung demonstriert das Nein und den Führungsanspruch der Griechen.
- Es verstärkt die Identifikation der Griechen mit ihrer Kultur und ihrer Sprache.
- Es gibt dem Überlebenskampf einen existenziellen Sinn.
- Es schafft einen »Blutgraben« zwischen Persern und Griechen.

[10] Zu damaligen Zeiten war dies ein akzeptiertes strategisches Verhalten.

Das war Motivation par excellence in einer kulturbedrohenden Situation, weil Handlungen mehr motivieren als Worte.
Themistokles sucht die Seeschlacht im eigenen Land und an Erfolg versprechender Stelle.
Und alle Bürger, auch die freien, werden zur Sklavenarbeit, sprich: zum Rudern auf See, gebracht.
Wozu? Das Prinzip der Ebenbürtigkeit gilt: In einer Demokratie müssen Reiche, Kluge, Dumme, Namenlose, Berühmte gleichermaßen am Einsatz um das eigene Überleben beteiligt werden.
Der verbindende Gedanke lautet: Wir alle sind *Bürger* Athens!
»Auf den Ruderbänken gelangten alle zur Demokratie.«
Die Unschlüssigkeit des Gegners wird wahrgenommen, und auf seine Führungsfehler wird gewartet. Xerxes beruft eine Konferenz ein, um abzustimmen, ob er die Griechen angreifen soll oder nicht. Der Despot gibt die Führung an eine Konferenz ab und hält sich an deren unsinnigen Beschluss: Angriff an einer schlechten Stelle.

II. Beispiel: Alexander der Große

Vielleicht erinnern Sie die Zahl 333 – bei Issos Keilerei! Eine größere Führungsleistung aber war Alexanders Marsch durch die Gedrosische Wüste[11], 500 Kilometer lang. Von 40.000 Soldaten überlebten 15.000. 2000 Jahre lang wagte kein Heerführer mehr diese Wüstendurchquerung!
Sein Motiv: Ein Weltreich errichten.
Wie erreicht Alexander sein Ziel? Durch ein perfektes Vorbildverhalten. Er trinkt kein Wasser, weil für einen der Vorrat zu viel ist – für alle ist der Vorrat zu wenig. Den mit Wasser gefüllten dargebotenen Helm schüttet er vor aller Augen aus.

[11] Heute schaffen eine Wüstendurchquerung nur noch Abenteurer, z. B. Bruno Baumann. Ingelore Welpe durfte 1997 mit Baumann in die Alashanwüste der Gobi gehen. Im Buch »Wilderness Experiene« (2002) wird davon berichtet.

Nach 60 Tagen ist die Wüste durchquert. 15.000 kommen in der Stadt Keman an. Niemand will mehr weiter. Die Perser hätten ein leichtes Spiel gehabt, wenn sie diese kritischen Stunden ausgenutzt hätten. Durch die spektakulärste Motivationsaktion der Antike – einen vorgezogenen Siegesmarsch und eine Siegesfeier in der besetzten Stadt – bringt er seine Männer zum Sieg. Alexander führte durch Symbole und Beispiele.

III. Beispiel: Hannibal

221 v. Chr.: Rom steht gegen Karthago. Es geht wie oft um Absatzmärkte, Handelsstützpunkte, Seewege und Rohstoffe. Der Weg führt von Afrika über die Alpen. Hannibal muss vor die Tore Roms. Hannibal ist 26 Jahre alt, als er zum Feldherrn gewählt wird mit dem Auftrag, Karthago von Rom zu befreien. Bei der Vorbereitung zum Aufbruch gibt es Putschgerüchte, Demoralisierung und Rebellion im Heer.
Er startet eine Identitätsentscheidung und eine Entlassungsaktion. Er fordert von jedem eine aktive Entscheidung für die Teilnahme am Marsch gegen Rom. Er entlässt negative Meinungsmacher und Bedenkenträger und fördert das Bewusstsein für diese Mission.
Sein Ergebnis: 16 Jahre lang führt Hannibal ein Heer mit Soldaten aus 20 Nationen, 20 Sprachen, ohne gemeinsames Vaterland und ohne verbindende Idee.
218 v. Chr. ziehen 55.000 Fußsoldaten, 12.000 Reiter und 38 Elefanten über die Alpen nach Rom. Wie gelang dies Hannibal? Mit persönlicher Fürsorge für Soldaten, Vermeidung von Bauernopfern und Entlassung der Bedenkenträger.
Wir machen einen Sprung in die Neuzeit:

IV. Beispiel: Maria Theresia

Am 20. Oktober 1740 ist Maria Theresia 23 Jahre alt und wird Kaiserin von Österreich. Sie ist schwanger und absolut unvorbereitet mit viel Klavierunterricht und wenig Latein. Die größten Männer Europas sind ihre Gegner. Sie hat keine fähigen Berater, der jüngste ist 69 Jahre alt. Sie hat 80 Millionen Gulden Staatsschulden.

- Ihre Kontrahenten sind Friedrich der Große und eine neue Dimension der Kriegführung, die bis hin zur totalen Vernichtung gehen soll.
- Ihre Aufgabe ist zum einen das Überleben in der gefährlichsten europäischen Diplomatie und zum anderen, den Verlust von österreichischen Gebieten, hier Schlesien, zu verhindern.

Wie schafft sie das?

- Sie zieht sich ins Kloster zurück, um dort eine bewusste Identitätsentscheidung, einen Schwur vor Gott, vor sich selbst und völlige Übereinstimmung mit sich selbst herbeizuführen.
- Sie verordnet sich Gelassenheit durch Emotionskontrolle. Sie betrachtet die eigenen Probleme wie die einer Fremden und stellt für sich Problemdistanz her.
- Moral und Ideale sind die stärksten Grundlagen ihrer Führungsautorität und ihres Erfolgs.

V. Beispiel: Friedrich der Große

Er hat viele Sternstunden und viele Höllentage. Eine entscheidende Situation für ihn ist die aussichtslose Schlacht bei Leuthen im 7-jährigen Krieg. 73.000 Österreicher stehen gegen 43.000 Preußen, nach zwei Niederlagen und zwölf Tagen Gewaltmarsch im Winter soll er für die Schlacht Motivation erzeugen. Wie? Er führt von Angesicht zu Angesicht. Er geht durch die Zeltreihen, spricht im Kutscherdeutsch mit den Soldaten. Die Soldaten sagen »Fritze« zu ihm. Er hält eine Ansprache an seine Führungskräfte, schockt die Generäle mit nüchternen Analysen und schonungsloser Offenheit und fordert mit wohl dosierter Anerkennung und packenden Appellen zur

Leistung auf. Er fordert zur Entscheidung, die Abschied oder Teilnahme heißt. Die dargebotene Hand der Generäle verweigert er. Er wird sie ihnen erst nach gewonnener Schlacht reichen. Am 3. Dezember 1757 steht der Sieg bei Leuthen.

Friedrich der Große ist stark
- durch Selbstmotivation,
- durch Handeln nach Plan,
- durch Handeln nach moralischen Grundsätzen und
- durch persönliche Hausrezepte gegen Depressionen.

VI. Beispiel: Nelson

Die Trafalgarsäule in London ehrt ihn. Er gewinnt die Seeschlacht gegen Frankreich und Spanien. England wird dadurch Weltmacht. Nelson ist eine der liebenswürdigsten Personen der Weltgeschichte. Er ist nur 1,65 Meter groß, 65 Kilogramm schwer und ein Oberschülertyp. Nelson führt »menschlich«. Er gibt den Soldaten keine »Strafen«, er fordert den »Stolz« der Männer heraus und verdeutlicht den »Stellenwert« eines jeden Einzelnen.

VII. Beispiel: Gandhi

Er ist 1869 geboren. Mit der Erziehung in England wird er ein englischer Gentleman. Das entscheidende Erlebnis: Ein Weißer wirft ihn, den Farbigen, aus dem Erste-Klasse-Abteil eines indischen Zugs. Dem folgt der Entschluss seines Lebens: Widerstand leisten, aber gewaltlos. Gewalt gewaltlos beseitigen! Er errichtet eine Volksbewegung. Er verzichtet auf Besitz. Er legt ein Keuschheitsgelöbnis ab.
Er erfindet Symbole des Widerstands, z. B. ein Spinnrad für selbst gesponnene modische Kleidung. Er erreicht die Gewaltlosigkeit als Volksbewegung und Befreiung Indiens. Der Südafrikaner Nelson Mandela hatte ihn zum Vorbild.

Wenn Sie nun sagen, dass es heute ja keine Schlachten mehr zu schlagen gäbe, dann denken Sie an die aktuellen Kriege weltweit. Wenn Sie sagen, dass wir keine Schlachten in Unternehmen haben, dann haben Sie vordergründig Recht. Wenn Sie ehrlich sind, wissen Sie, dass die kleinsten Veränderungen in Unternehmen oft mit täglichen Kämpfen und Auseinandersetzungen herbeigeführt werden müssen. Auch hier geht es um den Sieg neuer Ideen.
Um Gender als Thema ins Unternehmen einzuführen, um das Personalmanagement und die Personalführung genderkompetent zu praktizieren, brauchen Sie mehr von der Vorstellungskraft, dem Mut, der Kreativität und der Moral der historischen Managementelite. Auch die hatten nicht zuerst ein Training. Auch für sie war es das erste und oft das einzige Mal, dass sie ganz außergewöhnlich handeln mussten. Sie hatten starke Antriebspotenziale und tatsächlich alle die Eigenschaften, die sich heutige Topmanager zuschreiben.

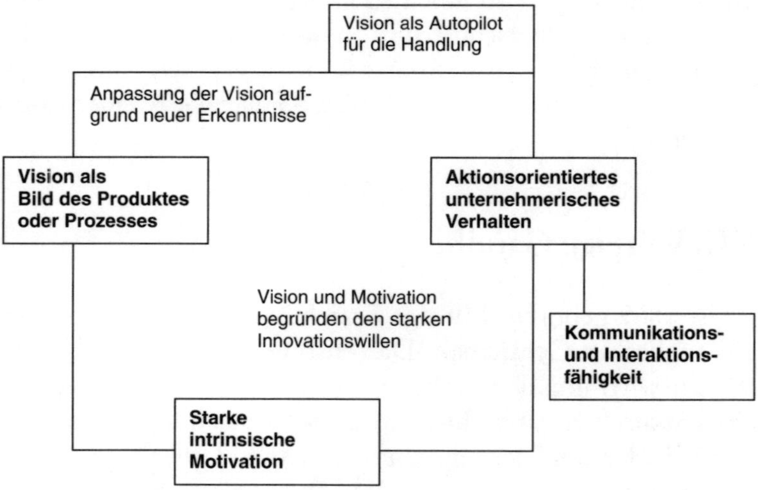

Abb. 5: Personalstrategie »Gender« zwischen Vision und Aktion

Die Vision ist eine Vorwegnahme der Zukunft. Sie leitet bei schwierigen Zielsetzungen wie ein Autopilot die eigenen Handlungen und Entscheidungen. Der Treibstoff für die

Realisierung der anspruchsvollen Personalstrategie »Gender« ist die eigene intrinsische Motivation. Sie heißt hier schlicht Innovationslust.
Mit solchen Voraussetzungen sollte es eigentlich leicht sein, das eigene Unternehmen zu »neuen Ufern« zu führen. Ob Sie genug Talente dazu haben, wird aus Ihren Taten ersichtlich werden.

Sie wollen Gender ins Unternehmen einführen?

Dann setzen Sie ein Zeichen! Fordern Sie Entscheidungen ihrer »Generäle«! Machen Sie es gewaltlos und selbst vorbildlich! Und treffen Sie Ihre Entscheidungen auch gegen falsche und ängstliche Berater.
Wenn Sie Gender als Innovation im Personalmanagement einführen, dann fangen Sie mit einem Entschluss bei sich selbst an. Frischen Sie ihre alten Kenntnisse über Strategie auf, lesen Sie nichts mehr von alter Managementliteratur, sondern saugen Sie Informationen aus frischen Wissensquellen auf. Sie vermehren als Mann oder Frau und als Manager ihr persönliches Humankapital durch Genderwissen.

Take away!

1. **Vermehren Sie durch Genderwissen Ihr persönliches Humankapital!**
2. **Wenn Sie in die Geschichte Ihres Unternehmens eingehen wollen, dann begeistern Sie das Personal für Gender.**

3

Gender wird populär – das moderne Managementmodell

Da die Biologie Frauen und Männern keine Richtlinien außerhalb der Fortpflanzungsgesetze gibt und wir uns auch durch unsere kulturellen Leistungen von der Verbindung zwischen Sex und Gender befreit haben, können wir verschiedene Konzepte zu Genderrollen entwerfen und deren Nutzen auch kalkulieren.
Drei Szenarios[12] für die Bestimmung von Genderrollen sind möglich.

Szenario 1

Matriarchat oder Patriarchat	Einstufung: Alt

Frauen bestimmen → Männer akzeptieren → Matriarchat
Männer bestimmen → Frauen akzeptieren → Patriarchat

Bewertung
Ein Geschlecht wird dominiert und benachteiligt.
Das Modell ist instabil.
Der Nutzen ist nicht optimiert.
Das Modell ist mit seinen Schwächen bekannt.

Das Matriarchat soll existiert haben. Dafür gibt es keine schriftlichen Zeugnisse in historischer Zeit. Das Patriarchat existiert seit historischen Zeiten. Es löst sich jedoch unaufhaltsam auf.

---

[12] Die Verhaltensbiologen Wickler und Seibt (1998) haben unter Nutzensaspekten verschiedene Modelle diskutiert.

Szenario 2

Ideales Rollenmodell für Menschen	Einstufung: Ideal

Ein idealer Mensch → Männer müssen angepasst werden
Ein idealer Mensch → Frauen müssen angepasst werden

Bewertung
Männer und Frauen treten in Konkurrenz.
Beide Geschlechter werden unterschiedlich stark benachteiligt, je nachdem, wie die Ideal-Definition lautet.
Das Modell ist wider die Biologie.
Das Modell ist ein Gedankenexperiment und nicht praktikabel.
Sein Nutzen ist unbekannt.
Es gäbe Leistungsverluste durch Konkurrenz zwischen Frauen und Männern.

Szenario 3

Rollenmodell: Genderpotenziale	Einstufung: Modern

Männer entfalten ihre Potenziale → Frauen akzeptieren
Frauen entfalten ihre Potenziale → Männer akzeptieren
Beide Genderpotenziale kooperieren.

Bewertung
Faire Geschlechterbeziehungen.
Kein Geschlecht wird benachteiligt.
Die Kooperation maximiert den Nutzen aus den Geschlechterpotenzialen.
Die Potenzialentwicklung erfolgt genderspezifisch.
Lernaufwand hoch, Kosten-Nutzen-Verhältnis gut. Zukunftsfähig und als Strategie zu entwickeln und umzusetzen.

Die Personalverantwortlichen in einem Unternehmen können nun überlegen, mit welchem der drei Szenarios sie den Unternehmenserfolg steigern wollen. Das Szenario »Alt« ist

noch in Gebrauch, es muss sich auf seinen Abgang vorbereiten. Das Szenario »Ideal« bleibt als Gedankenspiel in philosophischen Köpfen. Das Modell »Genderpotenziale« ist in der Durchbruchszone der Genderforschung und anwendungsreif für Unternehmen.
Es ist derzeit schon meinungsbildend im gesellschaftlichen Mainstream[13]. Es wartet auch auf die breite Nutzung in den großen und mittelständischen deutschen Unternehmen und in einem modernen Managementmodell.

Managementmodelle der Zukunft basieren auf der Kenntnis, Akzeptanz und Nutzung von Genderpotenzialen beider Geschlechter.

Es wird das jetzt noch weit verbreitete Managementmodell, das einseitig männlich orientiert ist, ablösen, weil es Innovationen bietet. Obgleich in den letzten 15 Jahren mehr Frauen in Führungspositionen aufgestiegen sind und obgleich seit 1995 große europäische Konzerne über Frauen als Wirtschaftsfaktor sprechen und in politischen Fachkonferenzen über den ökonomischen Wert von Vielfalt und E-Quality[14] für Unternehmen referiert wird, bleiben die Diskussionen im Kontext des alten Modells. Das neue Managementmodell hat keine politischen, sondern gute ökonomische Begründungen und schlüssige Argumente für das Personalmanagement. Treiber für die Einführung des neuen Modells müssen die Unternehmen selbst sein. Damit ein neues Modell auch bekannt wird, muss es in den Unternehmen verbreitet werden. Auch dazu soll dieses Buch beitragen.
Die Zielgruppen, die besonderes Interesse an einem neuen Managementmodell haben, sind weibliche Manager, Frauen im Beruf, männliche und weibliche Studierende der Betriebswirtschaftslehre, männliche und weibliche Nachwuchs-

[13] Mainstream: Ideen, die bei allen gesellschaftlichen Gruppen und Medien im Trend sind, bilden einen Mainstream.
[14] E-Quality = Qualität durch gleiche Chancen.

führungskräfte und progressive Personalmanager beiderlei Geschlechts. Nur wenige männliche Manager in Position und mit Einfluss beschäftigen sich mit diesem neuen Managementmodell. Ihre Vermeidungsmotive sind nachvollziehbar, jedoch nicht akzeptabel.
Das alte Managementmodell muss nämlich längst von der Strategie des männlichen Überschusses auf Führungspositionen abweichen, weil so Potenziale im Unternehmen, Effizienz und Innovationen nicht optimierbar sind. Das ist hier ein biologisches Argument. Der Männerüberschuss in Unternehmen und Organisationen geht einher mit notwendigerweise falschen Besetzungen von Positionen. Die Nichtakzeptanz von Frauen in den obersten Managementpositionen, die Aufstiegserschwernisse, denen Frauen aus den Management-Development-Programmen begegnen, um in Führungspositionen zu gelangen, sind biologisch betrachtet nichts anderes als das »Wegbeißen von Konkurrenten«. Hier sind es weibliche Konkurrenten.
Bei vergleichbarer Ausbildung, gleichem Alter, gleicher Fähigkeit und gleicher Managementebene haben weibliche Managerinnen ohnehin zusätzliche Benachteiligungen. Sie haben weniger oder keine Kinder, öfters keine Familien, und es geht bis zu 40 Prozent weniger Geld auf ihrem Gehaltskonto ein, als es für männliche Manager der Fall ist. Zudem garantieren Organisationen mit Männerüberschuss keineswegs beste Bedingungen für alle Männer, weil ihnen die intelligenten und kreativen Ressourcen der Frauen und vieler besserer Männer fehlen.
Das einseitig männliche Managementmodell benutzt alte Geschlechterrollen und beschränkt sich damit selbst. Frauen mit Ambitionen im Beruf und weibliche Manager oder neue Männer lösen in Unternehmen, in denen das männliche Modell gilt, Managerstress aus.

Das Immunsystem des traditionellen Unternehmens reagiert heftig mit Widerstand, sobald Genderfragen gestellt werden. Abwehrreaktionen entstehen, große und kleine, sublime oder offensichtliche Barrieren werden errichtet.

Einmauern ist jedoch keine Erfolgsstrategie in Unternehmen.

Die Befunde zu geschlechtsspezifischem Stress, die das Polytechnische Institut von Virginia[15] veröffentlicht hat, sind gleichermaßen verräterisch wie amüsant.

1. Von einer Frau bei der Arbeit ausgebootet zu werden.
2. Wenn der Boss eine Frau ist.
3. Einer Frau die Kontrolle über eine Situation zu überlassen.
4. Wenn die Ehefrau mehr Geld verdient.
5. Wenn die Partnerin erfolgreicher ist.
6. Mit einer »Feministin« reden.
7. In einem Spiel gegen eine Frau verlieren.
8. Wenn die Partnerin mitarbeiten muss, um die Familie zu ernähren.
9. Den Freunden gegenüber zugeben, dass man Hausarbeit macht.
10. Wenn die Partnerin größer ist.

Quelle: Eisler u. a., 1991

Abb. 6: Stressfaktoren für Männer im alten Managementmodell

Unser Managementmodell baut auf Genderpotenzialen, auf fairen Beziehungen zwischen Frauen und Männern im Beruf und auf Kooperation zwischen Frauen und Männern in der Wirtschaft auf. Potenziale, Fairness und Kooperation sind die Erfolgsfaktoren für Unternehmensleistungen.
Seit Entstehung und Gebrauch des Patriarchatsmodells sind die Irrtümer über Männer und Frauen immer wieder neu erfunden worden und mit den jeweils zeitgenössischen wissenschaftlichen, politischen und technologischen Argumentationsmöglichkeiten begründet und gerechtfertigt worden. Die politisch-rechtlichen Begründungen und die kulturellen Vor-

[15] Vgl. Eisler u. a. (1991).

schriften für Männer und Frauen haben bisher so die uns bekannten, veränderungsrobusten Denk- und Verhaltensweisen geschaffen.

Jetzt erleben wir eine dritte Aufklärung in unserer Geschichte. Sie bringt ein neues Gesellschaftsmodell für Männer und Frauen hervor.

Die naturwissenschaftliche Aufklärung der Renaissance befreite uns von dem Glauben, dass die Erde der Mittelpunkt des Universums sei. Die soziale Aufklärung durch die europäischen Revolutionen korrigierte die Ungleichheit der Menschen vor dem Gesetz. Die nachindustrielle Aufklärung nach 1990 bringt die Befreiung des einzelnen Menschen aus den Normen der alten Gesellschaftsformen.

Das erste Jahrhundert des sechsten Jahrtausends unserer historischen Zeit wird geprägt durch Wissenschaft und Technik, die das menschliche Genom[16] aufklären, das Bewusstsein erforschen und virtuelle Welten erzeugen. Dieses Jahrhundert wird erstmalig **keine neuen Argumentationen** mehr für das alte Gendermodell liefern.

Der erste »Labor-Eisprung« hat sich 2003 ereignet. Der Eierstock aus der Retorte war künstlich hergestellt, nur das Schwangerschaftshormon wurde hinzugefügt, und eine künstliche Ovulation fand statt. Mit neuen Verfahren lassen sich Eizellen auch aus männlichen Embryonalzellen herstellen. Gelingt die Zeugung von Menschen im Labor? Brauchen wir dann noch Männer und Frauen als Eltern?

Wieder wird ein neues Jahrhundert unser Wissen revolutionieren und dieses Mal wird die alte Geschichte zwischen Frauen und Männern beendet werden. Eine neue Genderkultur entsteht bei uns. Jeder einzelne Mann und jede einzelne Frau wird damit auch privat zur Veränderung der Genderrollen beitragen müssen. Die Unternehmen werden Männer und Frauen in der Arbeitswelt rationaler betrachten lernen und mit Genderkompetenz managen müssen.

---

[16] Genom ist das Erbgut.

Take away!

1. Es gibt keine neuen Argumentationen mehr für das alte Gendermodell.
2. Gender wird populär und anwendungsreif für Unternehmen.

4

Impressionsmanagement – 5000 Jahre Größe-Kraft-Aggression

Wann es je eine Kultur gab, die wirtschaftlich und politisch nicht von Männern bestimmt wurde, ist unklar. Seit den Zeiten jedenfalls, über die wir schriftliche Informationen haben, hat nur ein Geschlecht, das männliche, strategisch daran gearbeitet, Wissenschaft, Wirtschaft und Politik zu führen. Das ist umso erstaunlicher, als die Biologie in das weibliche Geschlecht mehr investiert hat. Das Ergebnis der etwa 5000-jährigen Anstrengungen von Männern, ihre biologische Benachteiligung, die fehlende Gebärfähigkeit, zu kompensieren, kann sich aus ihrer Perspektive sehen lassen. Alle Gesellschaften und Kulturen weltweit sind zweigeteilt, in eine Männerwelt und eine Frauenwelt. Männliche Aktivitätsfelder sind Wirtschaft, Politik, Wissenschaft und Kunst. Strategische Entscheidungen über Zielsetzungen, Budgets, Ressourcen oder Personen fallen unter Männern. Ebenso selbstverständlich regeln Frauen Familie und Soziales und arbeiten in der Unternehmenswelt in mittleren und unteren Positionen.

Das erscheint uns allen ganz natürlich, jedenfalls so lange, wie Männer lebenslang *nie* Hausmänner und Frauen *nie* Generäle werden wollen.

Die anscheinend naturgegebene Ordnung zwischen Männern und Frauen ist jedoch nur Ergebnis einer kulturellen männlichen Meisterleistung mit zeitweiliger und teilweise unfreiwilliger Zustimmung von Frauen. Größe, Kraft und Aggression sind historisch betrachtet die männlichen Erfolgsdeterminanten gewesen. Durchschnittlich zehn Zentimeter mehr Körpergröße, fünf Prozent mehr Muskulatur, vier Prozent mehr Knochen, ein Prozent mehr Blut und neunzig Prozent mehr Testosteron haben das bewirkt. Wie damit in den zurückliegenden Jahrhunderten die männliche Strategie umgesetzt wurde, welche unterschiedlichen Auswirkungen diese Strategie für Männer und Frauen hatte, ist aufschlussreich für das Verständnis der heutigen Situation und für die Zielsetzungen für zukünftige Veränderungen. Ohne das Verständnis dieser sehr alten Strategie kann man das Gendermanagement in modernen Unternehmen nicht bewerkstelligen.

Die Geschichte des männlichen Impressionsmanagements betrifft in der Mehrzahl nicht nur Frauen ganz persönlich, sondern auch **all die** Männer, die modern leben wollen. Und die Unternehmen, die genderkompetent werden wollen, werden die Widerstände der Alten nur dann überwinden, wenn sie deren alten Strategieplan kennen.

Die Sumerer waren begabte Agraringenieure und schreibgewandte Bürokraten, die mit Vorliebe geschuldete Zinsen und Abgaben notierten und dazu die Keilschrift erfanden. Nebenher notierten sie auch, wer die politische Macht besaß. So stammen die ersten schriftlichen Zeugnisse über männliche Managementpositionen aus dem Königreich Ur, das im heutigen Irak lag. Es sind in Stein gehauene Königslisten, die die Namen und Regierungszeiten der Könige von Ur enthalten.[17] Interessant ist, dass die Regierungsdauer der einzelnen Könige in Jahrhunderten, also weit über ihre biologische Lebenszeit hinaus, angegeben ist. Für Anthropologen erklärt sich das leicht. Sie würden das ganz einfach mit zwei männlichen Grundmotiven, nämlich dem Wunsch, zu imponieren und zu dominieren, interpretieren. Persönlichkeitspsychologen würden darüber hinaus von einem gezielten männlichen Impressionsmanagement reden. All den Männern und Frauen nämlich, die nicht zum damals großen und starken Königsclan gehörten, sollte ihre Minderwertigkeit und die ewige Überlegenheit der Starken vor Augen geführt werden.

[17] Im Nationalmuseum in Bagdad sind die steinernen Dokumente zu sehen und zu bewundern.

Menschen gehören biologisch zu den Wirbeltieren, daher benutzen Menschen zur Herstellung von Über- und Unterordnung Mittel aus ihrem stammesgeschichtlichen Verhaltensrepertoire. Diese Mittel sind am wirkungsvollsten, wenn es um Rangplätze, Reviere und Ressourcen geht.
Die Instrumente des Impressionsmanagements sind zunächst Körpergröße und Kraft sowie Vergrößerung und Erhöhung. Männer, die größer und stärker als der Durchschnitt waren, haben dies als Wettbewerbsvorteil gegenüber der eigenen Gruppe benutzt und so eine besondere Männergruppe, eine »Größen- und Kraftelite« gegründet. Ausgeschlossen blieben alle Männer, deren Größe und Kräfte nicht der Elitenorm entsprachen – und natürlich alle Frauen.
Die physische Überlegenheit nutzte die männliche Elitegruppe zum Zugang und zur Sicherung von materiellen Ressourcen und zur Kontrolle der wichtigsten aller Ressourcen: der Frauen. Frauen sicherten der Elitegruppe die Erben, die übrigen Männer sicherten die Machtbasis. Griechen und Römer betrieben die weitere Konsolidierung dieses Modells. Ihre Politik, ihre Wissenschaften und das Alltagsleben waren androzentrisch[18]. Unsere Hochachtung über das angeblich goldene Zeitalter der Griechen mit seinen künstlerischen, intellektuellen und politischen Leistungen lässt außer Acht, dass seine großen Männer, Sokrates, Platon, Aristoteles, Sophokles oder Euripides, auch Kleingeister waren, die eine mysogyne[19] Sklavengesellschaft konzipierten. Herodot mokierte sich über die Ägypter und ihre weibische Gesellschaft ohne Militär, in der Frauen auch auf die Marktplätze gingen und Männer auch an den Webstühlen saßen. Im 1. Jahrhundert (v. Chr.) hatte die griechische Misogynie auch Ägypten endgültig überwältigt. Der Großteil der Männer und alle Frauen wurden aus dem ägyptischen Top- und Mittelmanagement der damaligen patriarchalen Gesellschaft ausgeschlossen.

---

[18] Androzentrisch = am Mann ausgerichtet.
[19] Mysogyn = frauenverachtend.

Im 6. Jahrhundert (n. Chr.) war das Patriarchat[20] endgültig in Europa, Asien und Afrika als kulturelles Mastermodell verbreitet, seine »Elite«-Männer waren in allen Ämtern und hatten alle Würden.

Seit diesen Zeiten kämpften vor allem die ausgeschlossenen Männer, seit 200 Jahren auch die Frauen um den Zugang zur alten geschlossenen patriarchalen Gesellschaft. Die europäischen Revolutionen des 18. Jahrhunderts, insbesondere die Französische Revolution, brachten allen Männern unter den Ideen der Gleichheit, Freiheit und Brüderlichkeit den Eintritt in den Herrenclub. Frauen haben das bis heute nicht erreicht. In den Spitzenpositionen der deutschen Politik oder der führenden deutschen Dax-Unternehmen gibt es auch 2003 keine Frau. Hochrechnungen sprechen von weiteren 100 Jahren Wartezeit.

Nach wie vor ist auch heute die Geschlechtszugehörigkeit entscheidend für den Aufstieg in das Topmanagement der Wirtschaft, Wissenschaft und Politik.

Wenn nun eingewendet wird, dass Körpergröße heute keinen Einfluss mehr darauf hat, ob man in den Kreis der männlichen deutschen Managementelite eindringen kann, dann liefern Ergebnisse der psychosomatischen Korrelationsforschung[21] schlagende Gegenargumente. Ist man als Mann größer als der Durchschnittsmann, dann ist es bei gleicher Qualifikation wahrscheinlicher, eine hohe berufliche Position zu erreichen. Messungen der Körperhöhe belegen, dass überzufällig viele Topmanager größer sind als Männer in mittleren und unteren Positionen. Sie haben auch größere Kopfumfänge, das zeigten schon seit eh und je die Hutgrößen der Oberschicht. Die Körpergröße variiert also positiv mit dem sozialen Status. Bis zu vier Zentimeter sind Menschen mit geringerem sozialem Sta-

[20] Patriarchat = Gesellschaftsform, in welcher der Mann eine bevorzugte Stellung in Staat und Familie innehat.

[21] Schumacher und Knußmann (1977) haben nachgewiesen, dass mehr Körperhöhe Vorteile im Beruf bringt.

tus kleiner als Mitglieder der Oberschichten. Offensichtlich unterliegen wir auch heute noch alten Wirbeltiermechanismen. Was groß ist oder sich groß darstellt, macht Eindruck und wird positiv überschätzt. Der erste Augenschein führt zu einem folgenschweren Beurteilungsfehler. Wer groß ist, der ist intelligent, ist kompetent, hat Autorität und verdient eine höhere Position, sagen wir. Und irren uns.

Das Impressionsmanagement haben auch schon die Könige von Ur genutzt, indem sie ihre Herrschaftsdauer mit Hunderten von Jahren falsch angaben und zeitlich ausdehnten. Alle nachfolgenden männlich geführten Kulturen haben bis heute die Methoden der Erhöhung und Vergrößerung weiterentwickelt. Der Königsthron und die Königskronen, der dreistöckige Hut der Päpste, die Zylinder der Oberschicht, der gefiederte Kopfschmuck und die Tiermasken afrikanischer Chiefs, Szepter, Königsmäntel, Kleiderordnungen und Generalsuniformen und die Stöckelschuhe der französischen Herrscher zielen auf Impression und darauf ab, sich in den Augen anderer zu erhöhen, das eigene Ansehen zu vergrößern, die Unterschiede zu betonen und Zugangsschranken zu errichten.

Die Körpergrößenunterschiede zwischen den meisten Männern und Frauen haben eine spezifische Bedeutung. Es war und ist ein Leichtes für Männer, den kleineren und körperlich schwächeren Frauen mit Größe und Kraft zu imponieren oder sie zu dominieren. Von Männern war es gut überlegt, bei der Wahl der Partnerin eine kleinere Frau der größeren vorzuziehen. Mathematische Berechnungen, die sich mit der Frage beschäftigten, warum Frauen durchschnittlich zehn Zentimeter kleiner sind als Männer, legen die Annahme nahe, dass dieser Unterschied das Ergebnis eines überlegten männlichen Auswahlprozesses ist. Heute empfinden es sowohl Frauen wie Männer als natürlich, dass bei der Partnerwahl Frauen größere Männer und Männer kleinere Frauen bevorzugen. Ebenso selbstverständlich ist es, dass Frauen die kleineren und Männer die größeren Positionen besetzen und so der Gedanke dann nur folgerichtig, wenn auch falsch ist, dass die

Biologie das Verhältnis von Überordnung und Unterordnung zwischen Männern und Frauen bestimmt. Völlig falsch ist, dass die Biologie Frauen für Familie und Soziales bestimmt und Männern die oberen Rangplätze zuweist.
Mit dem Modell der sexuellen Reproduktion hat die Natur den Frauen etwas mehr elterliche Investition auferlegt. Exakt handelt es sich dabei um eine biologische Mehrinvestition von 288 Tagen, die Dauer der Schwangerschaft. Diese Mehrinvestition ist heute noch zwingend für jede Frau, nicht aber das Stillen, das für heutige Säuglinge nicht überlebenskritisch ist. Mit den Weiterentwicklungen der Reproduktionstechnologien könnte für die kommenden Frauengenerationen diese biologische Mehrinvestition Geschichte werden. Nicht mehr und nicht weniger als neun Monate mutet die Biologie den Frauen mehr zu. Für alle nachgeburtlichen sozialen Investitionen in Kinder sind Frauen und Männer gleichermaßen begabt und verantwortlich. Das Potenzial für Schwangerschaft hat sich jedoch als soziale Achillesferse der Frauen erwiesen. 30.000 Jahre lang haben Männer während der biologischen Mehrinvestition der Frauen wirtschaftliches und soziales Kapital für den Aufbau ihrer Domänen gebildet. Seit dem Mittelalter hält ein facettenreicher Mythos über den Mutterinstinkt, die Mutterliebe und die Mutterpflichten die Frauen lebenslang bei und die Männer fern von ihren Kindern. Die meisten Frauen und Männer erwarten zudem, dass eine Mutterrolle heute persönlich und professionell wahrgenommen wird. Damit verträgt sich die Mutterrolle mit Berufskarrieren schlecht. Nicht die Biologie, sondern die Psychologie und archaisch anmutende Genderrollen halten so den Status quo aufrecht. Akademisch ausgebildete Frauen entscheiden sich daher heute häufig gegen Kinder. Sie heiraten auch nicht mehr so häufig wie früher. Sie haben das alte Modell durchschaut.

So werden Kinder und Ehefrauen Mangelwaren werden. Im Patriarchat werden in der Zukunft die »in alten Geschlechterrollen denkenden« Männer alleine bleiben.

Wenn man in der Wirtschaft davon ausgeht, dass eine zukunftsfähige Unternehmensexistenz von der gewählten Strategie abhängt und Veränderungen in Unternehmen durch bessere Kosten-Nutzen-Bilanzen motiviert werden, dann ist es zunächst verwunderlich, dass unsere Unternehmen das alte Sex- und Gendermodell behalten, obgleich es personalstrategisch und ertragsstrategisch nicht die bestmögliche Rendite erzielt.

Zunächst ist es auch unverständlich, dass unsere Unternehmen mit der Beibehaltung des alten Modells ihre Leitwerte Rationalität und Nutzenmaximierung zu Makulatur machen. Das ist erst dann verständlich, wenn man annimmt, dass die meisten Männer mit Frauen nur in einer Hinsicht kooperieren wollen: zur Fortpflanzung. Dieses eingeschränkte Kooperationsmuster ist weltweit verbreitet und wird kulturspezifisch unterschiedlich praktiziert.
Bei einem kurzen kulturvergleichenden Blick auf die ökonomische und soziale Situation von Männern und Frauen findet man das mit Zahlen und Fakten belegt.
Jedem Urlaubsreisenden fällt auf, dass Frauen in Afrika und Asien neben der buchstäblichen Kinderlast auch die schwersten körperlichen Arbeiten wie Wassertragen, Lastenschleppen, Brennholzsammeln und Feldarbeit verrichten, obgleich sie biologisch dafür schlechter spezialisiert sind. Ebenso sieht man, dass Männer sich mit leichteren Arbeiten wie Jagen und Fallenstellen, Herstellung von Musikinstrumenten und dem Verzieren von Waffen beschäftigen, obgleich sie biologisch anders und dafür schlechter spezialisiert sind.
Kulturanthropologen erklären uns dieses unökonomische Rollenverhalten damit, dass Männer ihre körperliche Überlegenheit, Größe, Kraft und Aggression hier nutzen, um sich von den Anstrengungen der täglichen Existenzsicherung zu befreien und diese den Frauen aufzuzwingen. Das Motiv Eigennutz ist hier für Männer stärker als das Motiv der Kooperation.

In westlichen Kulturen hat das Prinzip männlicher Eigennutz feinere Ausdrucksformen und wird an anderen Stellen praktiziert.

Da körperliche Arbeiten bei uns keine Bedeutung mehr in Familienleben und Beruf haben, müssen weder Männer noch Frauen schwer körperlich arbeiten.

Das Prinzip Eigennutz wird an den Schlüsselstellen unserer Kultur und Wirtschaft praktiziert: den Unternehmen.

Die oberen Führungs- und höchsten Managementpositionen werden zu 90 bis 100 Prozent mit Männern besetzt, und zusätzlich beanspruchen sie damit mehr Geld für sich, als Frauen es tun.
In allen Ländern der Europäischen Union verdienen Männer durchschnittlich mehr als Frauen. In Sachen »equal pay«, gleicher Lohn für Frauen, gehört Deutschland zu den Schlusslichtern in Europa. Das hat das Nürnberger Institut für Arbeitsmarkt- und Berufsforschung bei seinen Vergleichsanalysen zur Einkommensentwicklung bei Frauen und Männern herausgefunden.
Es gibt nichts zu beschönigen. In Unternehmen kooperieren die meisten Männer nicht mehr mit Frauen, wenn es um Managementpositionen und um Geld geht. Dies wird nicht mit körperlichen Mitteln durchgesetzt, sondern mit dem alten Sex- und Gendermodell begründet. »We only meet them in bed«, antwortete ein südafrikanischer Paramount Chief, den wir bei der Entwicklung eines Genderprojekts zur Aidsprävention in der Moetze Community drei Stunden nördlich von Pretoria[22] im Sommer 2002 trafen, auf die Frage, welche Rolle Frauen und Männer in Wirtschaft, Politik und Kultur

[22] An der Universität Pretoria haben wir ein Institut für Frauenforschung und Genderstudien nach dem Kieler Modell im Auftrag des Deutschen akademischen Austauschdienstes (DAAD) 2002 gegründet. Projektschwerpunkte sind Entrepreneurship und Gender.

in seinem Clan, der in Mosambik und in den Nordwestprovinzen Südafrikas lebt, spielen. Der Paramount Chief hat Jura und Politik an einer renommierten Universität in England studiert. Er lebt in Polygamie, spricht perfekt Englisch, ist weit gereist und arbeitet mit anderen »Chiefs« an der Wiederherstellung der politischen Macht, des Patriarchats und der alten Königsstrukturen.

Unsere Unternehmen sagen nicht laut: »We only meet them in bed«, aber sie verhalten sich immer noch wie Häuptlinge, wenn es um die Unternehmensführung geht.

Das Dominieren beim männlichen Menschen erklären Männer mit den Hormonen, Frauen mit der Erziehung, Personalmanager mit der Ernährerrolle oder Therapeuten mit niedrigerem Selbstwert von Männern.

All das ist sekundär. Die Biologie taugt nicht primär für alle Erklärungen des Verhaltens der Geschlechter. Die Sozialwissenschaften können dies ebenso wenig. Die Kooperationsforschung hat längst die Kooperationsstrategie zwischen männlichen und weiblichen Organismen untersucht und gefunden, dass es bei niederen Tieren auch ohne Testosteron (männlich) und auch ohne Progesteron[23] (weiblich) Dominanz und Unterwerfung gibt.

Mehr Erklärungswert hat nur das Prinzip Eigennutz. Es macht plausibel, dass Männer egoistische Strategien in der Wirtschaft und ihren Unternehmen verfolgen und Frauen ihre Familien und die Erziehung ihrer Kinder egoistisch betreiben. Deshalb schließen Männer Frauen aus den Unternehmen und Frauen Männer aus der Kindererziehung aus.

Diese geschlechtstypischen Verhaltensweisen werden Frauen und Männer so lange beibehalten, wie damit die Vorteile und Nachteile zwischen beiden ausbalanciert sind. Erst wenn die Nachteile für ein Geschlecht überwiegen, ändern sich Verhaltensweisen.

Nahezu alle Frauen haben mehr Nachteile als die meisten

---

[23] Progesteron = das Gelbkörperhormon, das die Schwangerschaftsvorgänge reguliert.

Männer im Beruf. Frauen mit Potenzial verlassen oder vermeiden Unternehmen, die sie schlechter bezahlen als Männer, in denen Impressionsmanagement besser belohnt wird als Leistung und in denen Konkurrenz anstelle von Kooperation gilt.
Verlierer sind die Unternehmen, die Frauen mit Potenzial im Personalmanagement benachteiligen und Männer ohne Potenzial bevorzugen.
Die Kooperationsforschung sagt auch vorher, **wann** Unternehmen ihre Personalstrategie ändern: nämlich dann, wenn die Nachteile der alten Strategie offensichtlich überwiegen. Das ist jetzt der Fall. Wirtschaftskrisen, Leistungsverluste, globaler Wettbewerb, Geburtenrückgang, internationaler »Braindrain«[24], Pisa, die Aids-Katastrophe, Wirtschaftskriminalität und Kriege bedrohen die Zukunft der Unternehmen. Der Zwang zum Strategiewechsel ist da. Das Kapital sucht nach Humanpotenzial. Die Analysen darüber, wo Potenziale liegen, sagen übereinstimmend: bei den Frauen. Bessere Hochschulabschlüsse der Frauen, kürzere Studienzeiten, höhere Leistungsmotivation und unverbrauchte Einstellungen sind nur einige Indikatoren für deren bessere Potenziale. Diesen Potenzialvorrat haben alte Personalstrategien bisher nicht genutzt.

Take away!

Rationale Unternehmen nutzen in ihrer Personalstrategie nicht Impressionsmanagement, sondern Genderpotenziale.

[24] Von Braindrain spricht man, wenn sehr gut ausgebildete Menschen ihr Land oder ihr Unternehmen verlassen.

5

Biologie für das Management – Irrtümer über Männer und Frauen

Kommt es Ihnen selbstverständlich vor, dass es Männer und Frauen gibt und dass Menschen in zwei Geschlechtern vorkommen? Ist das noch schnell und einfach mit Ja zu beantworten, so sind richtige Überlegungen darüber, warum die Natur für den Menschen dieses Fortpflanzungsmodell gewählt hat, schon schwieriger. Und weitere Gedanken, vor allem zum möglichen Nutzen von zwei Geschlechtern für Unternehmen, beschäftigen einen lange, wenn man zufrieden stellende Antworten sucht.

Wenn es um die Natur von Frauen und Männern geht und wenn wir dazu Fakten nachfragen, dann haben die Naturwissenschaftler die Meinungsführerschaft.

Keineswegs ist es selbstverständlich, dass Menschen in zwei Geschlechtern und als Männer und Frauen vorkommen. Die Natur hätte eine andere Variante wählen können, um den Fortbestand der Menschen zu sichern. Wäre es ein asexuelles Modell, so würden wir uns durch Teilung vermehren. Wären wir bisexuell konzipiert, so wären wir weiblich und männlich zugleich.

Offensichtlich steckt in einem biologischen Konzept, das Männer und Frauen vorsieht, mehr. Das Entscheidungskriterium der Natur für ein Modell ist die Nutzenmaximierung. Sie kalkuliert dazu die Vorteile und Nachteile von Modellen. Eine Kosten-Nutzen-Strategie verfolgt auch das Management in Unternehmen eben deshalb, weil dieses einfache Kalkül, sofern es richtig gemacht wird, schnelle und einfache Anpassungsleistungen und damit die Existenz sichern kann.

Welchen Vorteil hat es nun, dass es Männer und Frauen gibt? Die Natur setzt in unserem Fall nicht auf ein Geschlecht allein und also nicht alles auf eine Karte. Sie setzt auf zwei Geschlechter und dabei auf deren größtmögliche biologische Unterschiede. Ziel ist es, aus den biologischen Unterschieden zwischen Männern und Frauen mehr Möglichkeiten bei der Existenzsicherung der Nachkommen zu gewinnen.

Entgegen der weit verbreiteten Meinung, dass alle Menschen gleich sind, und entgegen der Ansicht, die in unserer Gesellschaft als korrekt gilt, sind Menschen **keineswegs** biologisch und psychologisch gleich. Das Gegenteil ist richtig. Jeder Mensch ist eine individuelle genetische Kombination, eben ein biologisches und psychologisches Individuum mit einem eigenen Profil.

Entwicklungspsychologen, die sich mit den Neugeborenen beschäftigen und Säuglinge ab dem Geburtszeitpunkt beobachten, verfolgen nicht nur die individuelle Entwicklung der Babies, sondern auch Geschlechtsunterschiede zwischen männlichen und weiblichen Säuglingen. Kinderärzte kennen aus ihrer Kinderarztpraxis und Mütter aus ihren Alltagserfahrungen bei Pflege, Spiel und Unterricht der Kleinstkinder die Verhaltensunterschiede sehr genau.

Im Alter von 18 bis 24 Monaten wissen die Kleinkinder bereits selbst, dass sie ein Junge oder ein Mädchen sind, und im Kindergartenalter beschreiben Mädchen und Jungen auf die Fragen, was sie später einmal werden wollen, exakt die Genderrollen für erwachsene Frauen und Männer.

Zum Zeitpunkt der Pubertät schließlich sind Genderrollen, männlich oder weiblich, so fixiert, dass sie uns naturgegeben und unveränderlich erscheinen. Aus drei Komponenten ist das individuelle Muster Männlichkeit und Weiblichkeit eines jeden Menschen gewebt, aus seiner Genetik, aus den Vorschriften, die in seiner Gesellschaft gelten, und aus dem eigenen Entwurf.

Aus den Vorschriften und aus eigenen Entwürfen zu Männlichkeit und Weiblichkeit resultieren die meisten und folgenschweren Irrtümer über Männer und Frauen.

Es gibt keine zwei identischen, sondern nur unterschiedliche Menschen.
Die größten Unterschiede, welche bekannt sind unter Menschen, bestehen zwischen Männern und Frauen. Sie sind biologischer und psychologischer Art und übertreffen die Unterschiede, die zwischen Menschen verschiedener Rassen und Kulturen bestehen.
Derzeit versorgen uns die Wissenschaften über den Menschen täglich mit neuen Erkenntnissen. Es sind wissenschaftliche Fakten, die uns ein besseres Bild von Männern und Frauen, ihren Unterschieden und ihren spezifischen Potenzialen liefern.
Der junge Wissenschaftszweig, der sich hier stürmisch entwickelt und der andere Wissenschaften[25] in ihren Sichtweisen beeinflusst, ist die Genderforschung. Für das Management im Unternehmen hat diese Forschungsrichtung große Bedeutung. Denn die Gendertheorie und ihre praktische Anwendung innoviert die Unternehmensführung im Personalbereich.
Bevor man Gendermanagement im Unternehmen tatsächlich praktizieren kann, müssen sehr alte Irrtümer beseitigt werden. Diese Irrtümer betreffen vor allem die Biologie des Mannes und der Frau. Die irrtümlichen Vorstellungen haben dazu weit reichende persönliche und berufliche Auswirkungen für Männer und Frauen, komplizieren ihr Zusammenleben und machen so manche Human-Resources-Strategien erfolglos. Es gibt keine Gründe, diese Irrtümer weiter zu pflegen. Wohl aber gibt es Interessen dafür bei denen, die bisher von diesen Irrtümern profitieren und sie weiter nutzen wollen.
Bisher dienen die Irrtümer Männern mehr oder weniger im Beruf, besonders aber nützen sie traditionellen Ehemännern und konventionellen Managern.
Sehr viele Männer werden daher beim Vergleich der Irrtümer mit den Wahrheiten beunruhigt sein oder den Wahrheiten Widerstand leisten. Und nicht wenige Frauen könnten eben-

[25] Derzeit betreiben wir ein Projekt, das mit Unterstützung einer deutschen Stiftung die Genderperspektive in die Medizin einführen will.

solche Gefühle teilen. Warum? Weil Fakten Veränderungen erzwingen, und hier ist jeder Mann und jede Frau betroffen, sofern man als Mann oder Frau das Beste aus sich machen will oder erkennt, dass man mehr aus sich machen kann.
Will man die Unterschiede zwischen Männern oder Frauen richtig verstehen und mit diesem Wissen im Unternehmen Gendermanagement betreiben, dann ist Voraussetzung, dass man zunächst das richtige Wissen über die biologischen Geschlechtsunterschiede hat: Die Unterschiede zwischen Mann und Frau haben genetische Ursachen. Die Geschlechtschromosomen bestimmen, ob ein Mensch weiblich oder männlich wird. Unter dem Mikroskop betrachtet sind männliche und weibliche Chromosomen verschieden, und jede einzelne Körperzelle ist männlich oder weiblich geprägt. Das X-Chromosom ist größer als das Y-Chromosom, und außerdem fehlt dem Y-Chromosom ein großes Stück.
Wie wirkt sich dieser primäre biologische Unterschied zwischen Männern und Frauen auf ihre Leistungen, Persönlichkeiten und ihr Verhalten aus? Bevor man hier die richtigen Antworten geben kann, müssen erst die Wissensgrundlagen geschaffen werden sowie Glaube und Vorurteile über Frauen und Männer durch Fakten ersetzt werden. So schafft man die mentalen und emotionalen Voraussetzungen für das Gendermanagement.

Die Irrtümer darüber, wie Frauen und Männer sind und was sie leisten sollen oder können, haben eine lange soziale Geschichte, die immer wieder täglich erzählt, wieder belebt und bekräftigt wird. Sie wird deshalb nicht wahrer, hört sich jedoch vertraut und damit zutreffend an. Die Geschichte beginnt mit dem Buch, das weltweit am meisten verkauft und gelesen wird, der Bibel.
Als Kinder lernen wir alle, dass die Frau aus der Rippe des Mannes erschaffen worden ist. Als Erwachsene glauben wir das, wenn auch nicht wörtlich, mehr oder weniger.
Wie falsch unser Glaube ist, sollen einige Fakten belegen. Den Glauben bezeichnen wir hier als Irrtum, das, was faktisch belegt ist, hier als »Wahrheit«.

Irrtum Nr. 1	Wahrheit Nr. 1
Zuerst war der Mann, dann kam die Frau.	Zuerst entsteht die Frau, aus ihr entsteht der Mann.

Nach der Zeugung ist jeder Mensch zuerst weiblich. Ein Mann ist eine Sonderform und muss daher zuerst als Ableger aus einem weiblichen Organismus entwickelt werden. Um aus einem weiblichen Menschen einen männlichen zu machen, ist ein biologisch komplizierter Vorgang nötig. Zuerst muss das kleine Y-Chromosom ein Eiweiß[26] produzieren. Es bewirkt, dass sich aus den weiblichen Keimdrüsen männliche, die Hoden, entwickeln können. Die Hoden wiederum müssen zwei weitere Stoffe erzeugen. Einer davon unterdrückt die Entwicklung weiblicher Geschlechtsorgane, der Eileiter und der Gebärmutter. Der andere Stoff ist das bekannte Testosteron. Jede Zelle des Körpers muss zusätzlich testosteronisiert werden, damit der Körper eine männliche Form erhält. Damit das Testosteron überhaupt in die Zellen des weiblichen Organismus eindringen kann, braucht es die Kooperation mit dem X-Chromosom, welches das weibliche Geschlecht bestimmt. Ein vom X-Chromosom zur Verfügung gestelltes Eiweiß ermöglicht dem Testosteron den Zugang zum weiblichen Organismus. Erst jetzt wird aus dem weiblichen Organismus ein männlicher. Der Bauplan des Menschen ist weiblich. Es gibt keinen eigenen Bauplan für den Mann. Der Mann ist eine Modifikation der Frau.
Wenn man so will, sind Frauen das primäre, Männer das sekundäre Geschlecht. So kann kein Rede davon sein, dass der Mann die Krone der Schöpfung sei. Er ist es nicht, so zeigt es uns die Natur, und kluge weibliche und männliche Manager wissen, dass diese Grundtatsache zu weiteren erheblichen Glaubensrevisionen über die Rollen von Frauen und Männern führen muss und dass sich daraus weit reichende Kon-

[26] Das Eiweiß heißt H-Y-Antigen.

sequenzen für die Bewertung und den Einsatz von Männern und Frauen in den Unternehmen ergeben.

Take away!

Der Mann ist eine Modifikation der Frau.

Irrtum Nr. 2	**Wahrheit Nr. 2**
Die Frau ist unvollkommen. Der Mann ist vollkommen.	Weder Mann noch Frau sind vollkommen. Sie sind spezialisiert.

Mit der angeblichen körperlichen Unvollkommenheit der Frau ist seit historischer Zeit die Unterlegenheit, Untauglichkeit und der Ausschluss der Frauen aus Wissenschaft, Politik und Führung begründet worden. In den letzten 100 Jahren wurde den Frauen von meinungsbildenden Psychoanalytikern zudem ein Penisneid auf den Mann unterstellt. In den Lehrbüchern der Entwicklungsbiologie[27] ist nachzulesen, dass der Penis eine Vergrößerung der Klitoris ist und der Hodensack durch Verlängerung und das Zusammenwachsen der großen Schamlippen entsteht. Der Penis ist sozusagen eine »Klitoris am Stiel«. So werden heute Kinder im Biologieunterricht richtig informiert. Um den Irrtum vollständig zurückzuweisen, muss noch gesagt werden, dass nur dem Mann etwas fehlt, nämlich Gebärmutter und Brüste. Die Brustwarzen des Mannes verraten es noch einmal ganz deutlich. Es sind Reste einer ursprünglich angelegten weiblichen Brust. Mann kann also nicht mehr umhin, die Fakten zu se-

[27] Der Hamburger Anthropologe R. Knußmann (1982) hat in seinem Buch »Der Mann, ein Fehlgriff der Natur« den Umwandlungsvorgang genauer beschrieben.

hen, die der Frau das Attribut vollständig eher zubilligen ließen als dem Mann. Von Vollkommenheit lässt sich hier allerdings ohnehin **nicht** reden, nur von Spezialisierungen.

Irrtum Nr. 3	**Wahrheit Nr. 3**
Männer sind das starke Geschlecht, Frauen sind das schwache Geschlecht.	Männer sind das größere Geschlecht, Frauen sind das vitalere und schnellere Geschlecht.

Der erste Blick, der natürlich auf die Körperhöhe, auf den Körperbau, die Muskulatur und die Knochen fallen muss, verführt zur Meinung, dass Männer stärker als Frauen seien. Das gilt im Detail, jedoch nicht für das Ganze. Mehr Blut, größere Lungen und ein größeres Herz der Männer machen diese keineswegs während der gesamten Lebensspanne stärker und verschaffen ihnen auch keineswegs eine bessere Vitalität.

Die meisten Männer haben eine kürzere Lebenserwartung als die meisten Frauen. Überall auf der Welt leben die Frauen im Durchschnitt sechs Jahre länger, trotz der oft schwereren körperlichen Arbeit, die sie im Vergleich zu Männern verrichten. Schon vor der Geburt sterben mehr männliche Feten[28] ab, und unter den Totgeburten sind mehr Jungen.

XYY-Männer, bei denen das männliche Y-Chromosom doppelt vorhanden ist, sind deshalb nicht etwa stärker und lebenstüchtiger, sondern weniger stressresistent als der XY-Mann.

Frauen übertreffen Männer nicht nur an Vitalität, sondern auch beim Entwicklungstempo. Daher sind Mädchen nicht nur durchschnittlich zwei Jahre früher körperlich reif[29] als

[28] Der Fetus ist eine vorgeburtliche Entwicklungsstufe.

[29] Das schnellere Entwicklungstempo der Mädchen hat allerdings keine Auswirkungen auf die berufliche und soziale Position der Frauen (vgl. Welpe, 1983).

Jungen, sondern sind auch dementsprechend früher psychisch und sozial reif. Um körperlich erwachsen zu werden, brauchen Frauen durchschnittlich zwei Jahre weniger Lebenszeit als Männer. Auch das macht viele Frauen fitter für das Leben und seine Belastungen.

Irrtum Nr. 4	**Wahrheit Nr. 4**
Männer sind intelligenter, weil sie größere Gehirne haben.	Frauen haben größere Gehirne, und es besteht kein Unterschied in der Intelligenzleistung.

Im Großen und Ganzen ist der Aufbau des Gehirns bei allen Menschen ähnlich. Man sieht jedoch auf den ersten Blick in einen Gehirnatlas, oder wenn man menschliche Gehirne in der Pathologie ansieht, dass das Gehirn jedes einzelnen Menschen sehr individuell gefurcht und gefaltet ist.

Zu den unmittelbar erkennbaren und leicht messbaren Gehirnunterschieden gehören Größe und Gewicht. Unter dem Mikroskop sieht man eine Reihe weiterer unterschiedlicher Details, etwa bei den Gehirnhälften, in den verschiedenen Hirnregionen und in der Großhirnrinde. Sie umschließt alles und zeigt die jüngsten Entwicklungsprozesse unseres Gehirns.

Seit es die Hirnforschung gibt, wurden die unterschiedlichen Gehirngewichte zwischen Männern und Frauen festgestellt, und seit der vorletzten Jahrhundertwende ist bekannt, dass das Gehirngewicht bei Frauen um etwa zehn Prozent geringer ist. Im Durchschnitt wiegen Männergehirne etwa 100 Gramm mehr. Dies gilt für das Erwachsenenalter.

Als Schlussfolgerung daraus verbreiteten Meinungsbildner in der Medizin vor rund 100 Jahren, dass es einen »physiologischen Schwachsinn des Weibes« gäbe, mit dem im Übrigen die Nichtzulassung der Frauen zum Universitätsstudium begründet wurde. Bis jetzt hält sich, heute meistens unausgesprochen, die Meinung, Männer mit schwereren Gehirnen dächten logischer und rationaler als Frauen. Wer intelligent genug ist, wird allerdings feststellen, dass Körpergröße, Körpergewicht und Gehirngewicht zusammenhängen müssen. Ein größerer und schwererer Männerkörper braucht zur Bewegung und Steuerung mehr Gehirnmasse. Unter dem Mikroskop betrachtet, entdeckt man auch, dass im männlichen Gehirn mehr Glia, Nervenstützgewebe, vorhanden ist. Berechnet man das relative Gehirngewicht, indem man Körperhöhe, Körpergewicht und Gehirnvolumen aufeinander bezieht, was analytisch betrachtet allein als einwandfrei gelten kann, so sind es die Frauengehirne, die, relativ betrachtet, tatsächlich größer sind.

Interessanter aber sind die Befunde, weshalb es zu den absoluten Größenunterschieden kommt. Bereits vorgeburtlich sind weibliche Gehirne um fünf Prozent kleiner als männliche. Dies wird hormonell gesteuert. Das Testosteron bewirkt vorgeburtlich, dass sich im Zwischenhirn liegende Teile, der Hypothalamus, bei männlichen Kindern vergrößert oder aber bei weiblichen Kindern spezialisiert und bei Mädchen die Steuerung geschlechtsspezifischer Funktionen in der Pubertät, z. B. den ersten Menstruationszeitpunkt, bestimmt.

Testosteron beeinflusst die Hirnteile, die fortpflanzungsrelevantes Verhalten wie Sexualität und Aggression steuern, und bewirkt das Wachstum von Neuronen, das Längenwachstum von Nerven, die Größe der Nervennetze und auch die Stilllegung von Nervenleitungen. Daher spricht man von vorgeburtlichen geschlechtsspezifischen hormonellen Prägungen des Zentralnervensystems. Weitere Hormone[30] bewirken auch Geschlechtsunterschiede, welche die Grundaktivität und Emotionsstärke von Frauen und Männern steuern.

Was bereits vorgeburtlich bei Männern und Frauen geprägt wird, braucht etwa 12 bis 14 Jahre zur Weiterentwicklung und zur Vollendung. In der Pubertät manifestiert sich das

30 Dazu gehören Serotonin und Dopamin. Sie bestimmen Grundstimmungen und Antriebe.

Spektrum der von frühester Kindheit an bestehenden geschlechtstypischen Verhaltensweisen. Die Unterschiede in Leistung und Verhalten erwachsener Frauen und Männer werden in der Gesellschaft und in Unternehmen nicht als Potenziale verstanden, sondern mit geschlechtsspezifischen Vorurteilen verbunden. In der Regel wird das spezifische Potenzial der Frauen unterbewertet und das spezifische Potenzial der Männer überbewertet. Wissenschaftlich[31] dokumentiert sind bessere Leistungen der Frauen beim Sprachvermögen, der Interpretation des menschlichen Gesichtsausdrucks, bei Aufmerksamkeit, bei der emotionalen Erregbarkeit und beim emotionalen Erinnerungsvermögen. Männer sind besser bei der Raumwahrnehmung und der Erinnerung von Handlungen. Besser heißt, dass hier die Mittelwerte für Männer und Frauen nicht zufällig sind, sondern tatsächlich verschieden sind. Vor einer Bewertung müssen Unterschiede richtig verstanden werden.

Der unterschiedlichen Dicke der Nervenfaserbündel, welche Hirnteile und die beiden Hirnhälften an unterschiedlichen Stellen verbinden, kommt bei der Interpretation der Unterschiede ein erheblicher Erklärungswert zu. Frauen haben zum Teil um 70 Prozent mehr und dickere Nervenverbindungen als Männer, so wie dies etwa für Musiker im Unterschied zu Nichtmusikern gilt. Zudem sind bei Frauen Gehirnaktivität, Durchblutung und Zuckerstoffwechsel insgesamt besser. Im Verlauf des Lebensalters verlieren Frauen auch weniger Nervenzellen als Männer. Wie sollte man den Irrtum Nr. 4 aufrechterhalten wollen? Und welches Unternehmen kann eigentlich auf spezifische biologische Leistungspotenziale verzichten? Aus dem Verständnis der Biologie gibt es sicher neue Denkansätze für die Leistungsbeurteilungen im Personalmanagement.

So ist es natürlich auch falsch, das differenzierte und ganz-

---

[31] Pritzel und Markowitsch (1997) haben eine zusammenfassende Darstellung von Gehirn- und Verhaltensunterschieden bei Frauen und Männern gegeben.

heitliche Denken und Urteilen von Frauen als kompliziert zu bezeichnen. Es ist ebenso unrichtig, das fokussierte Denken und die Zielorientierung von Männern als logisch und rational zu bezeichnen. Bei der Beurteilung von Verhaltensunterschieden zwischen Männern und Frauen sind Fehler durch soziale Aufwertungen und Abwertungen zu vermeiden.
Immerhin stehen wir erst am Anfang der Erkenntnisse über die Zusammenhänge zwischen Geschlecht, Gehirnaufbau, Gehirnfunktion und Verhalten. Aber schon jetzt wissen wir, dass die Zurückweisung von Vorurteilen über Frauen und Männer den größten Entwicklungsschub auch in Unternehmen bringen wird. Denn dann wird im Personalmanagement nichts so bleiben, wie es bisher ist.
Alltagsbeobachtungen und Erfahrungen zeigen, dass Frauen im Beruf und im Privatleben gleich bleibend gute Leistungen erbringen, vielfältige Sach- und Beziehungsaspekte bei Problemlösungen bedenken und ganzheitlicher und sachbezogener Situationen analysieren. Die Erklärungen dafür liefert erneut die Gehirnforschung. Frauen aktivieren stets mehr Hirnfelder gleichzeitig, als dies Männer tun. Die Wahrnehmungsleistungen und Denkleistungen von Frauen und Männern unterliegen Schwankungen. Mit der Höhe des Östrogenspiegels im Verlauf der Menstruationszyklen variieren die Wahrnehmungsschwellen für Hören, Riechen und Sehen bei Frauen. Der Testosteronspiegel von Männern ändert sich mit den Jahreszeiten und ist im Herbst höher als im Winter. Sexualhormone, Leistungshormone und Gefühlshormone steuern gemeinsam das Leistungsvermögen, die Leistungsmotivation und die Interessen von Männern und Frauen. Die Biologie hat also zwei unterschiedliche Konzepte und für sich jeweils ein perfektes männliches und weibliches Modell geschaffen. Unterschätzen oder überschätzen Unternehmen Frauen und Männer, dann führen sie diese mit Glaubenssätzen statt mit Wissen. Wenn Unternehmen bessere Frauen zurückweisen und stattdessen schlechtere Männer bevorzugen, dann sind das Managementfehler mit weit reichenden Auswirkungen für den Unternehmensertrag.

Für das Gendermanagement sind die bisherigen Forschungsergebnisse über Frauen und Männer das Basiswissen, das in das Wissensrepertoire der Unternehmen aufgenommen werden muss. Sie schaffen erst die Voraussetzungen für die bessere Nutzung des Humankapitals.
Außerdem liefert uns die Intelligenzforschung heute realistische Vorstellungen über die Komplexität der Intelligenz. Bevor man als Personalchef über die Leistungen von Frauen und Männern urteilt, sollte man wissen, dass bisher 120 Intelligenzfaktoren identifiziert sind und dass Problemlösungen, Informationsverarbeitung und eine intelligente Leistung erst im Zusammenhang mit Emotionen und Beziehungspotenzial zustande kommen. Das genderkompetente Unternehmen setzt Wissen und die Auseinandersetzung mit den blinden Flecken gegenüber Frauen und Männern voraus.
Genderbiologie ist daher Grundlagenwissen für das Management. Es gehört zum Pflichtprogramm und nicht zur Kür. Alle bisher vorliegenden naturwissenschaftlich gewonnenen Ergebnisse weisen bestehende Vorurteile über Männer und Frauen zurück. Über mentale Leistungen von Frauen und Männern muss heute nicht mehr spekuliert werden. Mentale Potenziale und ihre Unterschiede sind neurophysiologisch und neuroanatomisch[32] sowie genetisch erklärbar.

Irrtum Nr. 5	**Wahrheit Nr. 5**
Frauen sind kindlich. Männer sind die Krone der Schöpfung.	Frauen sind das Zukunftsmodell der Evolution, Männer das frühe Modell unserer Stammesgeschichte.

Die Evolutionsbiologie beurteilt die Entwicklung des Menschen anhand der Formveränderungen im Körperbau. Für

[32] Die Neuroanatomie beschreibt den Aufbau, die Neurophysiologie die Stoffwechselvorgänge im Gehirn.

Entwicklungsbiologen sind die jungen Formen zukunftsweisend, da Kinder die Merkmale der Zukunft tragen. Kindliche Formen sind unausgereift, damit anpassungsfähig, formbar und enthalten das Veränderungspotenzial. Die weicheren Gesichtszüge der Frauen und ihre Kopf- und Gesichtsproportionen mit hoher Stirn, großen Augen, kleinem Kinn und kurzer Nase sind den Proportionen junger Menschen ähnlicher. Dagegen sind gestandene Männer alte Männer. Sie sehen im Vergleich mit Frauen auch alt aus. Auch im übertragenen Sinn gilt das, denn stammesgeschichtlich betrachtet sind typische männliche Formen älter und »tierischer«. Die männliche Form ist nicht die Krone der Schöpfung, sondern eine frühe Form und, leidenschaftslos betrachtet, eher ein Auslaufmodell. Anthropologische Reihenuntersuchungen zum Wachstum und zur Entwicklung von jungen Männern und Frauen in westlichen Gesellschaften zeigen nämlich, dass die typisch männlichen Körperformen mit breiten Schultern und schmalem Becken, dichter Körperbehaarung und Bartwuchs zunehmend verschwinden. Die zukunftstypischen Formen sind androgyn[33]. So bestimmt die weibliche Form in der Evolution des Menschen der Zukunft sein Aussehen. Da mit der Form auch Leistungen und Verhalten gekoppelt sind, bringt die androgyne Form auch eine androgyne Kultur mit sich. Die Auseinandersetzung mit der kommenden androgynen Kultur in Unternehmen erfordert wiederum Genderkompetenz.

Manager mögen die Wahrheiten der Biologie über Männer und Frauen akzeptieren oder nicht. In den Zeiten, in denen das Human-Genom-Projekt[34] auf der Prioritätenliste der Wissenschaft und der internationalen Politik ganz oben steht, führen wissenschaftliche Fakten in Unternehmen die Revolutionen herbei und **nicht** mehr einzelne Manager und ihre Glaubensbekenntnisse. Biologische Fakten begründen eine zukunftsfähige Personalstrategie in Unternehmen und korrigieren die veralteten Leistungsbeurteilungen für Männer und Frauen.

---

[33] Androgyn: männlich und weiblich zugleich.

[34] Das Human-Genom-Projet entschlüsselt das menschliche Erbgut.

Irrtum Nr. 6	**Wahrheit Nr. 6**
Männer leisteten als Jäger und Werkzeughersteller einen größeren aktiveren Beitrag zur Entwicklung der Menschheit als Frauen.	Frauen leisteten den erheblicheren Beitrag zum Überleben der Menschheit durch Sammeln, Kommunikation und Kooperation.

Da uns bis vor kurzem die Geschichte der Menschheit ausschließlich von männlichen Wissenschaftlern und Historikern erklärt wurde[35], ist es nachvollziehbar, dass der Mann an sich der bevorzugte Gegenstand der Lehrbücher ist und seine Leistungen als die Bausteine unserer Kultur bewertet wurden. Als Jäger, Waffenhersteller und Werkzeugbauer sollen Männer seit jeher einen größeren und aktiveren Beitrag zur Entwicklung der Menschheit erbracht haben. So steht es in unseren Lehrbüchern, und so erhielt diese Idee einen festen Platz in unseren Köpfen. Diese Vorstellungen sind jedoch nichts weiter als die unzulässige Anwendung von den alten sozialen Geschlechterstereotypen des »aktiven Mannes« und der »passiven Frau« auf unsere Entwicklungsgeschichte. Natürlich sind auch die meisten Wissenschaftler nicht frei von Vorurteilen über Frauen und Männer, wenn es um deren Bedeutung und Bewertung geht. Ganz andere Ergebnisse ergeben sich nämlich, wenn man weniger einäugig über Frauen und Männer forscht und schreibt. Das hat Nancy Tanner[36], Anthropologin aus Berkeley, getan. Wir verdanken es ihr und der Frauenforschung, dass in der Wissenschaft der vorurteilsfreie Genderblick gelten wird. Erst dieser hat uns zu einer neuen Theorie über die Beiträge von Frauen und Männern zur Entstehung des Menschen geführt. Danach sind nicht die männlichen Jäger, die Waffenbauer und Werkzeug-

---

[35] Erst seit etwa 100 Jahren können Frauen studieren, und erst seit einigen Jahren gibt es die ersten Frauen auf Lehrstühlen für Gynäkologie und Chirurgie in Deutschland.

[36] Tanner (1994): Sie schrieb über den Anteil der Frau an der Entstehung des Menschen.

hersteller entscheidend gewesen, sondern es waren eher die Frauen. Nancy Tanner hat die Leistungen von Frauen unter Vorlage von überprüfbaren Modellen als erfolgskritisch für die Entstehung der Menschheit identifiziert.

Um den Schritt vom Vormenschen zum Menschen zu tun, waren nicht Jagen und Werkzeuggebrauch entscheidend – das tun Affen auch –, sondern das systematische Sammeln von Nahrung auf zwei Beinen, anstelle von Futtersuche und Futterjagd. Sammeln ist eine Strategie. Sie enthält Vorausdenken, Planen, Aufbewahren und Transport und Teilung. Wer, wenn nicht Frauen und Mütter, waren gezwungen, erfolgreiche Sammlerinnen zu sein? Die Lebenserwartung ihrer Jungen und dazu ihre eigene hingen von ihrer Leistung ab. Was und wie viel immer unsere männlichen Vorfahren auch gesammelt haben mögen, sie konnten es allein für sich tun und für sich behalten. Anders als das Jagen verlangen Sammeln, Lagern und Teilen in Gruppen eine kontinuierliche und effektive Kommunikation und Koordination und flexible Organisationsstrukturen. In den Frauen- und Kindergruppen entwickelte sich dafür eine exzellente Form: **die Kooperation.**

Ein wirksames Kooperationssystem geht immer einher mit Interessenausgleich, Affektkontrolle und intelligenter Informationsverarbeitung. Damals wie heute sicherte Kooperation den Fortbestand einer Gruppe und ihrer Unternehmungen. Kooperationsfähige Sammlerinnen haben vor fünf Millionen Jahren erfolgreich ihren Nachwuchs durchgebracht.

Für heutige Unternehmen sind das wichtige Hinweise. Das Ausmaß der Kooperationsfähigkeit eines Unternehmens, nicht sein Technikgebrauch, sichert seine Zukunft.

Take away!

1. **Fakten über Frauen und Männer gehören in das Pflichtprogramm der Managerausbildung, nicht in die Kür.**
2. **Die Kooperationsfähigkeit, nicht die Technik, sichert die Zukunft der Unternehmen.**

6

Vorbild Natur: Das genderbasierte Unternehmen

Wenn man ein Unternehmen als einen Organismus betrachtet, den Menschen für mehr Wohlstand und zur Wertschöpfung bilden, dann erschließt diese Perspektive geradewegs die Gesetzmäßigkeiten, nach denen ein Unternehmen lebt, lernt und produziert. Den Schlüssel zum Verständnis dazu, was das Wesen eines Unternehmens ist, findet man in den Konzepten der Natur.

Unternehmen werden von einzelnen Menschen gegründet, und Millionen von Menschen erzeugen in Unternehmen zielorientiert durch ihre Kooperation, Konfrontation und ihre sehr spezifischen Leistungspotenziale die Wirtschaft der Welt. Die Leistungen eines Unternehmens erbringen sehr individuelle Menschen. Ihre Natur und die Gesetze ihrer Zusammenarbeit bestimmen auch die Natur der Unternehmen. Will man also als Management ein Unternehmen betriebswirtschaftlich erfolgreicher und überlebensfähiger machen, so empfiehlt es sich, auch die Natur als Vorbild für die Gestaltung zu nutzen.

Das Wissen über die Natur der Menschen, über ihre Verschiedenheit und das Verständnis darüber, warum die Natur Menschen in zwei Ausprägungen als Männer und Frauen vorsieht, sind die Basis für ein **»organisches«** Unternehmensmanagement. Die Wissensdetails dazu liefern dem Management die Biologie, die Psychologie und die Geschlechterforschung. Wenn Sie beim Management des Unternehmens die Ergebnisse dieser Disziplinen anwenden, dann werden Sie die Erfolgsdeterminanten im Unternehmen, Männer und Frauen, richtig beurteilen und nutzen. Voraussetzung für die strategische und operative Nutzung des Mo-

dells Natur ist es, seine Konstruktionspläne mit der Vielfalt der Menschen zu verstehen und zu begreifen, welche Strategie die Natur mit den zwei Geschlechtern und deren Unterschiedlichkeit verfolgt. Die Analysen und Ergebnisse stehen im Widerspruch zum Alltagswissen und zu den vielen Klischees und Vorurteilen über den vermeintlichen Charakter von Männern und Frauen.
Manche der wissenschaftlichen Befunde erscheinen provokant, weil sie das in den Unternehmen verwendete Alltagswissen und die Vorstellungen weiblicher und männlicher Manager auf den Kopf stellen.
Da Aufklärung immer vor Veränderungen steht und Aufklärung ja auch angenommen werden muss, wollen wir die wesentlichen Fakten zur Natur der Menschen und der beiden Geschlechter ganz einfach darlegen. Sie sollen ja Lust auf die Nachahmung des Vorbilds der Natur bekommen.

Die Vielfalt der Menschen ist unser Potenzialvorrat.

Die Gesamtbevölkerung der Erde umfasst derzeit etwa sechs Milliarden Menschen. Das ist der gesamte Potenzialvorrat an Frauen und Männern. Jeder Mensch auf der Welt ist ein Unikat. Wahrscheinlichkeitstheoretisch betrachtet, ist jedes Individuum ein Wunder. Denn dass gerade Sie als die individuelle genetische Kombination, die Sie sind, gezeugt wurden unter den faktisch unbegrenzten anderen Kombinationsmöglichkeiten, dazu lässt sich nur gratulieren.
Die physischen und psychischen Merkmale der Menschen sind unterschiedlich ausgeprägt. Grafisch dargestellt erhält man Kurven in Form von Normalverteilungen. Die Kurven zeigen, wie häufig eine Merkmalsausprägung, z. B. eine körperliche, unter den Menschen oder bestimmten Gruppen vorkommt, und so lassen sich auch die entsprechenden Prozentanteile bestimmen.
Wir wissen aus den Biowissenschaften, dass die Merkmale des Menschen eine ausgeprägte Variation zeigen. Warum gibt es diese Variationen, die wir als natürliche Unterschiede und

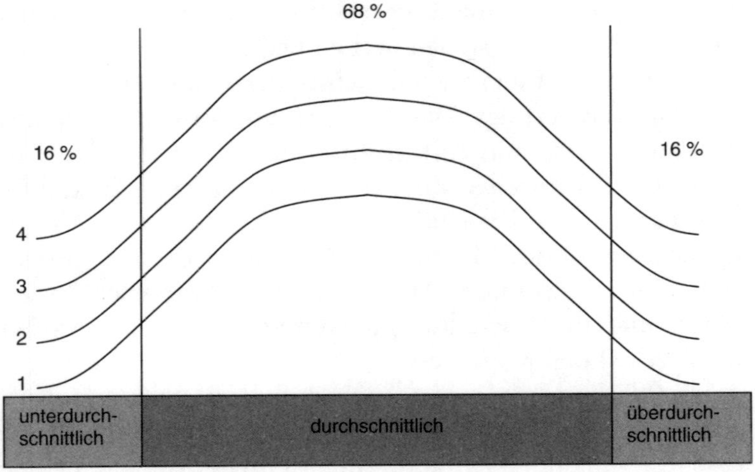

Abb. 7: Beispiele für Verteilungskurven für Intelligenz (1), Körpergröße (2), Körpergewicht (3) und Konzentrationsfähigkeit (4)

als Vielfalt im Aussehen der Menschen, ihrer Interessen, im Denken oder Handeln bemerken? Unterschiedliche Merkmalsausprägungen bedeuten unterschiedliche Potenziale, die für Anpassungsleistungen an neue Umweltanforderungen gebraucht werden. Ändert sich das Klima oder die Nahrungssituation, überleben die Individuen unbeschadet, die Hitze vertragen oder einen genügsameren Stoffwechsel besitzen. In kriegerischen Konflikten brauchen wir statt »Angsthasen« Menschen mit Konfrontationswillen oder sensitive Menschen, die verhandeln können. Mit einem ordentlichen Vorrat an unterschiedlichstem Potenzial garantiert die Natur unsere Existenz für lange Zeit und unter den vielfältigsten Veränderungen. Außerdem gibt sie jedem Typ seine Chance, wenn seine Zeit kommt oder die Situation eintritt, die sein spezielles Potenzial verlangt.

So ist die Natur ein perfekter Unternehmer mit dem richtigen Personalportfolio und mit der richtigen Personalstrategie.

Unternehmen leben exakt so von der Vielfalt ihres Personals, der richtigen Mischung der Potenziale und von Frauen und Männern entsprechend der Anforderungen in ihrer Wettbewerbsumwelt.
Um die Menschenvielfalt zu führen und zu managen und zur Zusammenarbeit zu bringen, braucht man im Unternehmen spezifische Managementkompetenzen. In den Unternehmen nennt man diese ganz allgemein »Sozialkompetenz«. Dieser Begriff ist ungenau. Um die diversen Menschen zur Zusammenarbeit zu bringen, spricht man **richtiger** von Diversitätskompetenz, weil damit klar ist, dass es um das Verständnis und das Management von Individuen und den persönlichen und kulturellen Unterschieden zwischen Menschen geht.

Zusätzlich zur Sozialkompetenz braucht das Unternehmen Diversitätskompetenz.

Um die zwei biologischen Gruppen, Männer und Frauen, adäquat zu führen, reicht auch Diversitätskompetenz nicht aus. Hierzu wird Genderkompetenz benötigt. Das ist Anwendung von speziellem Wissen über die Natur von Männern und Frauen und über die Bedeutung der besonderen Rollen, die für Männer und Frauen in verschiedenen Kulturen gelten.
Ein Unternehmen richtig zu verstehen, setzt ein genaues Hinschauen auf das Unternehmen voraus. Nur Menschen in Unternehmen zu sehen, ist ungenau. Die Menschen als Männer und Frauen im Unternehmen zu unterscheiden, ist exakt. Deshalb ist der richtige Blick bei der Führung und dem Management des Unternehmens der **Genderblick**.
Wenn es um die Menschen, die Mitarbeiter und das Personal geht, muss das Unternehmen deshalb genderbasiert sein. Das ist ein richtiger Ansatz, weil es ein natürlicher Ansatz ist. Er führt zur Weiterentwicklung in der Zusammenarbeit und Führung und fordert eine Weiterentwicklung in den Anforderungsprofilen für Führungskräfte, die mit ihrer Personalführung den Unternehmenserfolg sichern müssen. Aus dem ursprünglichen Kompetenzdreieck – der Fachkompetenz,

der sozialen Kompetenz und der persönlichen Kompetenz –, das bisher für Führungskräfte gilt, bleiben Fachkompetenz und persönliche Kompetenz bestehen.

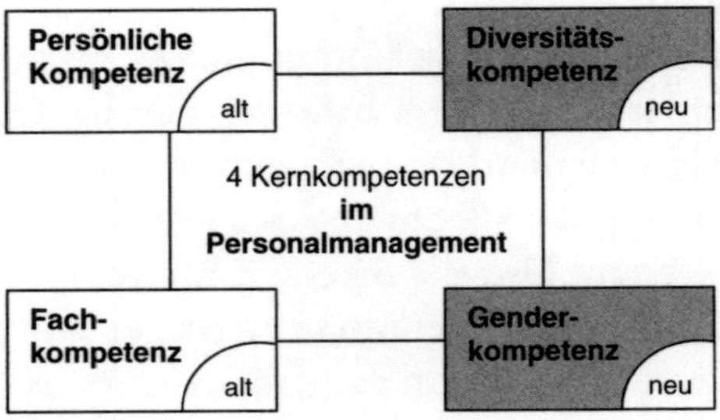

Abb. 8: Kernkompetenzen

Aus der alten **Sozialkompetenz** wird bei der Ausrichtung auf die individuellen Merkmale von Mitarbeitern **Diversitätskompetenz** und mit dem Blickwinkel auf die spezifischen und typischen Verhaltensweisen männlicher und weiblicher Mitarbeiter **Genderkompetenz**.

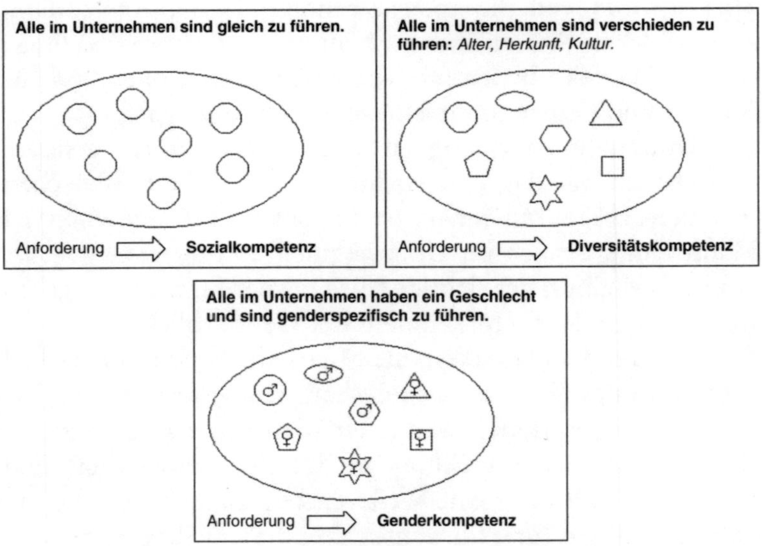

Abb. 9: Unterschiede zwischen Sozialkompetenz, Diversitätskompetenz und Genderkompetenz

Genderkompetenz ist die Fähigkeit, Männer und Frauen entsprechend ihres spezifischen Bedarfs zu führen und in der Personalarbeit zu managen.

Neue Leistungsanforderungen gibt es auch für das Personalmanagement im Unternehmen. Erst mit Diversitätskompetenz und Genderkompetenz ist es möglich, genauere Personalmanagementsysteme zu entwickeln und Prozesse effektiver zu führen.

Diversität und Gender sind die Basis von Führung und Personalmanagement.

Zwei Fragen kann man stellen:

1. **Warum soll das Unternehmen genderbasiert strukturiert, geführt und gemanagt werden?**
2. **Was kann man für die Personalstruktur unter dem Blickwinkel Gender besser machen?**

Die Natur hat Männer und Frauen biologisch spezialisiert und produziert Männer und Frauen in fast gleicher Anzahl. In ihren biologischen Spezialisierungen ergänzen sich Frauen und Männer bei der gemeinsamen Unternehmung Fortpflanzung. Die Natur hat außerdem die Leistungspotenziale bei Männern und Frauen gleich verteilt. Es gibt also ebenso viele durchschnittlich, überdurchschnittlich und unterdurchschnittlich leistungsfähige Frauen wie Männer.

In Unternehmen gibt es dagegen ein unnatürliches Bild, wenn man auf die Verteilung von Frauen und Männern auf die verschiedenen Positionen sieht. Unternehmen sind hier in einer Schieflage.

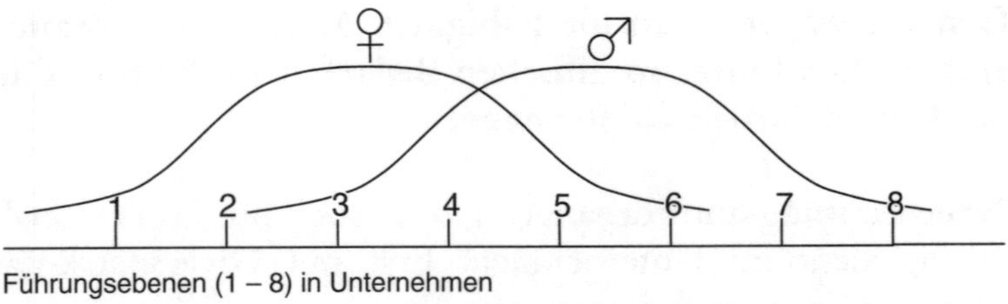

Abb. 10: Ungleiche Verteilungen von Frauen und Männern auf Führungsebenen

Angenommen, dass mit Frauen und Männern der gleiche Potenzialpool zur Verfügung steht, müsste das Unternehmen gleich viele Männer und Frauen auf den Positionen des Unternehmens haben.

Das wäre dann der Fall, wenn das Unternehmen nach dem Kriterium Leistungspotenzial unter Frauen und Männern die richtigen sucht und dabei keine systematische Bevorzugung oder Benachteiligung im Spiel ist oder andere Kriterien, wie z. B. das Geschlecht oder das Alter. Wenn nicht das Potenzial, sondern andere Auswahlkriterien eine Rolle spielen, gibt es die bekannte schiefe Verteilung, die wir in Unternehmen haben.
Auswahlkriterien wie Ausbildung oder Erfahrung sind natürlich wesentlich für ein Personalportfolio. Für einige Berufe findet man sowohl zu wenig ausgebildete Frauen wie Männer. Frauen fehlen bei Ingenieuren, Stahlkochern, Kanalarbeitern, Soldaten oder Legionären, Männer im Officemanagement, bei Hebammen oder in Grundschulen. Hier sind schiefe Verteilungen nachvollziehbar.
Keine rationale Begründung gibt es jedoch für alle die Positionen, für die den Unternehmen viele gleichermaßen qualifizierte Männer und Frauen zur Auswahl und zur Verfügung stehen. In allen akademischen Berufen, aus denen in der Regel die Führungskräfte in Unternehmen genommen werden, ist der Potenzialpool der Frauen und Männer gleich groß.
Bei 0,5 Prozent weiblichen Aufsichtsräten und Vorständen, bei fünf Prozent in oberen Managementpositionen und bei

14 Prozent auf den mittleren Managementebenen ist die Verteilung exzessiv schief. Der berufliche Aufstieg endet für 86 Prozent der Frauen bereits da, wo er für Männer im Management erst beginnt.

Alle bekannten Einwände, die Personalmanager auf Nachfragen hierzu vortragen, sind leicht zu entkräften. Denn an keiner Stelle des Personalmanagementprozesses ist Gender-Know-how verwendet worden. Vom Personalmarketing bis zum Outsourcing fehlt der Genderblick. Nichts wurde bisher so getan, wie die Natur es empfiehlt, und daher ist vieles zu verbessern.

Abb. 11: Vom genderblinden zum genderbasierten Unternehmen

Unternehmen, die nicht genderbasiert denken, denken auch nicht potenzialorientiert. Ihr Personalmanagement ist nicht so gut, wie es sein könnte.

Take away!

1. **Wenn nicht Potenziale das Auswahlkriterium für Positionen sind, dann geraten Unternehmen objektiv in eine Schieflage.**
2. **Diversitätskompetenz und Genderkompetenz sind die natürlichen Grundlagen für Führung und Personalmanagement.**

7

Alles Gender? Ist ein Unternehmen eine Genderkomposition?

Welche Effekte haben die Struktur des Humankapitals und die Zusammensetzung des Mitarbeiterpools auf die Dynamik und die Leistungen eines Unternehmens? Nun müssen Sie ungewöhnlich denken! Diese für eine Personalstrategie entscheidende Frage lässt sich am besten beantworten, wenn man die Probleme kennt, die Unternehmen haben, wenn sie unterrepräsentiert sind. Am eingängigsten dazu sind nicht etwa betriebswirtschaftliche Studien, sondern Untersuchungen[37], die an 87 Orchestern in vier Ländern durchgeführt wurden. Orchester sind zu Fragen der Komposition besonders gute Untersuchungsobjekte. Überall auf der Welt sind Orchester Männersache, ob es um Musiker oder um Dirigenten geht. Hier gibt es eine Männerquote von fast 100 Prozent, die mit Überzeugung, aus Tradition und nach vermeintlich bestem Wissen verfolgt wird.

Ob es Mozart oder Brahms ist, ob wir die Brandenburgischen Konzerte oder die Schicksalssymphonie hören, ob die Berliner oder New Yorker Symphoniker für uns spielen, hier hören wir Männern zu. Männer führen uns durch die Welt der Musik, obgleich sie schlechter hören können. Über das gute Gewissen derjenigen, die so entscheiden, ist allerdings nichts bekannt.

[37] Allmendinger und Hackman haben 1995 diese kreative Idee gehabt mit der Frage, ob Orchester besser spielen, wenn mehr Frauen dabei sind, und ob sie noch besser spielen, wenn es die richtigen Geschlechterarrangements gibt.

So kann man an Orchestern seiner forscherischen Neugier über die Frage, wie viele Frauen und wie viele Männer in einem Orchester spielen sollen, um den höchsten Kunstgenuss zu erhalten, unschwer freien Lauf lassen. Variieren die musikalischen Leistungen eines Orchesters, seine Managementleistungen, sein Klima und seine Beziehungen, je nachdem, wie viele männliche und weibliche Musiker im Orchester spielen? Also kurz gesagt: Geht es bei unserem musikalischen Ohrenschmaus nicht nur um die musikalischen Kompositionen, sondern auch um Genderkompositionen? Sind unsere Konzertkarten erst dann ihr Geld wirklich wert, wenn ein Orchester in einer optimalen Frauen-Männer-Komposition spielt?

Alles das, was man in personalstrategischen Studien auch untersuchen würde, ist in der Orchesterstudie selbstverständlich auch bedacht. Es wurden untersucht:

- die Teamqualität des Orchesters, die gegenseitige Anerkennung und das Job-Involvement jedes einzelnen Musikers
- das Verhalten des Dirigenten
- die Prozessqualität im Orchester, die musikalische Ergebnisqualität und seine Beziehungsqualität
- die Motivation und Zufriedenheit der Musiker
- die Zufriedenheit mit dem Orchestermanagement, mit den Arbeitsbedingungen und der Arbeitsplatzsicherheit

Was glauben Sie? Spielt es nun für die Orchesterleistungen eine Rolle, ob eine Frau die erste Geige spielt oder ein Mann? Ob es einen Effekt hat, wenn die Personalstrategien in der Musikbranche nicht genderblind wie bisher vorgehen, sondern bei ihrer Jagd nach musikalischen Spitzenleistungen, nach teamfähigen und begeisterten Orchesterspielern in ihre Personalstrategie die Genderperspektive mit aufnehmen und gezielt Frauen rekrutieren, um das Orchester in jeder Hinsicht zu optimieren?

Sie haben Recht. Allmendinger und Hackman fanden heraus, dass die richtige Genderkomposition die Leistung und das Klima des Orchesters signifikant[38] bestimmt. Auf 19 von 22 Leistungsdimensionen hatte die richtige Genderbalance Verbesserungen erbracht. Nebenher hat die Orchesterstudie erneut bestätigt, dass bestimmte Männer, nämlich diejenigen mit persönlich ausgeprägter Dominanz und einem Hang zur Macht, die weitaus größten Widerstände gegen Verbesserungen der Orchesterleistungen haben. Für die Personalstrategien in der Musikbranche muss klar sein: kein musikalisches Mittelmaß mehr durch Männerquote und Genderblindheit!

Da viele Personalmanager nicht genug wettbewerbs- und marktorientiert, dafür aber eher sozialpädagogisch oder administrativ denken, beschäftigen sie sich vorzugsweise mit Verwalten und Helfen im Personalmanagement statt mit strategischem Steuern. Das operative Personalmanagement ist im Unternehmen jedoch nur dann ergebniswirksam, wenn es strategisch gedacht und strategisch getan wird. Ein Personalmanagement ohne Strategie sucht auch nicht gezielt nach Talenten, sondern nimmt das, was der Markt hergibt. Der aber gibt nur her, was man sieht. Ohne strategisches Denken und Handeln sieht man zu wenig.
In vielen Assessment-Centern, die wir in Konzernen und Mittelstandsbetrieben durchführten, scheiterten die meisten Potenzialkandidaten an Aufgaben, die zur Lösung strategisches Denken und Handeln erfordern. Und schlimmer noch: Die Personalreferenten, die Strategiepotenzial von möglichen Nachwuchskräften beurteilen sollten, scheiterten selbst schon an der Definition und dem Grundwissen über den Potenzialfaktor Strategie, und daher ist es nicht verwunderlich, dass in Unternehmen die Personalzusammensetzung noch nicht als strategische Komponente verstanden wird.

---

[38] Signifikant = mit bestimmter Wahrscheinlichkeit, nicht zufällig.

Wenn ein Personalvorstand das Personalmanagement im Unternehmen wirksam verbessern will, muss er es dazu bringen, dass das Humankapital in seinem Unternehmen strategisch bewertet, gefunden, behalten und eingesetzt wird. Humankapital sind Männer und Frauen. Dieses Kapital verlangt beim Personalmanager die Umsetzung der Genderstrategie und Genderkompetenz in der Personalpraxis.
Wenn ein Personalvorstand endlich auch das richtige Durchsetzungsvermögen gegenüber dem Finanzvorstand haben will, dann braucht er den Nachweis, dass seine Personalstrategie einen Beitrag zum Unternehmensergebnis liefert.
Dem Personalmanagement kann man angesichts der Leistungsprobleme in Unternehmen und der derzeitigen schlechten Wirtschaftskraft in Deutschland nur empfehlen, was der biblische Noah tat. Als der Gott des Alten Testaments die Sintflut ankündigte, tat er das Richtige: Er handelte sofort.
Im Unternehmen kann man die Idee der Genderkomposition **sogleich** bei der Zusammensetzung von Arbeitsteams und Projektteams umsetzen.

Teams gendern

Zu den Arbeitsformen, die sich in den meisten Unternehmen durchgesetzt haben, gehört die Teamarbeit. Jedoch genügt bei weitem nicht alle Zusammenarbeit, die mit Teamarbeit bezeichnet wird, den Kriterien, welche die Organisationspsychologie hierzu macht. Unsere Vorschläge zum »Gendern« von Teams beziehen sich auf regelrechte Projektteams, die eine steuernde Funktion im Unternehmen haben. Im Unterschied zu den Alltagsteams bezeichnen wir diese als Hochleistungsteams. Ihr Erfolg hängt erstens ab von der **Teamintelligenz**, die ihre Mitglieder mitbringen, und zweitens von der **Kooperationsfähigkeit**, die sie entwickeln. Der dritte Erfolgsfaktor, auf den wir hier aufmerksam machen, ist die **Zusammensetzung** des Teams.
Unter dem Blickwinkel der Aufgabenstellung müssen die Mitglieder mit den richtigen Potenzialen gefunden werden,

deren Leistungs- und Verhaltensressourcen sich zudem ergänzen.
Ein produktives Team, das rechtzeitig und in Einhaltung des Budgets Ziele und Resultate erreichen muss, das auch in schwierigen Phasen handlungsfähig bleibt, schon schwache Störsignale wahrnimmt, wird seine Mitglieder nach Fachkompetenz, Beziehungspotenzial und nach Genderpotenzialen auswählen.
Wenn man überprüft, welchen Einfluss die Zusammensetzung des Teams unter dem Genderaspekt auf die Leistungen hat, dann wird man fündig. Neueste Untersuchungen[39], in denen die Leistungen rein männlicher Teams mit rein weiblichen und geschlechtsgemischten Teams verglichen wurden, haben gezeigt, dass etwa ein Viertel (28 Prozent) der Leistungen, die ein Team erbringt, dem Genderfaktor zuzurechnen sind. Feinanalysen haben transparent gemacht, wie dieses Ergebnis zustande kommt. Gemischte Teams übertreffen reine Frauen- oder reine Männerteams bei den Problemanalysen, der Strategieplanung, der Qualität der Praxisempfehlungen und bei der Organisation der Teamarbeit.
Wenn Frauen und Männer in experimentellen Teams mit komplexen Aufgabenstellungen zusammenarbeiteten, dann war/waren

- die Problemanalysen vollständiger
- die Strategiepläne realistischer
- die Praxisempfehlungen konkreter und brauchbarer
- die Teamorganisation effektiver
- die Präsentationsleistungen professioneller
- die Zufriedenheit im Team größer

Wie kann man diesen Gendereffekt erklären? Bei komplexen Aufgabenstellungen für ein Team kommen die kleinen und relevanten Unterschiede in den Genderpotenzialen zum Zug. Sie ergeben die größere Heterogenität im Team, die zur Leistung gebraucht wird. Männer und Frauen und ihre Poten-

[39] Vgl. Orlitzky & Benjamin (2003).

ziale ergänzen sich und gleichen offensichtlich mehr von den Defiziten aus, die homogene Teams zwangsläufig haben.
Gemischte Teams unterliegen aus denselben Gründen auch weniger den Fallen und Zwängen, die sich bei homogenen Teams einstellen.
Es kann in gemischten Teams weniger Gruppendruck bei der Meinungsbildung und der Entscheidungsfindung geben. In gemischten Teams setzt sich wahrscheinlich, anders als es in homogenen Teams der Fall ist, die Mehrheitsmeinung weniger leicht durch, weil weniger auf gegenseitige Selbstbestätigung Wert gelegt wird und daher weniger Rechtfertigungsdruck bei Einzelmeinungen und kritischen Einwänden entsteht.

Es geht weniger um Harmonie und Selbstzufriedenheit, sondern um mehr Aufgabenorientierung, bei der Informationen objektiv bewertet werden, und es wird mehr Wert auf Kooperation bei der Entscheidungsfindung gelegt. Gemischte Teams können so weniger »blinde Flecken«[40] haben. Wir empfehlen daher, die Kernteams im Unternehmen aus Männern und Frauen zusammenzusetzen, die sich neben ihrer Fachkompetenz auch mit ihrer Genderkompetenz ergänzen. Der Genderfaktor kann ein besserer Weg zur Effizienzsteigerung von Teams sein als die Wege, die bisher gegangen wurden.

Take away!

1. **Es regnete nicht, als Noah die Arche baute. Er glaubte.**
2. **Glauben Sie daran, dass Gender eine personalstrategische Bedeutung hat. Und komponieren Sie Ihr Unternehmen aus den richtigen Frauen und Männern!**
3. **Mit dem Genderfaktor können Sie die Teamleistungen steigern.**

[40] Vgl. Wood (1987); Fields & Blum (1997).

8
Strategiefaktor Gender

1934 publizierte Prof. Ganse von der Universität Moskau, an der er bekannt war als der Vater der mathematischen Biologie, die Ergebnisse einer Reihe von Experimenten, in denen er Protozoen, einzellige Lebewesen derselben Art, in eine Flasche mit ausreichend Nahrung gab. Sie entwickelten sich und überlebten sehr verschieden. Das Ergebnis seiner Beobachtungen ist das Ganse-Prinzip des Wettbewerbs: Es gibt *nicht* zwei Spezies, die koexistieren können in der *gleichen* Weise. Früher oder später treten sie in Wettbewerb um die Ressourcen, und nur die überleben, die einen Wettbewerbsvorteil für sich erzeugen können. Das Prinzip des Wettbewerbs bewirkt, dass Tausende von Arten ausgelöscht und Tausende von Arten neu entstehen werden. Warum? Die Umgebung gibt jeder Art einen einzigartigen Vorteil, den sie nutzen muss. Das ist die natürliche Selektion in biologischen Systemen.
Mit einem Unterschied folgen Unternehmen und Biologie denselben Entwicklungsmustern. Die Natur hat ihre eigene, von uns unabhängige Strategie. Unternehmensstrategien werden von Menschen gemacht und sind daher abhängig von der Vorstellungskraft und der Logik der Strategen. Strategien entstehen sowohl durch Visionen und Gedanken als auch durch Beurteilung und Verständnis der Realitäten. Überleben werden nach dem Ganse-Prinzip aber nur die Unternehmen, welche die strategischen Vorteile, die ihnen die Umgebung bietet, erkennen und nutzen.
Kein existierendes Unternehmen gleicht dem anderen, jedes ist individuell und besteht so lange gut, wie es etwas Spezifisches hat.
Das sind spezifische Preise, besondere Märkte, unterschiedliche Produkte, außergewöhnliche Dienstleistungen oder ein besonderer Ruf.

Und das Wichtigste natürlich: das besondere Personal und eine spezifische Personalkomposition.

Diese Komponenten können zum Zweck des Wettbewerbs und der Unternehmensentwicklung in sehr verschiedener Weise kombiniert werden. Das Gesamtkonzept dazu ist eine Strategie. Vor 1960 war ein Gesamtkonzept »Strategie« in Unternehmen unbekannt. Erst nachdem die Harvard Business School ein Modell entworfen hatte, das beschrieb, wie die externen und internen Unternehmensfaktoren zu koordinieren und zu vernetzen sind, um die Unternehmensziele zu erreichen, begannen Unternehmen Strategiekonzepte für Markt und Wettbewerb zu entwickeln.

Strategie
=
die überlegte Suche nach einem Aktionsplan,
der den Wettbewerbsvorteil nutzt

Diese Suche nach einer Strategie ist ein wiederholter Prozess, der jeweils mit der Feststellung beginnt, wo man steht, was man hat und wo man hin will. Eine Strategie ist also ein Erfolgskonzept. Das Strategiekonzept der Harvard Business School enthält vier Strategiemodule, die in der Planung zu berücksichtigen sind.

Die jeweils beste Kombination von Chancen, Kompetenzen und Ressourcen wird gesucht. Sie bestimmt die Wahl der Produkte, der Märkte, der Aktionen und des Personals. Mit diesen Modulen kann die richtige strategische Architektur für das Unternehmen aufgebaut werden. Das setzt eine radikale Offenheit voraus. Leidenschaftslos und vorurteilslos müssen Kompetenzen, Ressourcen, Chancen und Risiken bewertet werden. Die Einschätzung der externen Bedingungen des Unternehmens muss von den Realitäten, nicht von den Wünschen des Managements geleitet werden. Das strategische Gesamtkonzept für die Zukunft beschließt immer das Topmanage-

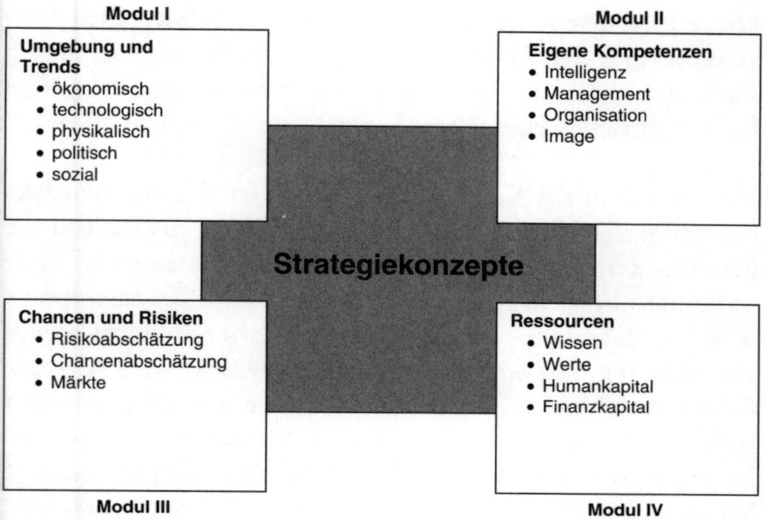

Abb. 12: Strategiekonzepte

ment. Es gibt viele Möglichkeiten, eine Strategie zu entwerfen. Ein möglicher Weg für Strategieplanung ist es, erste Schritte und erste Szenarios zur Entscheidungsfindung durchzudenken. Viele große Unternehmen, z. B. die Ölindustrie, benutzen eine *Szenariotechnik*, damit die Entscheidungsgrundlagen für die Strategie transparent werden. Die wichtigste Zielsetzung bei einer Strategieplanung ist es, die politische, wissenschaftliche und gesellschaftliche Szene außerhalb des Unternehmens zu verstehen.

I. Überraschungsfrei Zukunft ist wie die Gegenwart	**II. Restriktionen durch Politik und Gesellschaft**
III. Ungewissheit Unsicherheit	**IV. Expansion Überfluss**

Abb. 13: First-Step-Szenarios

Diese **First-Step-Szenarios** dienen ausschließlich dem Verständnis und der Klärung der äußeren Situation. Aus diesen First-Step-Szenarios lassen sich jedoch noch keine Aktionen für strategisches Handeln ableiten.

Die Stufe 2 in der Szenariobildung befasst sich mit den **Akteuren** in der Umgebung des Unternehmens, als da sind die Produzenten, Lieferanten, Kunden, Wettbewerber, und zwar unter der Fragestellung, welche Interessen sie bestimmen, welchen Charakter sie haben, wie sie sich bei welchem Szenario verhalten und welche Strategie sie denn wählen würden. Fakten und Meinungen über die Akteure müssen gesammelt werden. Damit erst versteht man die Marktkräfte. Mit diesen Informationen entscheidet man sich für das wahrscheinlichste Szenario, auf das es dann den Aktionsplan[41] auszurichten gilt. Das gewählte Szenario wird sodann in den wichtigsten Kategorien wie Preise oder Produkte qualifiziert und quantifiziert. So findet man die Richtung für strategische Innovationen. Für uns ist das Personal die wichtigste Kategorie, und darin Diversität und Gender. Die Umsetzung erfolgt unter der Dimension »Zeit«. Umsetzung heißt: Das Unternehmen verändert sein Verhalten. Oder locker gesagt: Alle im Unternehmen müssen zu neuen Quellen geführt werden und frisches »Wasser« saufen.[42] Dann erst werden für den konkreten Alltag Aktionen und Maßnahmen entwickelt, die inkremental[42a] sind und große Wirkungen haben. Kleinste Veränderungen schon können die wirklichen Wettbewerbsvorteile sein.
Die Umsetzung der Strategie in Alltagsverhalten ist **Verdrängungsarbeit**. Sie kostet mehr Anstrengung, mehr Zeit, mehr Gedanken und bringt mehr Frustration. Aber nichts

---

41 So entschied sich Shell in den 70er-Jahren für eine Kombination aus Szenario II/III (Bedrohung und Ungewissheit); denn die prinzipielle stetige Evolution in Gesellschaft und Wirtschaft ist die Regel, die Revolution die Ausnahme.

42 Für Shell hieß die Botschaft an das Unternehmen: »Bereitet euch vor, wir werden eine langsam wachsende Industrie werden!«

42a Inkremental = Zuwachs.

außer Arbeit führt dazu, dass ein Unternehmen im Strom schwimmen kann.

Erfolgsfaktor Wissen: Das Genderwissen gibt es schon.

Wissen kommt in Wellen. Diese Wellen werden größer und immer schneller. In der Zeit vor der ersten Wissenswelle, der Zeit der Jäger, Sammlerinnen und Nomaden vor 10.000 Jahren, erfolgten Veränderungen so langsam, dass Generationen von Menschen sie nicht wahrnehmen konnten. Es war die bisher längste Welle. Menschen hatten »ewig« Zeit, sich zu verändern. Auch mit der zweiten Welle, der Zeit der Landwirtschaft, die lange 6000 Jahre dauerte, gab es wenig Veränderungsdruck.

Aber mit der Ankunft der dritten Welle, der Erfindung der Uhr, und mit dem industriellen Zeitalter, war es mit der »Ewigkeit« vorbei. In nur 300 Jahren hat die dritte Welle ihren Höhepunkt erreicht und zerfällt zurzeit unter der vierten Welle, welche die Informations- und Kommunikationstechnologien brachte. Die fünfte Welle mit den globalen, grenzenlosen Unternehmen, baut sich gerade mächtig auf. Diese Welle erzeugt Produktivität durch Robotik, Biotechnologie, künstliche Intelligenz und Electronic Commerce, durch Humangenetik und Geschlechterdemokratie[43]. Die sechste Welle bringt eine andere Welt. Es sind die Durchbrüche zu einer neuen Wirtschaft, zu neuen Wissenschaften und zu anderen Gesellschaften. Sie ist bis jetzt nur für eine Elite vorstellbar. Wir erleben jetzt, dass die neuen Wellen den vorauslaufenden unmittelbar auf den Fuß folgen. Bildlich gesagt: Die Zeiträume zwischen dem Schmücken des Weihnachtsbaums und dem Abräumen werden immer kürzer.

Erfolgsfaktor Zeit: Gender wird international schon in Unternehmen eingeführt.

[43] Geschlechterdemokratie = Umsetzung der gesellschaftlichen Gleichstellung der Frauen weltweit.

Die Bewegung einer Wissenswelle zu verstehen ist erfolgskritisch für einen strategischen Plan. Bei gleichem Wissensstand hat das Unternehmen mit der besseren Zeitwahrnehmung den Wettbewerbsvorteil. Je kürzer die *Entdeckungszeit,* also je schneller neues Wissen erkannt wird, umso besser. Je früher ein Unternehmen das Wissen anwendet, umso mehr hat es die »**beste aller Zeiten**« erwischt. Ein Management, das Zukunft als Gegenwart empfinden kann, zieht die Zukunft geradezu ins Unternehmen. So sind Wissen und Zeitwahrnehmung die Erfolgsfaktoren einer Strategie.

Gender: Die Verfeinerung der Personalstrategie

Wer den Stand der Theorie und Praxis der strategischen Personalplanung und des Personalmanagements untersucht, kann feststellen, dass sowohl in den deutschen Lehrbüchern als auch in der deutschen Unternehmenspraxis der Aspekt Gender nicht vorkommt. Personalstrategien sind bisher genderblind. So als arbeiteten Mitarbeiter nicht als Männer und Frauen in einem Unternehmen.

Warum sollte man in den Personalstrategien eines Unternehmens die Genderperspektive einführen?

Legt man die Beurteilungskriterien, die für ein erfolgreiches Strategiekonzept gelten, an Personalstrategien ohne Gender an, so gilt: Sie sind nicht auf der Höhe der Zeit, weil sie das Genderwissen für das Personalmanagement bisher nicht entdeckt und daher auch nicht genutzt haben. Im Wettbewerb um das Humanpotenzial und Humankapital liegen wir unter diesem Aspekt hinter den europäischen und amerikanischen Unternehmen zurück. Diese haben bereits vor 20 Jahren die Perspektive auf den Mitarbeiter nach männlich und weiblich differenziert.
Inzwischen ist die Gendertheorie ein eigenständiger Ansatz in den progressiveren Organisationslehren und kann in die Unternehmenspraxis eingeführt werden. Umfangreiche Forschungsergebnisse zu Genderaspekten, die ein wettbewerbs-

fähiges Personalmanagement benötigt, stehen zur strategischen und praktischen Nutzung zur Verfügung.

Anwendung einer Wettbewerbsstrategie auf Gender

Die allgemeinen Erfolgsfaktoren einer Wettbewerbsstrategie gelten natürlich auch bei der Anwendung auf Gender.

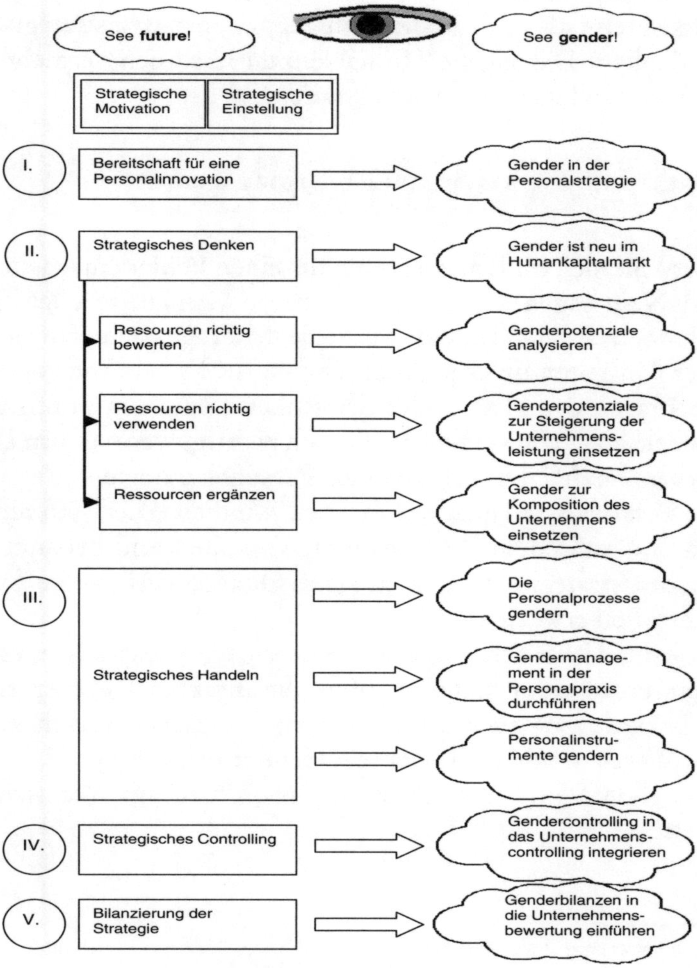

Abb. 14: Schritte in einer Wettbewerbsstragegie Gender

Sie müssen Ihr Unternehmen fragen: Warum lassen wir den von Gary Becker bereits vor 40 Jahren eingeführten Begriff »Humankapital«, mit dem er das ökonomisch verwertbare Wissen, das ein Mann oder eine Frau ins Unternehmen einbringt, immer noch links liegen? Warum nutzen wir das Humankapital von Frauen und Männern nicht besser?
Ein wesentlicher Grund dafür kann sein, dass das eigene Humankapital unzureichend ist und es sowohl am nötigen Wissen fehlt als auch an den Fähigkeiten, personalstrategisch zu denken. Das eigene Humankapital lässt sich vermehren und vorhandenes Potenzial entfalten.

Wege und Wegweiser zu Gendermanagement

Bevor Sie sich im Unternehmen für einen Fehler entscheiden und Nein sagen zur Personalstrategie Gender, machen Sie sich noch einmal klar, dass Strategie die Frage nach dem richtigen Verhalten für das Unternehmen ist. Es geht hier weder um Fragen der Moral oder der Etikette oder um politische Korrektheit. **Wie verhalten Sie sich richtig, wenn es um Ihr Personal geht?** Darauf zielt eine Personalstrategie.
Die Personalstrategien der meisten Wettbewerber sind ähnlich und außerdem allen bekannt. Von alten und bekannten Personalstrategien kann man keine Quantensprünge im Unternehmen erwarten.
Da jedes Unternehmen über seine eigene Personalstrategie allein entscheidet, kann es, ohne die direkten Gegenspieler berücksichtigen zu müssen, auch hier zwischen verschiedenen Wegen wählen: Gender ja – Gender nein.
In »Yellow Wood« schreibt Robert Frost[44], ein amerikanischer Poet:

[44] Übersetzung: Zwei Straßen führten in einen Wald und ich wählte die weniger begangene Straße und das hat den ganzen Unterschied ausgemacht.

»Two roads diverged in a yellow wood, and I took the one less travelled by, and that has made all the difference.«

Die Wege für eine Personalstrategie mit und ohne Gender sind sehr einfach darzustellen. Die unterschiedlichen Wege führen zu völlig anderen Ergebnissen.

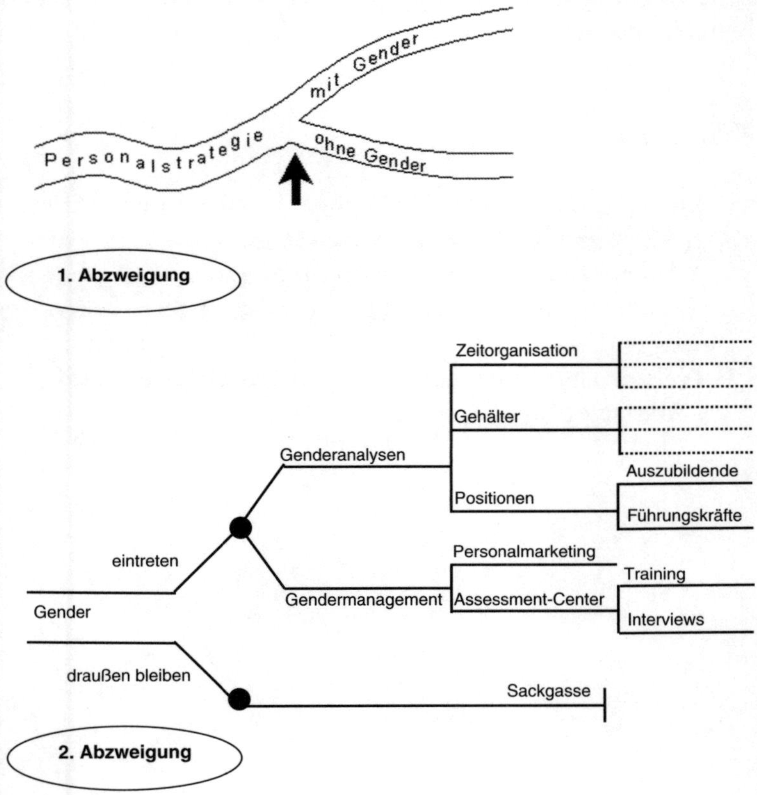

Abb. 15: Roadmaps für Gender

Bei der ersten Abzweigung muss entschieden werden: eintreten in die Genderstrategie oder draußen bleiben?
Danach ergeben sich weitere Abzweigungen auf dem Weg zum Gendermanagement. Jede weitere Abzweigung führt zu einer Differenzierung der Personalstrategie und eröffnet dem

Personalmanagement neue Verhaltensmöglichkeiten und andere Methoden. Die Entscheidung für »draußen bleiben« bringt keine weiteren Differenzierungen. Das Unternehmen bleibt beschränkt auf seine alten Wege, die in Personalsackgassen enden werden.

Eine Grundregel der Strategielehre ist: »Schau nach vorn und bedenke das Ende!«

Take away!

1. **Die Genderstrategie im Personalmanagement bringt derzeit große Wettbewerbsvorteile, wenn es um die Unternehmensressource Personal geht.**
2. **Gender wird international schon in Unternehmen eingeführt.**
3. **Nehmen Sie deswegen in Ihrem Unternehmen die »Abzweigung« Gender.**

9

Kann man Gendermanagement mit Unternehmensinteressen begründen?

Um diese Frage zu beantworten, muss man zunächst überlegen, was die eigentlichen Interessen eines Unternehmens sind. Die Antwort darauf ist einfach: Unternehmen in der Marktwirtschaft müssen letzten Endes im Wettbewerb am Markt bestehen. Das Ziel jeden Unternehmens ist es demnach, das eigene wirtschaftliche Überleben für die Zukunft sicherzustellen. Erst aus diesem übergeordneten Ziel leiten sich andere Unternehmensziele wie Gewinn, Marktanteil, Bekanntheitsgrad sowie die Unternehmensstrategien zur Umsetzung dieser Ziele ab.

Gendermanagement heißt, die geschlechtstypischen Potenziale von Männern und Frauen in allen Bereichen der Personalarbeit zu erkennen, zu aktivieren und in der betriebswirtschaftlichen Wertschöpfungskette zu nutzen.

Welche Rolle spielt Gendermanagement für die Ziele und Interessen von Unternehmen? Wie lässt sich die Einführung von Gendermanagement mit Unternehmensinteressen begründen?
Grundsätzlich lässt sich bei der Forderung nach Gendermanagement einmal mit ethischen und einmal mit wirtschaftlichen Überlegungen argumentieren, wobei beide jedoch in der Unternehmenspraxis zusammenhängen.
Zunächst kann man auf eine Gruppe von Argumenten eingehen, die wir als »ethische Argumente« bezeichnen.
Rückt man den »Gleichberechtigungsgedanken« des Gendermanagements in den Vordergrund und argumentiert, dass Unternehmen wie Gesellschaft »moralisch« aufgerufen sind,

»Gleiches gleich« zu behandeln und Ungleichbehandlung von Männern und Frauen zu beseitigen, argumentiert man mit einem Appell an die Unternehmensethik.
Man kann allerdings bei der Argumentation für Gendermanagement auch wirtschaftliche Begründungen in den Vordergrund stellen, indem man erläutert, dass der optimale Einsatz von Humankapital nicht ohne einen großen Anteil von Frauen, welcher dem Männeranteil entspricht, im Unternehmen möglich sein wird.

Ausgangspunkt:	Ungleichverteilung von Männern und Frauen im Unternehmen (10 bis 30 Prozent Frauen und 70 bis 90 Prozent Männer)
Annahme:	Frauen können für das Unternehmen gleich viel leisten.

1 *Normative* Ethik	2 Unternehmensethik	3 *Ökonomisches* Argument
Gendermanagement als gleiche **Behandlung** von Männern und Frauen Strenges Proporz- und Quotendenken • Ökonomische Interessen spielen keine Rolle • Gleiche Verteilung von Fähigkeiten nicht erforderlich	Gendermanagement als gleiche **Chancen** für Männer und Frauen Wahrnehmung des Unternehmens durch interne und externe Interessengruppen Kann auf *ökonomische Ertragskennzahlen* wirken	Gendermanagement: Auswahl, Entwicklung, Bindung der **besten** Männer und Frauen führt zu: • höherer Qualifikation • höherer Motivation • höherer Leistung und wirkt auf *ökonomische Ertragskennzahlen*

Abb. 16: Argumente für Gendermanagement im Unternehmen

Wie Menschen zu behandeln sind, ist eine Fragestellung der Ethik, und der ihr zugrunde liegende Gedanke ist, dass es in jeder Gesellschaft bestimmte Verhaltensweisen, Erwartungen, Standards und Gebräuche gibt, die für die Mitglieder der Gesellschaft gelten.
In alltäglichen Diskussionen zum Thema Geschlecht, Gleichberechtigung, Frauenförderung und Frauenquote werden ethische und ökonomische Argumente oft gemeinsam diskutiert, wobei oft, wenn auch hinter vorgehaltener Hand, angeführt wird, dass es nicht das Ziel und die Aufgabe

eines Unternehmens sei, »ethisch« zu handeln, sondern es sich an der Gewinnmaximierung zu orientieren habe. Daher sei es nicht Aufgabe des Managements, sich um die gleiche Beteiligung von Männern und Frauen auf allen Unternehmensebenen zu kümmern.
Dazu lässt sich sagen, dass die Verwendung ethischer Argumente aus der normativen Ethik, die sich nicht an wirtschaftlichen Zielen orientiert, von Argumenten aus der Unternehmensethik, die sich mit der Bedeutung von Unternehmenswerten und Verhaltensregeln auf ihre internen und externen Interessengruppen befasst, getrennt werden muss.

In der Tat ist es möglich, dass Unternehmen nicht im wirtschaftlich besten Sinn handeln, wenn sie Männer und Frauen ungeachtet ihrer Qualifikation und ihres Leistungspotenzials gleich behandeln und im Unternehmen einsetzen. Im Sinne strenger »normativer Ethik« ist eine Annahme von Talentgleichverteilung zwischen Männern und Frauen nicht notwendig, da sie Gleichberechtigung in erster Linie als gleiche Behandlung auch bei ungleicher Leistung versteht. Die Auswahl, streng nach Proporzprinzip, die in politischen und administrativen Gremien durchaus gängig ist, fiele beispielsweise in diese Kategorie.
Im Schaubild haben wir diese Möglichkeit als »normative Ethik« bezeichnet, die sich an Idealen, nicht jedoch an wirtschaftlichen Zielgrößen und Realitäten orientiert. Sie trennt Unternehmensethik von Unternehmenserfolg und ist damit realitätsfern und nicht geeignet als Begründung für Gendermanagement, da in Wirklichkeit beide Bereiche untrennbar miteinander verbunden sind.
Obwohl die Ethikforschung keine eindeutige Aussage zur Genderfrage liefert und eine Vielzahl von Positionen hat, beruht ihr Grundargument auf folgender Überlegung:

Annahme 1: Solange keine relevanten Unterschiede zwischen Menschen bestehen, soll man sie gleich behandeln.
Annahme 2: Es gibt keine relevanten Unterschiede zwischen Männern und Frauen in ihren Managementfähigkeiten.

Schlussfolgerung: Daher sollen Männer und Frauen im Unternehmen gleich behandelt werden und bestehende Ungleichheiten beseitigt werden.

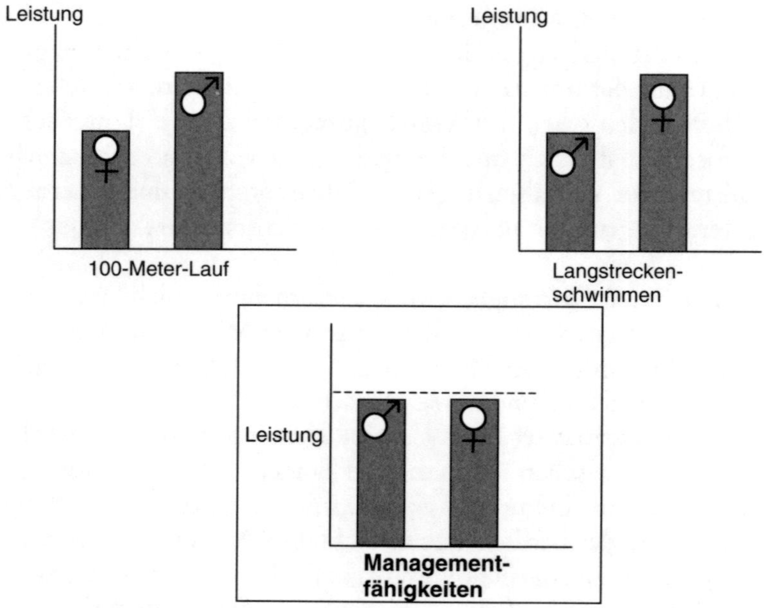

Abb. 17: Leistungsunterschiede zwischen Männern und Frauen

Die empirische Forschung zur Leistungsfähigkeit von Männern und Frauen im Management stützt die zweite Annahme, dass Frauen ebenso wie Männer in der Lage sind, ein Unternehmen gut zu führen. Es gibt also in diesem Bereich, anders als etwa in manchen Sportarten, keine natürlichen Unterschiede zwischen ihnen. Allerdings ist es dennoch denkbar, dass es trotz ihres gleichen Leistungspotenzials relevante Unterschiede zwischen Männern und Frauen in ihren Managementfähigkeiten gibt, die im sozialen und kulturellen Kontext zu suchen wären. So ist es denkbar, dass Frauen als Vorgesetze und Mitarbeiterinnen in solchen Unternehmensbereichen, die traditionell eher von Männern dominiert wurden, weniger gut akzeptiert werden und sich

dies auf ihre Arbeits-, Managementleistung und Möglichkeiten für das Unternehmen, einen Mehrwert zu schaffen, auswirkt.
Eine zukunftsorientierte Konsequenz aus dieser Überlegung wäre dabei allerdings **nicht**, Frauen aufgrund der sozialen Unterschiede in bestimmten Unternehmensbereichen nicht zu beschäftigen oder dort nur solche Frauen anzustellen, die ihre »sozialen« Nachteile durch **überdurchschnittliche** Leistung wieder ausgleichen. Die einzig nachhaltige Strategie für Unternehmen kann es nur sein, auf die Beseitigung bestehender »sozialer« Unterschiede zwischen Männern und Frauen im Unternehmen hinzuwirken. Unternehmen können sich durch diese Maßnahme einen Wettbewerbsvorteil verschaffen, indem sie das Humankapital des Unternehmens **wertmaximierend** einsetzen.
Wir wollen nicht bestreiten, dass Frauen teilweise in Unternehmen noch anders wahrgenommen und behandelt werden als Männer und dass diese Ungleichheiten sich als Kostenfaktor bemerkbar machen können. Allerdings möchten wir ausdrücklich auf die große strategische Möglichkeit hinweisen, die sich für Unternehmen in diesem Zusammenhang bietet: Den Unternehmen, denen es am ehesten und am besten gelingt, für sich die Talente und Fähigkeiten von Frauen nutzbar zu machen, werden einen Wettbewerbsvorteil gegenüber der Konkurrenz haben. Gendermanagement im Hinblick auf die Unternehmensinteressen bedeutet also auch, ein Umfeld im Unternehmen zu schaffen, das es erlaubt, das heißt hier, es **wirtschaftlich sinnvoll** macht, Frauen unternehmensweit einzusetzen und damit das Humankapital eines Unternehmens zu maximieren.
Wenn Unternehmen »ethisch« handeln wollen, verbietet es sich für sie, eine ungerechtfertigte Unterscheidung zwischen Mitarbeitern zu treffen, die sich auf irrelevante Unterschiede bezieht. Was aber ist unter relevanten und was unter irrelevanten Unterschieden zu verstehen? Da wir es hier mit Unternehmen in der freien Wirtschaft zu tun haben, heißt **relevant** in diesem Zusammenhang: **ertragswirksam**!

Wir glauben, dass Gendermanagement seine Berechtigung im Unternehmen durch seine Ertragswirksamkeit erhält.

Die Quellen der Ertragswirksamkeit von Gendermanagement sind:

- **Interessen- und Bezugsgruppen (Stakeholder[45]) des Unternehmens**

Die Wahrnehmung von Frauen in unserer Gesellschaft hat sich verändert, und ihre offene Diskriminierung wird nicht mehr akzeptiert. Die ethischen Vorstellungen und die Ansprüche der Stakeholder eines Unternehmens verlangen heutzutage, dass Frauen gleiche Chancen, gleiche Entlohnung und gleiche Förderung erhalten wie Männer. Ein Unternehmen, das in diesem Sinne als »unethisch« handelnd von seinen Stakeholdern wahrgenommen wird, muss wirtschaftliche Folgen in verschiedenen Bereichen befürchten, wie z. B. für sein Unternehmensimage, für seine Verkaufszahlen, seine Bewerberzahlen, seine Attraktivität für Mitarbeiter oder für seinen Börsenkurs. In diesem Fall kann also die interne und externe Wahrnehmung des Unternehmens und sein wirtschaftlicher Erfolg auch davon abhängen, wie gut sein Gendermanagement ist. Noch findet keine externe Beurteilung des Humankapitals eines Unternehmens statt, es ist jedoch nur noch ein kleiner Schritt, bis Ratingagenturen wie Standard & Poors oder Anlegervertreter und Finanzanalysten sich der **Humankapitalbilanz** eines Unternehmens zuwenden werden.

[45] Stakeholder sind Bezugs- und Interessengruppen des Unternehmens, wie z. B. Kunden, Mitarbeiter, Aktionäre.

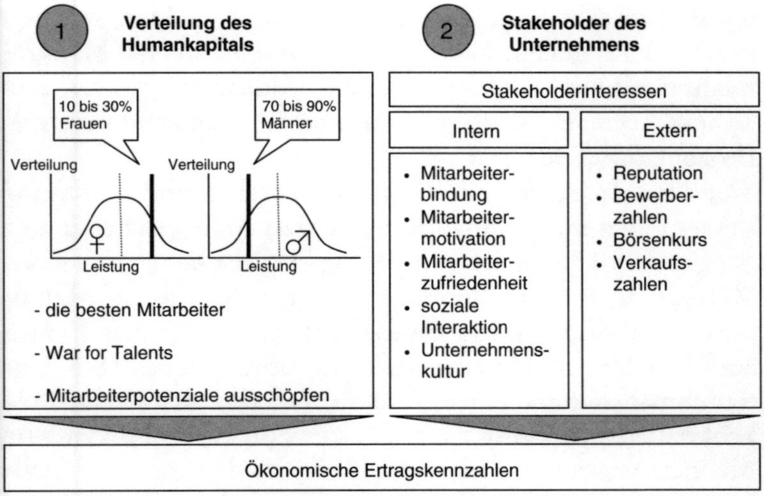

Abb. 18: Ertragswirksamkeit von Gendermanagement

- **Verteilung des Humankapitals im Unternehmen**

Die biologischen und sozialen Unterschiede zwischen Männern und Frauen sind Gegenstand unzähliger wissenschaftlicher Diskussionen, Studien und Vorträge sowie auch einiger Abschnitte in diesem Buch.
Gesichert ist bisher, dass es sowohl biologische Unterschiede zwischen Männern und Frauen gibt als auch Unterschiede, die aus Erziehung und Rollenerwartungen in der Gesellschaft entstehen.
Ebenso gesichert durch geschlechtsvergleichende Studien ist aber auch, dass es bei den Fähigkeiten, die zum erfolgreichen Management im Unternehmen notwendig sind, **keine biologischen Leistungsunterschiede** zwischen Männern und Frauen gibt.
Aus Unternehmensstatistiken wissen wir, dass die typische Verteilung von Männern und Frauen im Management von Unternehmen zwischen drei und 25 Prozent schwankt und der Frauenanteil mit Höhe der Hierarchieebene abnimmt.
Wenn es jedoch plausibel ist, von einer Gleichverteilung »un-

ternehmensrelevanter Fähigkeiten« zwischen Männern und Frauen auszugehen, muss man sich fragen, ob die Managementpositionen mit den »besten« Managern besetzt sein können, wenn ein Unternehmen einen Frauenanteil von zehn Prozent aufweist.

Wenn wir davon ausgehen, und Wissenschaft und Forschung unterstützen diese Annahme stark, dass Männer und Frauen die gleichen Fähigkeiten und Kompetenzen haben, um einen Wertbeitrag für das Unternehmen zu liefern, ist es ökonomisch nur sinnvoll, die jeweils besten Männer und Frauen auszuwählen, um Unternehmenspositionen zu besetzen. Unternehmen, welche einen Frauenanteil von zirka zehn Prozent haben, müssen sich fragen lassen, ob die 90 Prozent von Männern besetzten Stellen wirklich mit den für diese Stelle bestqualifizierten Mitarbeitern besetzt sind.

Wohl gemerkt, diese Unternehmen müssen sich »fragen lassen«, und sie sollten in der Lage sein, eine solche schiefe Verteilung von Männern und Frauen in ihrem Unternehmen zu begründen. Es sei an dieser Stelle angemerkt, dass bestimmte Ausbildungs- und Studienrichtungen momentan einen sehr geringen Frauenanteil haben, was die Besetzung mancher Stellen mit Frauen erschwert.

Wichtig ist jedoch die **feine** Unterscheidung zwischen einer Ungleichverteilung von Männern und Frauen im Unternehmen, die entsteht, weil **nach anderen Kriterien als der Leistung** und des Wertbeitrags von Männern und Frauen zum Unternehmensergebnis ausgewählt wurde, und einer Verteilung, die **trotz** einer strikten Leistungsorientierung entstanden ist, z. B., weil es dem Unternehmen nicht möglich war, qualifizierte Bewerberinnen für seine offenen Stellen zu finden.

In den letzten Jahren ist mit dem Übergang vom der Industrie- zur Informationsgesellschaft die Diskussion um das Humankapital eines Unternehmens neu entflammt, und in der Betriebswirtschaftslehre werden neue Bewertungs- und Kennzahlensysteme diskutiert, um die Mitarbeiter eines Unternehmens als Wertschöpfungsfaktoren besser zu erfassen. Können Unternehmen durch Gendermanagement, also durch die genderbewusste Mitarbeiterrekrutierung, -förderung und -bindung, einen Wettbewerbsvorteil erlangen?

Schlägt sich eine Investition in Gendermanagement in den Bilanzen eines Unternehmens nieder?

Noch gibt es keine Position in der Bilanz, die das »Humanvermögen« eines Unternehmens beziffert, aber jede Menge anekdotischer Hinweise darauf, dass ein gutes Gendermanagement den Unternehmenswert steigert. Wenige Instrumente aber können es jedoch konkret messen. In Skandinavien sind die *Anfänge* für konkrete Instrumente zur Messung bereits gemacht, und Unternehmen führen *Humankapital als Posten in ihrer Bilanz.*
Humankapital ist in den letzten Jahren immer mehr zum Werttreiber in Unternehmen geworden, und es ist davon auszugehen, dass seine Bedeutung für den Unternehmenswert weiter wachsen wird. Unternehmen werden Strategien zum Gender- und Humankapitalmanagement entwickeln und deren Umsetzung und Erfolg beurteilen. Zukunftsorientierte Unternehmen tun gut daran, schon heute Gender- und andere Humankapitalaspekte in ihre Strategie und ihre Kennzahlensysteme einzuführen.
Durch erfolgreiches Gendermanagement erhöht sich die Attraktivität des Unternehmens nach innen und außen, was es dem Unternehmen ermöglicht, die besten Männer und Frauen für das Unternehmen zu gewinnen und das Potenzial vorhandener Mitarbeiter optimal auszunutzen.

Zusammenfassend betrachtet, kann Gendermanagement langfristig:

- ein Wettbewerbsvorteil sein
- den Aktienkurs steigern
- die Hauptressource des Unternehmens (Humankapital) steuern und managen
- den Unternehmensgewinn steigern
- helfen, die besten Mitarbeiter für das Unternehmen zu gewinnen

Zudem ist Gendermanagement ein Bereich, in dem Unternehmen noch einen *echten* Wettbewerbsvorteil erlangen können, da wenige Unternehmen auf diesem Gebiet Bestmögliches leisten. Gendermanagement birgt damit für Unternehmen ein großes unausgeschöpftes Potenzial, und Unternehmen, die bereits jetzt ein Gendermanagement als Teil eines Human Capital Management einführen, investieren in einen zukünftigen und nachhaltigen Wettbewerbsvorteil.

Take away!

1. **Gendermanagement verschafft dem Unternehmen einen echten Wettbewerbsvorteil und ist somit ertragswirksam.**
2. **Führen Sie daher schon heute Gender- und Humankapitalaspekte in Ihre Strategie und Kennzahlensysteme ein!**

10

Was hat Gendermanagement mit Unternehmensethik zu tun?

Was soll Unternehmensethik leisten?

Unternehmensethik sollte das Verhalten im Unternehmen verbessern und die Werteorientierung in Unternehmen entwickeln. Sie ist daher heute in den meisten Businessschulen der Welt ein Unterrichtsfach. Allerdings ist es in aller Regel ein Wahlfach und wird dementsprechend von angehenden Managern selten gewählt. Vermeintlich verspricht Unternehmensethik auf den ersten Blick nämlich keinen Profit. Und wenn große Konzerne ihre Topmanager in Unternehmensethikseminare schicken, dann soll das wohl eher der externen Imagebildung dienen als der internen Verbesserung der Unternehmenskultur.

In den meisten deutschen Unternehmen und ihrem Management wird die Frage nach der Bedeutung von Unternehmensethik in der Regel weder offiziell gestellt noch in ihrer Bedeutung für die Praxis verstanden, obgleich natürlich nicht alles, was den Unternehmen gefällt[46], auch erlaubt ist.

So ist es nicht verwunderlich, dass sowohl Gender als auch Unternehmensethik als nachrangige Unternehmensthemen gelten. Auch in den Diskussionen um Fairness und Gerechtigkeit bei Zusammenarbeit und Führung fehlen hierzulande ganz allgemein der Ethik- und der Genderaspekt. Die aufschlussreichsten Indikatoren für unsere Rückständigkeit hier

---

[46] Viele Skandale aus der Gesundheitswirtschaft oder der Nahrungsmittelindustrie haben ihre Ursachen nicht allein in mangelhaftem Qualitätsmanagement, sondern sind schlicht aus rein materieller Orientierung entstanden und weil gegen ethische Prinzipien verstoßen wurde.

sind Vergleiche mit anderen europäischen Ländern zur Bevorzugung von Männern und Benachteiligung von Frauen, wenn es um deren Berufskarrieren geht. Wir schneiden schlecht ab. Auch bei vielen Mitarbeiterbefragungen gibt es schlechte Noten für Fairness und Gerechtigkeit.
Wie sollen Führungskräfte sein? Die meisten Mitarbeiterbefragungen sagen:
Fair und gerecht. Damit ist gemeint, dass alle Möglichkeiten für ein erfolgreiches und zufriedenes Berufsleben, die ein heutiges Unternehmen bieten kann, auch gleichermaßen von Frauen und Männern genutzt werden können. Gleiche Chancen zu haben, das wird als fair und gerecht empfunden. Als unfair und ungerecht gilt es weltweit ebenso, wenn Geschlecht und Ethnie[47] oder soziale Herkunft die Chancen auf Karriere, Gehalt oder Ressourcennutzung mitbestimmen. Sich fair und gerecht zu verhalten gehört zu den üblichen Vorschriften für Führungskräfte. So weisen es ausnahmslos auch die Unternehmensgrundsätze und Führungsgrundsätze der Dax-notierten Unternehmen aus. Bisher gibt es allerdings kein Verfahren, mit dem man faire Führung messen und bewerten kann.

Nur wenige Unternehmen können von sich sagen, dass sie Fairness und Gerechtigkeit aus ethischen Gründen bejahen. Selten setzen sich Führungskräfte mit den positiven oder negativen Auswirkungen von Fairness und Gerechtigkeit im Unternehmen analytisch auseinander. Dafür soll es angeblich keine Zeit geben. Richtig ist, dass beides als nicht wichtig betrachtet wird.
So bleiben Fairness und Gerechtigkeit oft nur Lippenbekenntnisse, die politisch korrekt, jedoch inhaltlich diffus bleiben. Anders ist dies im übrigen Europa und in den USA. Schon in den 60er-Jahren gab es dort öffentliche Auseinandersetzungen um Fairness und Gerechtigkeit im Zusammenhang mit den Zulassungsbedingungen zu Hochschulen. Der

[47] Ethnie = kulturelle Zugehörigkeit.

Grund: Die Ausbildung an einer angesehenen Hochschule sichert dort nämlich faktisch den Zugang zu einer hoch dotierten Position in Wirtschaft und Politik. Heute sind im Ausland Fairness und Gerechtigkeit reguläre Bestandteile der internationalen Führungspraxis und des Personalmanagements. Unternehmensethik wird häufig dann ein reguläres Pflichtmodul, wenn ein Unternehmen in Schadensklagen zu hohen Geldstrafen verurteilt wurde.

Wenn es um Arbeitsplätze, Ausbildungsplätze oder Funktionen und Gehälter geht, sind Begründungen dazu, was fair und gerecht ist, genau zu durchdenken. Weder politische noch administrative oder diskriminierende Aspekte dürfen dabei eine Rolle spielen. Fairness und Gerechtigkeit sind Fragen der Moral im Unternehmen, der Qualität und der Leistung. Es geht um gleiche Rechte, gleiche Pflichten und gleiche Chancen.

Dazu muss das Management eines Unternehmens vier Fragen beantworten können:

Was versteht das Unternehmen unter

- Gleichheit?
- Chancengleichheit?
- Qualifikation?
- Verdienst?

Und wie werden diese Fragen für Männer und Frauen beantwortet? Gleich oder verschieden?

Mit diesen vier Fragen beschäftigt sich das Personalmanagement. In aller Regel werden sie aber weder offiziell beantwortet, noch werden wesentliche Überlegungen dazu gemacht.

Männer und Frauen erfahren jedoch jeweils persönlich und dann auch genderspezifisch, welche Standpunkte ihr Topmanagement zu Fairness und Gerechtigkeit hat. Das lässt sich aus den alltäglichen Verhaltensweisen ihrer Führungskräfte ableiten. Die meisten Führungskräfte haben ihre eigenen Ansichten darüber, was fair und gerecht ist. Eigene Auslegungen sind in der Regel selbstwertdienlich, am persönlichen Nutzen

orientiert und werden durch das Maß des persönlichen Reflexionsvermögens und eigener Wissensdefizite begrenzt.
In neuen Lebenssituationen, z. B., wenn berufstätige Männer und Frauen Eltern werden und ihre privaten Anforderungen mit dem Beruf in Übereinstimung bringen müssen, erfahren sowohl Männer als auch Frauen gleichermaßen, jedoch unterschiedlich die Grenzen der Fairness in ihrem Unternehmen. Väter und Mütter setzen Berufskarrieren aufs Spiel, wenn sie Elternzeit in Anspruch nehmen. Männer müssen auf aktive Vaterschaft verzichten, zu viele Frauen auf das Weiterkommen im Beruf. Die meisten Männer bleiben so auf die Zeugung von Kindern beschränkt, zu viele Frauen auf die Sachbearbeitung im Beruf. Das bewerten Männer und Frauen persönlich als unfair und ungerecht. Betriebswirtschaftlich ist das schädlich, weil es die Motivation reduziert und Mitarbeiterpotenziale nicht voll ausschöpft (vgl. Kapitel 9). Unter den Maßgaben von Unternehmensethik ist eine solche Mitarbeiterführung schlecht.
Fairness und Gerechtigkeit sind soziale »Klebstoffe«, die Bindung, Identifikation, Engagement und damit Produktivität im Unternehmen erzeugen.
Das hat die Organisationspsychologie längst belegt. Menschen arbeiten umso härter, je mehr sie faires und gerechtes Personalmanagement erleben, das ihre spezifische Leistungsfähigkeit und ihren Lernwillen nutzt und belohnt.
Vor die Entscheidung gestellt, mehr Geld oder mehr Fairness und Gerechtigkeit zu erhalten, entscheiden sich fast alle Menschen für die immateriellen Werte. Menschen leben eben nicht zuerst vom Geld.
Männer und Frauen messen ihr Unternehmen daran, wie fair und gerecht die Entscheidungen sind, wie die Ressourcen verteilt und wie Chancen eröffnet werden. Entscheidungen, in die Vorurteile gegenüber Frauen eingehen, die stereotype Meinungen über Männerrollen beinhalten, die Egoismus statt Kooperation belohnen, machen die öffentlichen positiven Selbstbeschreibungen von Unternehmen zur Makulatur und reduzieren die Zufriedenheit im Unternehmen.

Viele Unternehmen produzieren aus Sicht ihres Personals daher ihre Unternehmensgrundsätze nur für den Reißwolf. Talentierte und selbstbewusste Männer und Frauen verlassen unfaire Unternehmen früher oder später und ignorieren sie eher bei ihren Bewerbungen. Das Humankapital bleibt eben dort oder bewegt sich dorthin, wo es sich entfalten und vermehren kann, nämlich zu Unternehmen, die aus Vorurteilen *Urteile* machen und die statt Denkstarre *Gedankenfreiheit* pflegen. Mit dem Genderblick im Personalmanagement wird auch die Unternehmensethik an erfolgskritischen Stellen weiterentwickelt.
Die folgenden Überlegungen zu Gleichheit, Chancengleichheit, Verdienst und Qualifikation sollen für die notwendigen Auseinandersetzungen mit den Widerständen gegen ein faires Gendermanagement anregen und Argumentationshilfen bei Vorurteilen und zur Kompensation von Wissensmängeln sein. Damit können auch Quotendebatten[48], sofern diese in der Diskussion sind, emotionsloser geführt werden.

1. Was ist mit »gleich« gemeint, wenn Männer und Frauen doch so verschieden sind?

Biologisch sind Männer und Frauen verschieden. Gleich sind Männer und Frauen, wenn es um ihre Interessen in Beruf, Leben und Gesellschaft geht. Die Berufskarrieren sind für beide mit gleichen Chancen, gleichen Rechten und Pflichten verbunden. Diese persönliche Gleichheit darf mit der biologischen Verschiedenheit von Männern und Frauen nicht verknüpft werden. In jeder Kultur und ihren Unternehmen hat dies bisher zu geschlechtsspezifischen Benachteiligungen von Männern und Frauen im Beruf und im persönlichen Leben geführt. Männer kostet ihre lebenslange Ernährerrolle durch-

[48] Die Quotierungsfragen enthalten einen Genderaspekt. Es ist auffällig, dass Quotendiskussionen immer mit Frauen in Führungspositionen in Zusammenhang gebracht werden. Die bestehenden Quotierungsvorteile für Männer in Führungspositionen werden nicht diskutiert. Die Männerquote steht faktisch nicht zur Diskussion!

schnittlich eine um sieben Jahre kürzere Lebenszeit. Frauen kostet ihre lebenslange Familienorientierung bis zu zwei Drittel ihres möglichen Einkommens. Unternehmen kostet es Produktivität, Profit und Innovation. Eine Gesellschaft verschlechtert so ihre Zukunftsaussichten.

2. Was heißt Chancengleichheit und was gleiche Behandlung von Männern und Frauen?

Im Unternehmen meint gleiche Behandlung, dass Menschen wegen ihres Geschlechts weder ausgeschlossen, behindert, noch bevorzugt werden. Das Personalmanagement muss für Männer und Frauen gleiche Behandlungsprozeduren vorsehen, wenn es um Karrieren, Beurteilungen, Positionen und Ressourcen geht.

3. Wer verdient welchen Arbeitsplatz und welche Position im Unternehmen?

Eine Position soll man in einem Unternehmen dann erhalten, wenn man die erforderlichen und besten Leistungen dafür erbracht hat. Das korrekte Personalmanagement hat zu sagen, wer die erforderlichen oder besten Leistungen erbracht hat und wer deshalb die Stelle auch verdient hat. Wenn jedoch ein leistungsunabhängiges Kriterium, z. B. das Geschlecht, in diese Überlegungen eingeht, dann wird das meritokratische[49] Prinzip zerstört.

Was ein Verdienst ist, bestimmen Unternehmen nach dem Unternehmensnutzen. Mit veränderten Leistungsanforderungen ändert sich auch die Bestimmung von Leistungskriterien und von Verdienst in den Unternehmen. Verdienen ausschließlich Männer die oberen und höchsten Managementpositionen in Wirtschaftsunternehmen, in der Wissenschaft und in der Politik? Hier hilft für die richtigen Antworten die Biologie weiter.

---

[49] Meritokratisch = auf Verdienst beruhend.

Eine kluge und weitsichtige Natur hat die mentalen und persönlichen Leistungspotenziale von Männern und Frauen gleich verteilt. Die Forschungserfolge[50] aus der Genetik, Psychologie, Anthropologie und der vergleichenden Führungsforschung haben uns geschlechterbezogene Verteilungskurven für Leistungen geliefert.

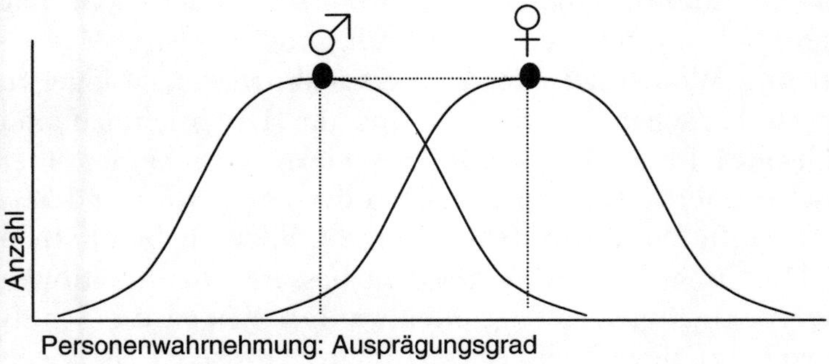

Abb. 19: Mittelwertunterschied bei der Personenwahrnehmung zwischen Männern und Frauen (abstraktes Beispiel)

Für einige Leistungen sind Mittelwertsunterschiede für Männer und Frauen wissenschaftlich gesichert. Dazu gehören die durchschnittliche bessere Beziehungsintelligenz und höhere sachbezogene Leistungsmotivation bei Frauen und die im Durchschnitt besser ausgeprägte Dominanzmotivation und größere materielle Leistungsmotivation bei Männern.
Man muss solche Kurven nur lesen und verstehen können, um auf den ersten Blick zu sehen, dass zu viele Männer unverdient Führungspositionen haben müssen und zu viele Frauen Führungspositionen verdienen, aber **nicht** haben. Wenn es nach den genetischen, mentalen und persönlichen Potenzialen von Männern und Frauen ginge, wäre alles in allem ein Frauenanteil von zirka 50 Prozent zu erwarten. Hier liegt das größte Entwicklungsfeld für das Gendermanagement, wie wir bereits betont haben.

---

50 Weiterführende Quellenangaben finden Sie im Literaturanhang.

4. Was ist eine gleiche und was die beste Qualifikation?

Personalmanager in Unternehmen müssen selbstkritisch zugestehen, dass es ihnen weder gelingt, Qualifikationsanforderungen administrativ exakt zu fassen noch zuverlässige Kriterien zu definieren, anhand derer die beste Qualifikation für eine Position bewertet werden kann. Die persönlichen Interessen der Führungskräfte, falsche Methoden und Wissensdefizite der Personalmanager, Mängel in der strategischen Personalplanung der Unternehmen und schlechtes Beurteilungsvermögen vieler Entscheider über unternehmerische Anforderungen der Gegenwart und Zukunft verhindern hier bisher Klarheit. Heute haben Frauen im Durchschnitt in kürzerer Zeit bessere Qualifikationen erworben als gleichaltrige Männer. Das zeigen die Schulnoten bis zu den Hochschulzertifikaten. Bessere Leistungen und Qualifikationen lohnen sich allerdings noch immer nicht angemessen für Frauen.

Die »bessere« Qualifikation ist heute immer noch das Geschlecht.

Ein Mann zu sein ist immer noch die günstigste Aufstiegsprognose in unseren Unternehmen. Das ist weder mit Unternehmensethik noch mit Profitorientierung noch mit einem leistungsorientierten Personalmanagement vereinbar. Es ist auch einfach nicht auf der Höhe der internationalen Diskussionen, wenn man im Personalmanagement diese Fehler macht.
Die falschen Männer für Führungspositionen auszuwählen und die richtigen Frauen für Führungspositionen zurückzuweisen, sind zwei schwerwiegende fachliche Fehler und zwei wesentliche Verstöße gegen Grundsätze der Unternehmensethik. Fehler in zwei wesentlichen Feldern des Personalmanagements reduzieren den Profit der Unternehmen.

Take away!

Die beste Qualifikation ist das Potenzial und nicht das Geschlecht Ihrer Mitarbeiter. Wenn Sie nach dem Geschlecht auswählen, begehen Sie wahrscheinlich zwei Fehler: Sie weisen eine qualifizierte Person zurück und nehmen eine unqualifizierte Person ins Unternehmen auf.

11

Auf der Suche nach Genderpotenzialen: Frauen sind besser – Männer auch

Die meisten Führungskräfte und Personalmanager in einem Unternehmen glauben, »Talente sind etwas Seltenes«. Daher suchen sie ihr Personal nicht nach Talenten, sondern lieber nach formaler Qualifikation, Erfahrung, Intelligenz oder einfach danach aus, wie es zum bestehenden Team oder in die Abteilung passt.

Erfahrung kann wertvoll, ein kluger Kopf toll und Qualifikation brauchbar sein. Talent ist wichtiger.

Die Auffassung, Talent oder Begabung seien etwas Seltenes, teilen **erfolgreiche** Führungskräfte überhaupt nicht. Sie gehen davon aus, dass jede Aufgabe, Anforderung oder Rolle im Unternehmen, die hervorragend erfüllt werden soll, bestimmte wiederkehrende Denkmuster, Gefühlsmuster und Verhaltensmuster erfordert. Wenn Muster und Anforderung zusammenpassen, ergibt sich eine optimale Leistung.

Die Empathie einer Krankenschwester ist ihr Talent, Stressresistenz ein Talent, das ein Chirurg braucht. Was für ein spezielles Talent braucht ein Personalmanager oder ein Pförtner? Und welche besonderen Talente haben Frauen und Männer? Talente sind emotionale und kognitive Grundausstattungen, sind genetisch determiniert und somit das individuelle Leistungspotenzial eines Menschen. Zu diesen Grundausstattungen gehören:

- Aktivitätsniveau
- Aufmerksamkeit
- Wahrnehmung
- Neugier und Lerntempo

- Emotion
- Habituationstempo[51]

Talente sind Voraussetzungen für Exzellenz. Sie treiben jeden Menschen zu seiner persönlichen Leistungsentfaltung. Motivationsprobleme kennen talentierte Menschen wenig. Erfahrung, Kenntnisse, Fertigkeiten hingegen sind erworben und können an andere weitergegeben werden. Für optimale Leistungen sind sie weniger bedeutsam als Talent. Gibt man Mitarbeitern Jobs, für die sie kein Talent haben, so werden sich auf Dauer Leistungsverluste einstellen und auch Verhaltenstrainings, Seminare und Qualifizierungsmaßnahmen erzielen nur kurzfristige Verhaltensverbesserungen.
Mittel- und langfristig tun nämlich solche Mitarbeiter wieder das, was sie immer getan haben. Wissen und Fertigkeiten kann man trainieren, ohne Talente wird nichts daraus. Deshalb muss sich das Personalmanagement zuerst um Talente und dann um die Weiterentwicklung von Wissen und Fertigkeiten bemühen.
Wie wertvolles Personal gewonnen, gehalten und gefördert wird, darüber hat die Gallup-Organisation[52] in den letzten 35 Jahren geforscht und dazu 80.000 Führungskräfte aller Verantwortungsebenen in vielen hundert Firmen weltweit befragt. Die Erkenntnisse daraus gehören zu dem Besten, was es über Mitarbeiter-Potenziale zu lesen gibt.
Die Gallup-Studien[53] führen zu einem einfachen Raster für Potenzialanalysen.

Warum?	Wie?	Mit wem?
Antriebs-potenziale	Konzeptionelle Potenziale	Beziehungs-potenziale

Quelle: Gallup-Studien, modifiziert

Abb. 20: Die drei Talentkategorien

[51] Zeit, die ein Mensch braucht, um sich an etwas Neues zu gewöhnen.
[52] Gallup ist eine Organisation, die Potenzialanalysen in den USA durchführt.
[53] Lesen Sie hierzu weiter Buckingham & Coffman (2001).

Antriebstalente bestimmen das **Warum** von Menschen. Warum sie täglich in das Unternehmen kommen. Warum sie täglich Überstunden machen. Warum sie eine Tätigkeit bevorzugen. Warum sie Kinder lieber als Geld haben wollen. Warum sie Wettbewerb bevorzugen.
Antriebstalente hat jemand, der sich und andere und etwas bewegen will, um etwas zu verändern und zu entwickeln. Menschen mit Antriebstalenten sind interessiert und lernen lebenslang.

Konzeptionelle Talente erklären das **Wie** von Menschen. Wie sie denken, strategisch oder praktisch, kreativ oder bürokratisch, schnell oder langsam. Wie sie zu Entscheidungen kommen. Wie sie aus Informationen Urteile bilden, wie sie beobachten, exakt oder diffus.
Die **Beziehungstalente** beschreiben, mit **wem** Menschen in Kontakt treten und was sie mit anderen wollen. Wem sie vertrauen, mit wem sie Beziehungen halten, mit wem sie in Konflikt geraten, wen sie informieren. Ob sie ein Team brauchen, ob sie Leute beeinflussen, Menschen vernetzen oder Gruppen moderieren wollen.

Genderpotenziale sind Talente, Antriebe, Werte, Einstellungen oder Verhaltensweisen, bei denen zwischen Frauen und Männern Mittelwertsunterschiede bestehen, die nicht zufällig sind. In solchen Fällen sprechen wir von geschlechtstypischen Potenzialen.

Eine kluge Personalstrategie benutzt Talenteraster für ihre Potenzialsuche. Eine Personalstrategie, die bedenkt, dass sie Männer und Frauen vor sich hat, weiß auch, dass sie nach spezifischen Genderpotenzialen suchen muss.
Viele der heutigen Stellenbeschreibungen sind unspezifisch formuliert, daher austauschbar und letztendlich beliebig. Wer ein wertschöpfendes Personalmanagement haben will, muss talentorientierte und genderspezifische Beschreibungen entwickeln. Voraussetzung dafür ist jedoch, dass man

weiß, was spezifische Potenziale von Frauen und Männern sind.
In der Praxis wird nichts anderes übrig bleiben, als all das Wissen, das bereits existiert, selbst zu lesen und die Ergebnisse der Genderforschung zu Potenzialunterschieden zu nutzen. Hier können wir nur eine kleine Auswahl aus der Fundgrube, die dem Personalmanagement zur Verfügung steht, zeigen.
Wir bleiben im Talentraster der Gallup-Organisation und beschreiben hier einige Potenzialunterschiede, die weniger bekannt, gleichwohl in der Zusammenarbeit und Führung sehr relevant sind. Zunächst ist zu klären, wie diese Unterschiede zwischen Männern und Frauen zu verstehen sind. In vielen Fachzeitschriften und populären Büchern wird über Potenzialunterschiede zwischen Männern und Frauen berichtet. Man braucht allerdings Fachkompetenz und Fachwissen, um bewerten zu können, ob die Unterschiede auch tatsächlich statistisch bedeutsam und ob sie auch praxisrelevant sind.

Aggression	**Selbstdarstellung**	**Führungs-motivation**
Hilfsbereitschaft	**Kommunikation**	**Konkurrenz**
Relevante Verhaltensunterschiede		

Abb. 21: Unterschiedliche Genderpotenziale

Potenzialunterschiede, die zwischen Männern und Frauen feststellbar sind, bestehen nicht nur zu den Messzeitpunkten. Unterschiede verkleinern oder vergrößern sich im Verlauf des Lebens während der Kindheit, der Pubertät, im frühen Erwachsenenalter und in den Wechseljahren oder vor dem Ende des Berufslebens.
Sicher ist, dass alle die Potenzialunterschiede, die von bio-

logischen Unterschieden zwischen Mann und Frau bestimmt sind, während des gesamten Lebens konstant bleiben.
Alle Unterschiede, die in Erziehung oder Rollenvorschriften für Mann und Frau ihre Ursache haben, sind dagegen instabil und Artefakte[54]. Dies ist im Sinn zu behalten, wenn man einzelne Unterschiede gewichten und nutzen will.

Aggression

Weltweit sind Männer aggressiver als Frauen. Das gilt für das private Leben und in der Arbeitswelt. Die Kriminalstatistiken belegen eindrucksvoll, dass schwere Delikte Männersache sind. 95 Prozent der Aggressionsunterschiede sind Persönlichkeitsunterschiede, und **fünf Prozent** sind dem Geschlecht zuzuschreiben. Diese Geschlechtsunterschiede zeigen sich sehr früh im Leben, sind über den gesamten Lebenslauf und sogar über Generationen hinweg stabil.
Aggressionen werden bei Frauen und Männern unterschiedlich ausgelöst, und auf gleiche Auslöser reagieren sie unterschiedlich. Während Männer am meisten verbale oder körperliche Aggressionen anderer Männer aggressiv machen, sind es für Frauen herablassende Äußerungen von Frauen und Männern.
Bei Alltagsärgernissen werden Männer und Frauen gleich häufig, gleich stark und bei den gleichen Anlässen aggressiv.
Nach Aggressionen fühlen sich Frauen schlechter als Männer. Sie sorgen sich darum, wie es dem anderen geht, und sprechen nachträglich über die erfolgten Aggressionen. Frauen denken stärker über die sozialen Konsequenzen von aggressiven Handlungen nach.
Männer können auch ohne Ärgeranlässe aggressiv sein. Der Aggressionsstil ist bei Frauen reaktiv und affektiv, bei Männern proaktiv und instrumentell.
Die positive Seite des Aggressionspotenzials ist die Bereit-

---

[54] Artefakt = künstlich Geschaffenes, hier: Anerzogenes.

schaft, sich mit Konflikten auseinander zu setzen, andere zu konfrontieren, sich selbst konfrontieren zu lassen und sich durchsetzen zu können. Wie richtig man verschiedene Strategien von »immer lieb«, »überwiegend lieb« bis »manchmal böse« und »immer böse« in Konflikten und Durchsetzungssituationen einsetzt, entscheidet auch darüber, wie weit im Beruf Karrieren erfolgreich verlaufen.

Gute und sichere Arbeitsplätze und aussichtsreiche Führungspositionen sind in der gegenwärtigen Wirtschaftssituation Mangelware und heiß begehrt, auch von erfolgshungrigen Menschen außerhalb Europas. Das bringt für Frauen und Männer viele Konflikte bei der Konkurrenz um den beruflichen Aufstieg und provoziert in Auseinandersetzungen häufiger die Durchsetzungsstrategie »überwiegend böse«. Vor allem die karriereorientierten Frauen treffen oft auf den entschlossenen Widerstand männlicher Kollegen, die mit sexistischen[55] Äußerungen Frauen von den selbst angestrebten Positionen fern halten wollen. Zielstrebige, ehrgeizige Frauen mit Einsatzbereitschaft und Entschlossenheit für den Weg nach oben sind bis zum Durchbruch im Konkurrentenurteil Emanzen, Mannweiber oder Feministinnen. »Überwiegend böse« scheinen Frauen dann zu werden, wenn Männer als Konkurrenten die unfairen Spielregeln vorgeben.

Bei genauem Hinsehen allerdings entpuppt sich das Verhalten von Frauen, die auf dem Weg nach oben sind, nicht als »überwiegend böse«. Das ist das falsche Etikett der Konkurrenten für das lediglich **richtige Ausmaß** an Durchsetzungskraft, Streitlust und Konfliktfähigkeit, das gebraucht wird, das für Männer selbstverständlich ist und für Frauen akzeptiert werden muss.

---

[55] Sexistisch: diskriminierende Einstellungen gegenüber Frauen oder Männern.

Hilfsbereitschaft und Unterstützung

Für die Zusammenarbeit im Unternehmen hat Helfen und Unterstützen einen großen Stellenwert, weil beide Verhaltensweisen für die Zusammenarbeit im Unternehmen erfolgskritisch sind.
Von Helfen und Unterstützen sprechen wir dann, wenn wir ohne Forderung auf Gegenleistungen Verpflichtungen übernehmen. Darüber forscht besonders die Soziobiologie unter der Fragestellung, ob unterstützendes und helfendes Verhalten eigene Vorteile bringt. Sozialpsychologen interessieren sich eher für die Bedingungen und die Formen von Hilfsbereitschaft und Unterstützung.

Beide Verhaltensweisen werden ausgelöst durch Empathie. Das ist die Fähigkeit, sich in die Lage einer anderen Person zu versetzen.
Männer und Frauen unterscheiden sich nicht im Ausmaß ihrer Hilfsbereitschaft und Unterstützung für andere Personen. Sie unterscheiden sich jedoch sehr wohl bei den Formen und danach, wer und was Hilfsbereitschaft und Unterstützung auslöst.
Frauen wird generell mehr geholfen als Männern. Während Frauen Männern und Frauen gleichermaßen helfen, helfen Männer Frauen mehr als Männern. Manchmal helfen Männer mehr als Frauen, nämlich dann, wenn sie beobachtet werden, wenn weitere mögliche Helfer da sind, wenn Hilfsbedürftigkeit von ihnen nicht gefordert wird, wenn die Personen fremd sind und Hilfeleistung spontan erfolgen kann.
Frauen sind durchweg empathiebereiter als Männer, da sie offensichtlich durch Beobachtung der Notlagen anderer Personen mehr emotional aktiviert werden.
Dieser Unterschied ist schon bei neugeborenen Mädchen und Jungen feststellbar. Neugeborene Mädchen reagieren häufiger als neugeborene Jungen mit eigenem Schreien, wenn sie einen anderen Säugling schreien hören. Über das Lebensalter hinweg bleiben die Unterschiede bei Männern und Frauen stabil.

Kommunikation

In der Zusammenarbeit und Führung in Unternehmen ist neben der Koordination die Kommunikation das wichtigste Steuerungsmittel. Stil und Qualität der Gespräche am Arbeitsplatz, in Konfliktsituationen, in Besprechungen und Meetings, in Projektteams, bei Bewerbungen, Beurteilungen und Problemlösungen sind entscheidend für die Leistung und die Attraktivität des Unternehmens.

Zu den wichtigsten Potenzialunterschieden zwischen Männern und Frauen gehören die Leistungs- und Stilunterschiede in der Kommunikation. Auch diese Potenzialunterschiede treten in unterschiedlichen Situationen auf. Berücksichtigt man alle geschlechtsspezifischen Detailunterschiede in der Kommunikation, so kann man ein frauentypisches und ein männertypisches Kommunikationsmuster beschreiben. Typisch bedeutet, dass sich mehr Männer oder mehr Frauen so verhalten. Mehr Frauen als Männer haben einen **referentiellen**[56] Kommunikationsstil. Mehr Männer bevorzugen die **statusorientierte** Kommunikation.

Die Kooperationsbereitschaft in der Kommunikation bei Frauen äußert sich so:

- Mehr Frauen greifen Gesprächsbeiträge und Themen von anderen auf, lassen andere zu Wort kommen und unterstützen andere bei der Themenentwicklung. Frauen haben einen persönlicheren Stil und mehr Interesse an zwischenmenschlichen Beziehungen. Sie sind beim Zuhören aufmerksamer, ermutigen die Gesprächspartner häufiger als Männer und signalisieren so mehr Interesse.
- Ihre Kommunikation nutzt partnerschaftliche und wertschätzende Strategien mit dem Ziel, Klarheit und Verständigung herzustellen.

---

[56] Referentielle Kommunikation: Zur besseren Verständigung passt man die Sprache dem Gesprächspartner an.

- Frauen haben ein feineres Gespür für die emotionale Färbung von Gesprächen.
- Die Gesprächsatmosphäre ist ihnen im Zweifelsfall wichtiger als die persönlichen Profilierungsmöglichkeiten. Deshalb neigen Frauen eher zum Dialog als zum Monolog.
- Frauen tendieren dazu, Dominanz vorsichtig auszudrücken. Sie formulieren daher Forderungen indirekter und häufiger als Fragen.
- Bei Konfrontationen bewahren Frauen eher kooperative Einstellungen und haben damit bessere Voraussetzungen für sachliche Diskussionen.

Mehr Männer als Frauen haben im Beruf einen konfrontativen und kompetitiven[57] Stil.

- Dabei streben Männer nach Gesprächsdominanz, beharren mehr auf eigenen Positionen und bewerten eigene Standpunkte besser.
- Ihre Aufforderungen sind direkter, sie benutzen häufiger Befehle.
- Männer reden *öffentlich* länger und häufiger.
- Männer unterbrechen Gesprächspartner deutlicher und mehr.
- Im Gespräch mit Frauen schweigen Männer mehr. Schweigen ist der Ausdruck von Desinteresse und mangelnder Unterstützung oder sprachlicher Unterlegenheit.

Checken Sie selbst, welche Erfahrungen Sie bei Gesprächen mit Männern und Frauen gemacht haben. Was trifft mehr auf Männer oder mehr auf Frauen zu?

[57] Kompetitiv = am Wettbewerb orientiert.

Häufige Fehler beim Sprechen

Ihr Gesprächspartner:

		w	m
(1)	Organisiert Gedanken nicht vor dem Sprechen.	☐	☐
(2)	Drückt sich ungenau aus.	☐	☐
(3)	Versucht, zu viel in einer Aussage unterzubringen, sodass sie verwirrend wirkt.	☐	☐
(4)	Bringt zu viele Ideen in seine Äußerungen ein, die oft untereinander nicht verbunden sind, sodass Verstehen für den Partner schwierig ist.	☐	☐
(5)	Redet aus Unsicherheit immer weiter, ohne die Auffassungskapazität des Gesprächspartners abzuschätzen.	☐	☐
(6)	Übersieht bestimmte Punkte der Antwort und antwortet daher nicht auf das, was zuvor gesagt wurde.	☐	☐
(7)	Das Gespräch kommt nicht vorwärts.	☐	☐
(8)	Redet zu lange.	☐	☐

Häufige Fehler beim Zuhören

(9)	Hört selektiv zu.	☐	☐
(10)	Denkt schon an die Antwort und probt, statt aufmerksam zuzuhören, legt sich Antworten zurecht, während der Gesprächspartner noch spricht.	☐	☐
(11)	Vergisst, was gesagt ist und was er sagen will.	☐	☐
(12)	Hört Details und regt sich über sie auf, statt den Sinn und wesentliche Mitteilungen zu erfassen.	☐	☐

	w	m
(13) Denkt den Gedanken des Gesprächpartners schon weiter, wiederholt mehr, als der Partner gesagt hat.	☐	☐
(14) Versucht Neues in **seine** Denkschemata einzuordnen.	☐	☐
(15) Überhört emotionale Äußerungen.	☐	☐

Man kann Männer und Frauen erst dann verstehen, wenn man ihre Kommunikation in Zusammenhang mit ihren Genderrollen bringt. Das erfordert spezielle Trainings zur Genderkommunikation für Führungskräfte.

Selbstdarstellung: »faking[58] good – faking bad«

Die Selbstdarstellungen von Männern und Frauen spielen in jeder Lebenssituation eine gewichtige Rolle. Im Beruf hat die Selbstdarstellung erheblichen Anteil an der Karriereentwicklung, an Beurteilungsergebnissen oder am Status, den man in einer Gruppe einnimmt. Das unterschiedliche Selbstdarstellungsverhalten von Männern und Frauen in der Öffentlichkeit und im Beruf ist sowohl das Ergebnis des individuellen Selbstbildes[59], das eine Person von sich hat, als auch der Geschlechtszugehörigkeit. Mit der Selbstdarstellung präsentieren Frauen und Männer ihr Selbstbild.
Selbstdarstellungstechniken werden sowohl strategisch als auch taktisch zur Beeinflussung anderer Menschen eingesetzt und können offensiven oder defensiven Charakter haben. Zu den offensiven Selbstdarstellungen gehört die Eigenwerbung, die darauf zielt, eigene Fähigkeiten und Stärken darzustellen, um Respekt zu erhalten. Eine raffinierte Variante ist dabei, sich in weniger wichtigen Bereichen als inkompetent darzu-

[58] Fake = vorgeben, imitieren, unecht, gefälscht.
[59] Das Selbstbild beschreibt alle Meinungen, die man über sich selbst hat und enthält Urteile über die eigene Person.

stellen, um seine Kompetenz in den bedeutsamen Bereichen besonders zu unterstreichen.
So sagen nämlich Führungskräfte häufig gegenüber Besuchern: »Das Kaffeeholen überlasse ich meinen Damen. Die können das viel besser.« Eigenwerbung wird von Männern mehr angewendet als von Frauen, und zudem verstärken sich Männer gegenseitig mehr in ihren Selbstdarstellungen. Mehr als Frauen wenden Männer die Übertreibungstaktik an. Ein Erfolg wird dabei unzulässig einer eigenen außergewöhnlichen und ganz persönlichen Leistung zugerechnet. Sich über Kontakte mit wichtigen Personen aufzuwerten, sich Expertentum zuzurechnen, beispielhaft zu erscheinen oder Vorbildwirkung taktisch für soziale Macht zu benutzen, Status und Prestige, mit Kleidung und Automarken zu suggerieren und die eigene Glaubwürdigkeit und Vertrauenswürdigkeit hervorzuheben, darin übertreffen die meisten Männer die meisten Frauen erheblich.

Selbstdarstellungstechniken		**Männer**	**Frauen**
●	Eigenwerbung (self-promoting)	▲	▼
●	Übertreiben (overstatement)	▲	▼
●	Kompetenz vorgeben (expertise)	▲	▼
●	Offenheit zeigen (self-disclosure)	▼	▲
●	Sich beliebt machen (ingratiation)	▲	▼
●	Vorbildlich erscheinen (exemplification)	▲	▼
●	Entschuldigen, rechtfertigen (justification)	▼	▲
●	Sich unvollkommen darstellen (self-handicapping)	▼	▲
●	Hilfsbedürftig erscheinen (supplication)	▼	▲
●	Einschüchtern (intimidation)	▼	▲
●	Abwerten anderer (blasting)	▲	▼

Quelle: Mummendey, H.: Psychologie der Selbstdarstellung, 1995

Abb. 22: Verhaltensweisen, die mehr (▲) oder weniger (▼) von Männern oder Frauen in Führungssituationen, Gruppen und in Interviews gezeigt werden.

Eine Reihe von negativen Selbstdarstellungstechniken, wie Entschuldigungen, Rechtfertigungen, Zurückweisen von Verantwortlichkeiten[60], »self-handicapping«[61], Scham[62], Hinweisen auf mögliche Schwierigkeiten[63], bevor eine missliche Situation einsetzt, taktische Untertreibung der eigenen Fähigkeiten und hilfsbedürftig scheinen, das alles wird viel mehr von Frauen benutzt.
Bedeutsame soziale Interaktionen finden in Unternehmen vor allem in Arbeitsgruppen, Meetings oder in Führungssituationen statt. Männliche Manager benutzen regelmäßig dann positive Selbstdarstellungen, wenn eine Arbeitsgruppe erfolgreich ist, es aber unbekannt ist, welchen Anteil die Führungskraft selbst daran hat. Für weibliche Manager sind solche Verhaltensweisen bisher nicht bestätigt worden. Frauen bevorzugen es, ihre sozialen und emotionalen Qualitäten herauszustellen, Männer dagegen ihre Fähigkeiten zur Beeinflussung und zur Problemlösung. Die meisten Arbeitsgruppen im Unternehmen bewerten männliche Selbstdarstellung fälschlicherweise als wichtige Führungseigenschaften.
Gender spielt eine außerordentlich große Rolle bei der Selbstdarstellung und Selbstregulation im Beruf. Selbst innerhalb der angewandten positiven und negativen Selbstdarstellungen unterscheiden sich Männer und Frauen, indem sie unterschiedliche Arten von Entschuldigungen gebrauchen.
Bei Arbeiten und Aufgaben, die nicht traditionelle Frauenbereiche sind, z. B. Führungsaufgaben, überwachen und kontrollieren sich Frauen stärker und setzen dabei positive Selbstdarstellungstechniken **mehr** als Männer ein. Wie stark die Geschlechtszugehörigkeit und Geschlechterrolle die Selbstdarstellung beeinflussen, zeigt auch, dass Frauen sich

---

[60] »Es tut mir Leid, dass ich zu spät gekommen bin. Ich bin im Verkehrsstau stecken geblieben.«

[61] »Bei meiner Doppelbelastung als berufstätige Frau kann ich nicht alle Termine pünktlich einhalten.«

[62] »Es tut mir Leid, das war allein mein Fehler.«

[63] »Bitte verstehen Sie mich nicht falsch, wenn ich sage, dass die anderen Teams ihre Hausaufgaben noch nicht erledigt haben.«

bemühen, nicht zu kompetent zu sein und ihre Leistungen zu bagatellisieren, wenn sie einer traditionellen männlichen Führungskraft gegenüberstehen.
Männer hingegen präsentieren Intelligenzleistungen entsprechend der Erwartungen, die wichtige Vorgesetzte an sie haben. Für die richtige Beurteilung der Potenziale von männlichen und weiblichen Mitarbeitern ist die Kenntnis dieser Befunde wesentlich. Ohne die Kenntnis der Genderaspekte bleiben viele Urteile Fehlurteile. Wer bei Personalauswahl und Leistungsbeurteilungen genderblind ist, wird in den entscheidenden Stellen des Personalmanagements falsch liegen, da man eigene Impressionen für fremde Potenziale halten wird.
Geschlechtstypisches Verhalten im Repertoire von Männern und Frauen ist umso ausgeprägter, je mehr die männlichen und weiblichen Potenzialkandidaten rollenkonform leben und arbeiten wollen. Die Personalreferenten, die männliche und weibliche Bewerber auswählen sollen, werden geschlechtstypischem Selbstdarstellungsverhalten umso leichter *aufsitzen,* je mehr sie selbst rollenfixiert sind. Wenn der falsche Mann und die falsche Frau gewählt und der richtige Mann und die richtige Frau zurückgewiesen werden, dann geht unbemerkt richtig viel Geld im Unternehmen verloren. Genderblind ist auch das Unternehmen, welches das unterschiedliche Verhalten von Frauen und Männern in Interviews nicht richtig interpretieren kann. Frauen sind in Interviews und in den meisten Situationen im Beruf offener und ehrlicher als Männer. Die größere Offenheit und Ehrlichkeit bei Frauen wird oft als mangelndes Durchsetzungsvermögen gedeutet. **Das ist falsch.** Wenn man auch bei Männern mehr Offenheit bei Interviews erzielen will, so lässt man Männer von Frauen interviewen.
Männer und Frauen nutzen neben ihren typischen Selbstdarstellungstechniken auch Techniken des anderen Geschlechts. In der Öffentlichkeit stellen nicht nur Frauen ihr Licht unter den Scheffel. Das tun auch **die** Männer, welche mehr Wert auf persönliche Zufriedenheit im Beruf als auf Geld legen. Die

ganze Variationsbreite zu kennen und richtig zu deuten, gelingt hier mit Genderkompetenz. Sie gibt mehr Sicherheit in der Personalführung.

Führungsmotive

Selbst männliche und weibliche Personalexperten nehmen an, dass Frauen anders führen als Männer. Diese Annahme ist jedoch nicht richtig. Einen weiblichen oder männlichen Führungsstil gibt es nicht. Die Urteile über männliche und weibliche Führungskräfte in Mitarbeiterbefragungen enthalten oft einen Genderbias[64]. Allerdings unterscheiden sich Frauen und Männer, die Managementpositionen anstreben oder innehaben, dabei hinsichtlich ihrer Motive, Interessen und Werte. Einige entscheidende Unterschiede betreffen Machtanreize und Leistung. Die Unterschiedlichkeit der Motive bei der Gestaltung von Führungsaufgaben bewirkt, dass männliche und weibliche Führungskräfte Schwerpunkte bei der Mitarbeiterführung **anders** setzen. Aber nicht alle Ergebnisse der vergleichenden Führungsforschung sind haltbar. Oft lässt die methodische und analytische Qualität von Untersuchungen zu wünschen übrig. Solide sind die Unterschiede zwischen männlichen und weiblichen Führungskräften in der Werteorientierung bei der Führung und in der Anreizmotivation für Führungspositionen. Vor der Auswahl und bei der Beurteilung von männlichen und weiblichen Führungskräften kann man daher immer auch die richtige Frage stellen: Ist es mehr das Geld oder mehr die Liebe, das den Managementnachwuchs bewegt, sich um Führungspositionen zu bewerben oder in höhere Positionen aufzusteigen? Die Fragen nach den persönlichen Motiven für Führungspositionen beantworten Männer mehr mit: Es ist das *Geld.* Und Frauen sagen mehr: Wegen des persönlichen *Wachstums,* das damit verbunden ist.

---

[64] Genderbias = Vorurteil zugunsten oder zuungunsten von Frauen oder Männern.

Anders gesagt, männliche Manager sind materieller, weibliche Manager immaterieller motiviert. Männer machen Karriere zuerst für persönliche materielle Gewinne. Frauen machen Karriere zuerst für persönliche immaterielle Gewinne. Das Unternehmen, das viele männliche Führungskräfte hat und männlichen Nachwuchs will, muss **mehr** Geld, **mehr** Hierarchiestufen und **mehr** materielle Anreizsysteme schaffen. Männliche Führungskräfte sind daher **erheblich teurer**. Weibliche Managerinnen motiviert es mehr, die Organisationsziele zu erreichen, Produktivität und Effizienz der Mitarbeiter zu steigern und persönliche Leistungen zu verbessern. Sie kosten Unternehmen **weniger** Geld und **weniger** Hierarchiestufen und passen **besser** in ein Leanmanagementkonzept.
Unter dem Kosten- und Nutzenaspekt sind für Unternehmen die Genderunterschiede also sehr wohl zu bedenken. Die Umsetzung dieses Genderaspekts in der Personalstrategie spart und bringt bares Geld und dazu noch bessere Arbeitsqualität. Woher immer die unterschiedlichen Führungsmotive zwischen Männern und Frauen kommen, ist eine unerhebliche Frage. In den Unternehmen zählen ja nach eigenen Aussagen nur die wirtschaftlichen Ergebnisse.

Konkurrenz

Männer und Frauen betrachten sich in aller Regel so lange nicht als Konkurrenten, wie ihre Interessen und Ziele unterschiedlich sind. Daher waren bisher Männer für Männer im Beruf und Frauen für Frauen im Privatleben die ernsthaften Konkurrenten.
Das ändert sich jetzt weltweit: In der Bundesrepublik hat jedes dritte kleinere Unternehmen bereits eine Chefin. In den USA beschäftigen fünf Millionen Unternehmerinnen mehr Mitarbeiter als die 500 größten US-Unternehmen. Die indische »Self-Employment Women's Association Bank« vergibt auch in risikoreichen Fällen hohe Kredite an Frauen, weil deren Rückzahlungsquote bei 96 Prozent liegt.

Seit mehr als 200 Jahren sind die Länder der Welt auf dem Weg zur Demokratie und damit die Frauen auf dem Marsch in die Unternehmen. 1990 lebten erstmalig 50 Prozent der Weltbevölkerung in einer Demokratie. Wir nehmen an, dass in spätestens zwei Jahrzehnten auch China eine Demokratie wird. Damit werden 90 Prozent aller Frauen und Männer der Welt dann gleichermaßen Zugang zu den Unternehmen der freien Wirtschaft haben. Und erstmals in der Geschichte der Wirtschaft stehen weltweit Männer nicht nur mit Männern, sondern auch mit Frauen im Wettbewerb um die Ressourcen, die Unternehmen bieten. Und Frauen haben sich auch mit der Konkurrenz von Frauen im Beruf auseinander zu setzen. Über die persönliche Durchsetzung im Wettbewerb, um Positionen und Chancen im Beruf entscheiden die eigenen und die fremden Konkurrenzstrategien. Die Kooperations- und Konkurrenzforschung hat uns gezeigt, dass es keine beste Strategie gibt. Jede Strategie hat ihre Stärken und ihre Schwächen. Entscheidend für den Erfolg einer Strategie ist die Bewährung in ihrer Umwelt.
Während Männer mit Karriereabsichten und daher mit Gespür für die konkurrierende Umwelt viele Facetten der möglichen Wettbewerbsstrategien, von den unfairen bis zu den fairen, kennen, diese sich unschwer mit der männlichen Genderrolle vereinbaren lassen und diese zusätzlich durch Training, Übung und Anwendung in ihr männliches Verhaltenrepertoire fein eingeschliffen sind, verfügen die wenigsten Frauen über die Kenntnis und Praxis adäquater Wettbewerbsstrategien gegenüber männlichen Konkurrenten.
Allerdings verstehen die meisten männlichen Konkurrenten weibliche Wettbewerbsstrategien auch nicht.

Eine Männergruppe, die im Unternehmen um eine Führungsposition konkurriert, hat das gemeinsame Ziel, eine Hierarchie und eine Rangordnung zu errichten. So konkurrieren die Männer so lange untereinander, bis die Verteilung der Rangplätze entschieden ist, die Führungsposition besetzt und so eine akzeptierte Struktur entstanden ist. Dann entste-

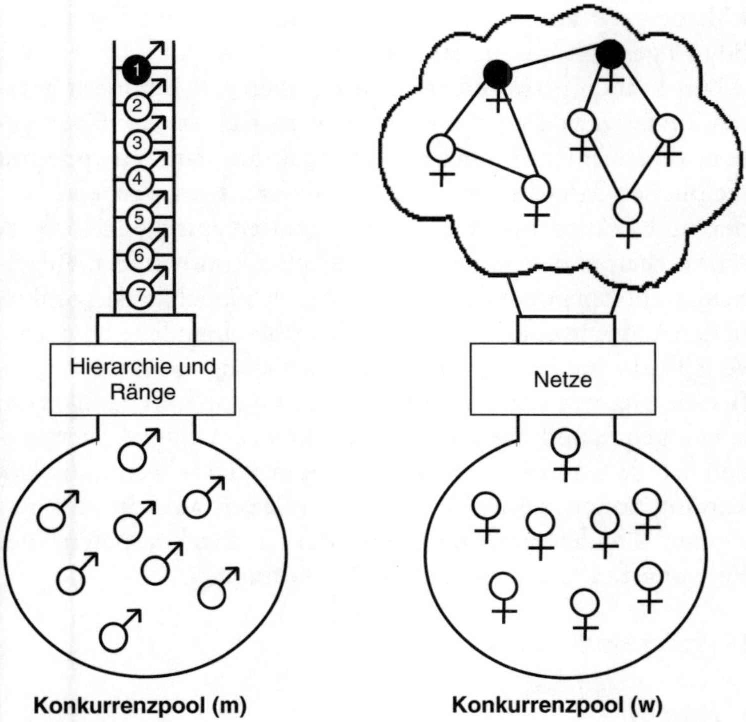

Abb. 23: Strukturen der Ergebnisse geschlechtstypischen Konkurrenzverhaltens Hierarchie (m) und Netzwerk (w)

hen auf dieser Grundlage die koordinierte Zusammenarbeit und die Unterordnung unter die Führung. Konkurrierende Verhaltensweisen werden reduziert, die Akzeptanz der Führung wird belohnt.

Frauen sehen sich in Konkurrenz, wenn es um den Einfluss bei der Herausbildung von Beziehungsnetzen und dem Zugang zu Informationen geht, die in der Gruppe vorhanden sind. Diese unterschiedlichen Auslöser für Konkurrenz führen auch zu unterschiedlichen Strukturen. Frauen bilden mit Frauen keine Hierarchien, sondern Netze. Und es gibt auch keine endgültig definierten Führungspositionen und keine stabile Struktur. Daher bleibt die Gruppendynamik im Fluss als ein lebhafter und flexibler Netzwerkprozess, in dem

Führung nur auf Zeit Akzeptanz findet. Regelmäßig entstehen so gendertypische Strukturen.
Wenn Frauen in Konkurrenzsituationen mit Männern geraten, und zwar dann, wenn sie in deren Karrieredomänen gehen, und wenn männliche Führungskräfte eine Gruppe mit weiblichen Mitarbeitern führen müssen, dann werden Männer und Frauen mit dem jeweils gendertypischen Konkurrenzverhalten des anderen Geschlechts konfrontiert. Regelmäßig entstehen gendertypische Unverträglichkeitskonflikte, in denen wechselseitiges Befremden übereinander und massive Abwehr die häufigsten Reaktionen sind.
Bis die Gesetze der gendertypischen Gruppendynamik vom jeweiligen männlichen oder weiblichen Eindringling verstanden werden und bis es zur Akzeptanz der »Fremdkörper« kommt, treten zahlreiche Schwierigkeiten auf, die nur mit eigener Genderkompetenz oder der Genderkompetenz der Führungskräfte gemeistert werden können.

Hierzu zwei Beispiele:

1. Beispiel
Wir werden häufig zur Unternehmensberatung gebeten, wenn es Führungsprobleme mit einer reinen Frauengruppe und einer männlichen Führungskraft gibt. Diese Fälle kommen in der Produktion und in der Fertigung eines Unternehmens häufig vor. Erst unter der Genderperspektive kann man die Konfliktursachen erkennen. Es sind nicht »zickige« Frauen, die miteinander streiten. Die männliche Führungskraft weiß nicht, wie eine Gruppe weiblicher Mitarbeiter zu führen ist. Der männliche Gruppenleiter verstößt gegen mehrere Grundsätze der genderbasierten Führung, wenn er das, was bei einer männlichen Gruppe richtig wäre, auf Frauen anwendet.
Er darf keine Rangordnung in der Gruppe errichten. Jede Frau muss denselben Zugang zu Informationsquellen haben, er muss für jedes Gruppenmitglied denselben Zeitaufwand erbringen, und die Aufgabenverteilung innerhalb der Gruppe muss fair und transparent sein.

Bevorzugungen durch besondere Anerkennung oder Befreiung von Routinepflichten lösen anders als bei Männergruppen Widerstände und Akzeptanzprobleme aus. Die männliche Führungskraft muss gebührenden persönlichen Abstand von der Gruppe halten, sonst können »sexuelle Schwingungen« die Gruppe stören.

2. Beispiel
Der Qualitätssicherung in einem medizintechnischen Produktionsbetrieb fiel auf, dass nach Übernahme der Position des Werkstattleiters durch die Ingenieurin die Fehlerquoten in der Produktion sechs Wochen lang signifikant erhöht waren und sich danach auf das frühere Niveau einpendelten. Unsere Beratungsanalyse ergab, dass die Ursache nicht mangelhafte Führungs- und Organisationskompetenz der Ingenieurin, sondern ein Gendereffekt war. Erstmals hatte in diesem Technikunternehmen eine Frau diese Führungsposition in der Werkstatt inne. Sie war nicht nur Ingenieurin, sondern promoviert und dazu ausgesprochen attraktiv. Für die reine Männermannschaft in der Produktion brachte diese Frau als Person zu viel »Neues« und damit eine *»maximale Informationsüberflutung«* mit in die Werkstatt, wenn sie Verfahrensanweisungen gab und Qualitätskontrollen durchführte. Wenn sie die Werkstatt betrat, drehten sich alle Männer nach ihr um. Die Ursachenanalyse ergab keine Mängel in ihrer Fachkompetenz. Genderkompetenz allerdings fehlte der Ingenieurin, der männlichen Belegschaft und dem Personalmanagement, um den Effekt, der aufgetreten war, vorherzusehen und zu kontrollieren.
In diesem Fall erbrachte die offene Kommunikation mit der gesamten Werkstatt und ein Gespräch über die Zusammenarbeit zwischen Männern und Frauen im Beruf eine schnelle und unkomplizierte Lösung.

Machen sich Frauen auf den Weg in das Management eines Unternehmens, so werden sie mit allgemeinen Abwehrstrategien konfrontiert, die ihnen insbesondere auch die angeblich negativen Konsequenzen des Berufserfolgs aufzeigen. Viele der angeblichen Fakten sind jedoch nichts weiter als Einschüchterungsversuche männlicher Konkurrenten, die sich dazu oft auch der öffentlichen Meinungsbildung bedienen. So wurden in den 80er-Jahren die ambitionierten Karrierefrauen mit den für sie negativen Entwicklungen »vertraut« gemacht, wenn sie Ehe und Familiengründung dem Beruf hintanstellen. Heiratsstudien der Universitäten Yale und Harvard gaben ledigen, berufsorientierten 30-jährigen Akademikerinnen noch eine Heiratschance von 20 Prozent und 40-jährigen nur noch von 1,3 Prozent. Französische männliche Forscher komplettierten das Bedrohungsszenario für Frauen, die, wie es ihre männlichen Konkurrenten ja auch tun, erst die Berufskarriere, dann die Familie gründen wollten, mit besonderen Unfruchtbarkeitsrisiken. Für Frauen, die bis Ende 20 den Kinderwunsch nicht realisiert haben, sollte im Alter von 30 bis 35 Jahren das Risiko, nicht mehr schwanger werden zu können, auf 35 Prozent ansteigen. Dafür gibt es allerdings keinerlei medizinische Bestätigung. Sicher ist hingegen, dass das Risiko, eine Berufskarriere zu verfehlen, zu **100 Prozent** steigt, wenn 30- bis 35-jährige Frauen eine Familie gründen. Das ist exakt das Alter, in dem ihre männlichen Konkurrenten die Fundamente für die Führungspositionen ausbauen und so den Vorsprung zementieren können. Viele weitere Studien drohen nur den karrierebereiten Frauen, **nicht** ihren männlichen Kollegen, außer diesen Perspektiven noch Depressionen und soziale Isolation als weitere Konsequenzen an. Frauen im Beruf mit Familie sollen angeblich ihren Kindern schaden. Viele meiden daher Beruf und Kindertagesstätten gleichermaßen. Grundlos, wie die Pisa-Studie zeigte. Kinder berufstätiger Mütter haben die besseren Noten.

Die Folgen der unfairen Konkurrenzpraktiken verfehlen ihre Auswirkungen auch auf begabte Frauen nicht. Immerhin haben 68 Prozent der Frauen, die eine Berufskarriere anstreben wie ihre männlichen Konkurrenten, damit ein zusätzliches Hindernis zu überwinden: **Erfolgszweifel**. Das kennen 90 Prozent der männlichen Konkurrenten bisher nicht:

- Furcht vor angeblich negativen Folgen des Erfolgs: Freunde verlieren, ein Singleleben führen, Kinderlosigkeit, Depressionen und Einsamkeit.
- Soziale Bestrafung und fehlende Unterstützung wegen der Abweichung von der Genderrolle und von Gendervorschriften.
- Entscheidungskonflikte: Flüchten oder Standhalten auf dem Weg nach oben.

Es scheint jedoch, dass bei der gegenwärtigen Stellenknappheit bei vielen männlichen Konkurrenten die latente Sorge *»Angst vor Versagen«* manifester wird. Sie geht mit der Befürchtung einher, überflüssig werden zu können. Beide Sorgen sind nicht unbegründet, besonders bei traditionell orientierten Männern.

Den Aufruhr, den weibliche Konkurrenten bei Männern verursachen können, hat schon Cato im Jahr 195 v. Chr. beschrieben.

Als ein paar römische Frauen das Gesetz, wonach es ihnen verboten war, in Wagen zu fahren und mehrfarbige Gewänder zu tragen, zu Fall bringen wollten, klagte Cato vor dem römischen Senat. »Die Frauen sind so mächtig geworden, dass uns unsere Unabhängigkeit im eigenen Haus verloren ging und jetzt in der Öffentlichkeit mit Füßen getreten wird.« Er schloss die Rede mit der Warnung: »Wenn wir den Weibern erst die gleichen Rechte geben, dann werden sie besser sein als wir selbst.«

Im 16. Jahrhundert schrieb John Knox seine in der damaligen Welt berühmte Schmähschrift »The First Blast of the Trumpet Against the Monstrous Regiment of Women«, die ausgelöst wurde allein durch die Möglichkeit, dass damals zwei Königinnen zugleich auf europäischen Thronen hätten sitzen können.

Die scheinbar übertriebenen negativen Reaktionen männlicher Konkurrenten gegenüber weiblichen Konkurrenten bei den doch faktisch noch geringen Erfolgen der Frauen in Unternehmen schreiben die auf Maskulinitätsforschung spezialisierten Psychologen dem »fragilen«[65] männlichen Selbstbild zu.

Die Auflösung der alten Genderrollen nimmt Männer doppelt in die Zange. Viele sind ja auf die Veränderung der Genderrollen nicht vorbereitet, ihre bisherige Dominanz geht in vielerlei Feldern verloren, und zudem sorgen Frauen immer mehr für sich selbst.

Der Verlust von Aufgaben, die Verschlechterung der ökonomischen Situation und das Erleben von Zurückweisung nicht nur im Privatleben gehört zur Alltagsrealität, die im neuen Konkurrenzkampf »ziemlich böse« machen kann.

Das Fazit ist, dass Männer und Frauen selbstverständlich konkurrieren müssen im Beruf. Ihre berufliche Konkurrenz erhält ihre besondere Brisanz dadurch, dass das Grundverhältnis zwischen Männern und Frauen ja sexuell determiniert ist.

Das macht die berufliche Konkurrenz besonders schwierig, da natürliche Beziehungen mit den »künstlichen« Beziehungen im Beruf schwer zu vereinbaren sind. Die berufliche Konkurrenz erfordert so teilweise auch Distanz von der natürlichen Attraktion, die zwischen Männern und Frauen mehr oder weniger besteht.

Empfehlungen für das Managen der Konkurrenzsituation im Beruf:

1. Stellen Sie sich darauf ein, dass Konkurrenz selbstverständlicher Bestandteil einer Karriere ist.
2. Suchen Sie nicht nach der besten Konkurrenzstrategie. Es gibt keine.
3. Informieren Sie sich über die zwölf einfachsten Konkurrenzstrategien:
   - lieb
   - böse
   - verrückt
   - begrenzte Vergeltung

[65] Fragil = zart, zerbrechlich.

- grimmig
- periodisch ziemlich böse
- periodisch ziemlich lieb
- überwiegend mild
- misstrauisch
- überwiegend hart
- probieren
- tit for tat[66]

4. Stellen Sie aus diesen Basisstrategien Ihr individuelles Strategiepaket zusammen.
5. Denken Sie an Ihr weibliches oder männliches Genderpotenzial und informieren Sie sich über die typischen Strategien des anderen Geschlechts.
6. Bleiben Sie überwiegend fair. Die Computersimulationen haben gezeigt, dass beiderseitiges Betrügen weniger bringt als faire Auseinandersetzungen um eine Position. Lassen Sie sich jedoch nicht betrügen.
7. Bei aller strategischen Planung vergessen Sie nicht, dass Ihre Karrieremotive, Ihre Talente und die Position, um die Sie konkurrieren, zusammenpassen müssen. Erst das macht Sie erfolgreich als Mann oder Frau unter Konkurrenz.

Take away!

1. **Genderblind ist ein Unternehmen, das Potenziale von Frauen und Männern nicht erkennt.**
2. **Je weniger die Führungskräfte im Personalbereich von Genderpotenzialen wissen und je mehr sie selbst auf traditionelle Genderrollen fixiert sind, umso mehr werden sie große und kostenträchtige Fehler beim Personalmanagement von Frauen und Männern machen.**
3. **Qualifizieren Sie Ihre genderblinden Mitarbeiter im Personalbereich.**

[66] Wenn Sie mehr dazu wissen wollen, dann lesen Sie Robert Axelrods berühmtes Buch »Kooperation« (1997).

12

Genderkompetenz: Die vierte Führungskompetenz

Ein Unternehmen, eine Organisation oder eine Verwaltung kann nur so gut sein, wie ihre Mitarbeiterinnen und Mitarbeiter es sind und speziell ihre Führungskräfte.
Auf diese einfache Erkenntnis wird in Reorganisations- und Modernisierungsmaßnahmen immer mehr fokussiert, und sie führt zu immer genaueren Anforderungen an Führungskräfte in ihrer Führungspraxis.
Wenn man Mitarbeiterführung präzisiert und von der Führung von Frauen und Männern im Beruf redet, dann nennt man Mitarbeiterführung, die geschlechtsspezifisch ist: *Genderkompetenz.*
Wenn man die innovative Fachliteratur zur Führung liest, die Forschungsberichte zu Frauen im Beruf oder über moderne Personalstrategien und dazu die Erfahrungen, die Frauen und Männer im Beruf mit ihren Führungskräften haben, hört, dann muss man sagen, dass in vielen Unternehmen, Organisationen und Verwaltungen die Zusammenarbeit und Führung genderblind ist.
So beurteilen viele Frauen und Männer im Beruf das Personalmanagement und die Personalführung unter diesen Vorgaben als mittelmäßig.

Das hat Gründe:

1. **Führungskräfte verstehen sich zuerst und oft nur als Inhaber einer Führungsposition. Sie entwickeln kein spezifisches und eigenes Verständnis ihrer Führungsrolle.**

So geschieht es, dass viele Führungskräfte ihre Beförderung mit Führungsleistung verwechseln. Tatsächlich jedoch beginnt hier erst der Weg zur erfolgreichen Führungskraft. Eine erfolgreiche Führungskraft muss ihre Rolle als Führungskraft definieren. Die Erwartungen der Mitarbeiterinnen und Mitarbeiter zur Rolle der neuen Führungskraft müssen geklärt werden. Die Führungskraft selbst hat die neue Rolle persönlich zu gestalten. Für jede Führungskraft gilt daher:

In der Führungspraxis das Richtige richtig und aufrichtig zu tun!

So weit ist das einfach. Da jedoch nur sechs Prozent aller männlichen Führungskräfte, so sagen es Untersuchungen der Führungsforschung, über primäre Führungsqualitäten im Sinne natürlicher Autorität, emotionaler Intelligenz, Selbstkritik, Selbstreflexion, sozialer Kompetenz und Selbstkontrolle verfügen, muss der weitaus größte Teil der männlichen Führungskräfte Führung mehr oder weniger erst mühsam lernen. Was ist das richtige Führungsmodell? Wie wird es richtig angewendet? Wie bin und bleibe ich integer als Führungskraft? Das sind sehr alte Fragen. Die neuen zusätzlichen Anforderungen sind noch weitaus schwieriger zu erfüllen: Wie führe ich dabei auch genderkompetent? Das verlangt nicht nur völlig neues Wissen, sondern auch viel mehr emotionale Intelligenz und erhebliche Zeitinvestitionen.

2. Führungskräfte wissen nicht, was Genderkompetenz ist.

Jede Kompetenz beginnt mit einem persönlichen Lernprozess. Was müssen Führungskräfte heute wissen und lernen wollen?
Eine gute Selbstreflexion wird bei einer Person, die eine Führungsposition übernimmt oder lange innehat, zur Erkenntnis führen, dass Führung nur dann erfolgreich ist, wenn man die Zeichen der Zeit erkennt und weiß, was andere tun, um auf der Höhe der Zeit zu sein. Unternehmen, Organisationen und Verwaltung sind im Wandel. Im Entwicklungs-

strom der Wissenschaft und Technik verändern sich Nationen, Gesellschaften, Unternehmen und ihre Menschen und Führungsstile. Anforderungen verändern sich.
Hier sind einige Stichworte zu den wesentlichen Ansätzen, die eine Führungskraft heute kennen muss. Unternehmen und Verwaltung verstehen sich heute nicht mehr vorrangig als technokratisch, sondern als lebende und lernende Systeme, die wissen, das Gesellschaft und Wirtschaft multizentrisch sind, Standortfragen interkulturell und international sind und dass unternehmerisches Denken global und Handeln lokal sein müssen.
Das fordert auch das Personalmanagement zu Lernprozessen heraus und verweist es auf neue Erfolgsdeterminanten in der Personalführung.
Sie heißen:

- Selbstorganisation und Selbstregulation
- Diversitätsmanagement
- Gendermanagement

Die derzeit beste Personalmanagementstrategie kombiniert daher das Diversitätsmanagement, das in der Personalführung und Personalentwicklung bei den psychologischen und kulturellen Verschiedenheiten der Mitarbeiter ansetzt, mit dem Gendermanagement, das die geschlechtstypischen Potenziale bei Männern und Frauen erkennt, aktiviert und betriebswirtschaftlich nutzt.
Von genderspezifischer Führung versprechen sich auf Innovation gerichtete Unternehmen die besten qualitativen Veränderungen und den nachhaltigsten Nutzen für ihren Organisationswandel. Alle Führungskräfte müssen daher das Konzept des Gendermanagements kennen und Genderkompetenz lernen. Dazu gibt es eigene Programme, die Genderexperten durchführen.

3. Gendermanagement: Neue Qualitätssprünge in Unternehmen

Im Frühjahr 1994 fand am Comer See eine Fachkonferenz mit zwölf europäischen Ländern zum Thema Qualitätsmanagement statt. Sie diskutierten den Zusammenhang zwischen unternehmensweiter Qualität, Leistungssteigerung, Chancengleichheit, Selbstregulation und Selbstorganisation des Personals.

Die Erkenntnis war dort, dass die Qualitätsoffensiven in Unternehmen effizienter, ökonomischer und wirksamer sind, wenn die Total-Quality-Ansätze mit dem E-Quality-Management[67], das Gleichberechtigung und Chancengleichheit für Frauen bei Zugang zu Positionen und Verantwortung will, verbunden werden.

Die Erkenntnisse von damals sind die Anforderungen von heute an Führungskräfte. Es gilt:

- Bewusstsein für den Zusammenhang zwischen Qualität und Chancengleichheit auf Führungspositionen und Wettbewerbsfähigkeit zu erzeugen,
- Neue Arbeitsformen und flexiblere Arbeitszeiten anzubieten
- Privat- und Berufsleben auszubalancieren,
- Personalmanagement für Karrierepaare vorzusehen,
- Flexibilität für Führungspositionen durchzusetzen,
- Abbau von Geschlechterstereotypen zu verfolgen,
- Genderkompetenz ins Unternehmen zu bringen.

Das Konzept E-Quality und Empowerment, das sich bisher vornehmlich auf die Zielgruppe »Frauen« im Unternehmen richtet und dabei bisher lediglich betriebsinterne Einzelmaßnahmen zur Frauenförderung vorsieht, wird in den änderungsresistenten Unternehmensstrukturen in den »Strategiefaktor Gender« integriert. Er bringt den Unternehmen bei ihrer Suche nach Exzellenz die erhofften Qualitätssprünge.

Aus der englischen Kakabadse-Studie 1997, in der 6500

---

[67] E-Quality: Das E ist eine Abkürzung für equal, gleich.

Führungskräfte aus zwölf europäischen Ländern einschließlich 550 Spitzenmanagern und 750 Spitzenbeamten aus Wirtschaft und Verwaltung über ihre Anforderungen an Personalführung diskutierten, ergaben sich folgende Erkenntnisse: Die Gewichte in der Mitarbeiterführung verschieben sich auf den Wandel und Bewegung und die Selbstorganisation und Selbstlernprozesse des Personals. Mitarbeiterführung zielt auf Diversität und Gender. Es gibt keinen durchschnittlichen männlichen Mitarbeiter, an dem sich Führungsanforderungen orientieren können. Es gibt die Vielfalt der Männer und Frauen im Beruf. Diese Vielfalt ist zu führen mit Genderkompetenz. Führung wird als persönliche Leistung definiert. Führung ist keineswegs bürokratische Verwaltung. Der Erfolg der Führungsleistung hängt ab von der *Akzeptanz* der Frauen und Männer, die spezifisch geführt werden wollen.

4. Führung ist genderspezifisch.

Frauen und Männer sind die wesentlichen Zielgruppen der Führung in der Bundesrepublik. In den USA oder z. B. in Südafrika sind es zusätzlich schwarze, weiße oder **coloured**[68] Frauen und Männer. Daher müssen Führungskräfte dort die Zugehörigkeit zu einer Kultur oder Ethnie zusätzlich bei der Mitarbeiterführung bedenken. Führung muss daher nach dem Stand der Führungskunst bei uns mindestens genderspezifisch sein. Wenn wir mehr kulturelle Vielfalt in unsere Unternehmen holen werden, dann muss Führung auch diversitätskompetent sein. Eine Führungskraft, die geschlechtsneutral führen will und dies noch mit Gerechtigkeit begründet, hat also noch nichts begriffen. Anforderungen, Bewertungen und Beurteilungen werden auch durch die Geschlechtszugehörigkeit bestimmt. Gender ist weltweit in allen Kulturen und jeglicher Wirtschaftsform die *trennschärfste* Kategorie zwischen Mitarbeitern.

---

[68] Coloured people = Menschen mit dunkler Hautfarbe, z. B. mit indischen Vorfahren.

Mit Gender gehen die größten Unterschiede in allen Lebenslagen einher. Deshalb muss sich jede Führungskraft mit dem Aspekt Mann oder Frau beschäftigen, wenn sie nicht unbewusst inkompetent oder aber bewusst inkompetent bleiben will.

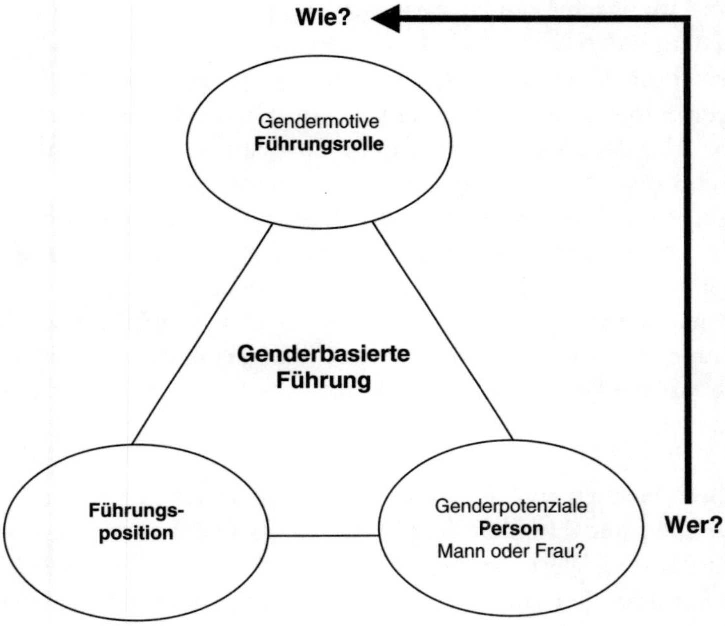

Abb. 24: Genderbasierte Führung von Männern und Frauen. Führung ist eine persönliche Leistung. Die Führungsleistung wird von Genderpotenzialen und Gendermotiven mitbestimmt.

Wenn eine Führungskraft sich entschlossen hat, nicht nur ihre Mitarbeiter genderspezifisch zu führen, sondern auch bedenkt, wie ihr eigenes Geschlecht ihre Führungsleistung beeinflusst, dann ist sie auf dem richtigen Weg zu einer genderbasierten Führung. Sie kann so die hemmenden Führungsmotive, die mit ihrem eigenen Geschlecht zusammenhängen, erkennen und so bessere Führungsleistung erzielen.

5. Genderspezifische Führung verlangt eine andere Fach- und Methodenkompetenz.

In der Genderforschung haben sich **Gendermethoden** entwickelt, die bisher in den meisten Unternehmen unbekannt oder ungenutzt sind. Viele relevante Praxisfragen zu Gender sind inzwischen an europäischen Unternehmen und in allen bedeutenden Wirtschaftsbranchen untersucht. Heute wissen wir von Männern und Frauen, die in der Informationstechnologie, den Life-Sciences, in Dienstleistungsberufen, im Handel, Maschinenbau, in Konzernen oder mittleren Behörden arbeiten, was ihre genderspezifischen Anforderungen an Führungsstile sind und wie sie als Männer und Frauen richtig beworben, beurteilt, motiviert und gefördert werden wollen. Gender als innovativer Aspekt einer Personalstrategie ist ebenso untersucht worden wie die Frage, wo und wie die Personalmanagementprozesse »gegendert[69]« werden müssen und mit welchen Methoden das zu tun ist.

Über Nutzen und Kosten von Geschlechterstereotypen im Denken und Handeln kann man ebenso nachlesen wie über die Motive, Werte, Interessen, Karrierepläne und die Berufsorientierungen von heutigen Männern und Frauen. Genderqualifizierungsprogramme für Führungskräfte sind bereits entwickelt worden. Die Finanzvorstände können zur Ertragswirksamkeit von Gendermangement im Unternehmen beraten werden. Dennoch ist bis heute Genderkompetenz kein Bestandteil der Fach- und Methodenkompetenz von Führungskräften oder Personalberatern. Das ist nicht höherer Gewalt zuzurechnen, sondern *unterlassener* persönlicher Weiterentwicklung. Was Unternehmen von ihren Mitarbeitern fordern, fordern sie nicht gleichermaßen von ihren Führungskräften oder Personalberatern. Männliche und

[69] »Gendern« heißt, den Genderaspekt in alle Personalprozesse einzuführen, wo er relevant ist.

weibliche Führungskräfte bleiben beim Thema »Männer und Frauen im Unternehmen« oft im emotionalen Widerstand oder in Unwissenheit stecken. So kann neues Wissen nicht aufgenommen werden.
Genderkompetent denken und handeln beginnt mit persönlicher Selbstreflexion und Veränderungsbereitschaft und viel mehr als der Feststellung, man sei ja selbst Mann oder Frau oder habe ja selbst einen Mann oder eine Frau zu Hause. Dieses Wissen reicht nicht aus für gute Führungsleistungen, ja nicht einmal für ein gutes Privatleben.

Was muss man wissen für die genderkompetente Führung?

Feld: Problemlösungsstrategien

Wie lösen Frauen und Männer Probleme?
Welche unterschiedlichen Probleme haben sie?

Feld: Zielsetzungen und Werteorientierungen

Welche Ziele und Werte haben Männer und Frauen?

Feld: Konfliktlösungsstile

Welche Konflikte haben Frauen und Männer?
Welche Konfliktlösungsstile haben sie?

Feld: Potenzialnutzung und Ressourcennutzung

Welche Potenziale haben Frauen und Männer?
Wofür setzen sie ihr Potenzial ein?
Welche unterschiedlichen Genderkompetenzen sucht das Unternehmen?

Feld: Kommunikation

Wie informieren und kommunizieren Frauen und Männer?
Wie verschieden ist die Körpersprache?

Feld: Emotionen

Wie empfinden Frauen und Männer?
Worauf sind Frauen und Männer stolz?
Worüber entstehen Beschämung, Begeisterung, Wut, Ängste, Neid, Glück?

Feld: Führungsstil

Wollen Frauen und Männer unterschiedlich geführt werden?
Führen Frauen und Männer unterschiedlich?

Feld: Motivation und Anreize

Womit sind Frauen und Männer zu motivieren oder zu demotivieren?
Welche Rolle spielt Geld für Frauen und Männer?

Feld: Instrumente und Methoden

Wie werden Führungsinstrumente genderadäquat verbessert?
Wie führt man ein Mitarbeitergespräch genderadäquat?

Genderwissen und Gendermethoden sind neue Quellen für intelligentere Führung.

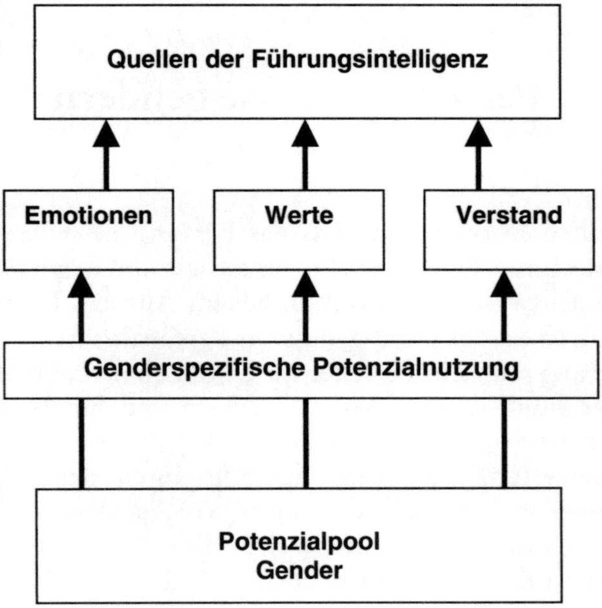

Abb. 25: Zusammenhang zwischen Führungsintelligenz und Genderpotenzialen

Gewollt oder ungewollt beeinflusst Gender die Emotionen, die Werte und das Denken in Führungssituationen. Wer diesen Zusammenhang für sich selbst und in der Mitarbeiterführung bedenkt, aus dem kann nur eine klügere Führungskraft werden, vor allem dann, wenn man sein eigenes Genderpotenzial, das man als Mann oder Frau hat, mitbedenkt.

Take away!

1. Geschlechtsspezifische Mitarbeiterführung ist Genderkompetenz. Als Qualifikation reicht es nicht aus, dass Sie selbst Mann oder Frau sind.
2. Lernen Sie als Führungskraft von Genderexpertinnen, wie man genderkompetent führt und managt.

13

Personalprozesse gendern

Wir haben schon gesagt, dass das Personalmanagement das Humankapital des Unternehmens steuert und damit den Unternehmenswert in außerordentlichem Ausmaß beeinflusst. Deshalb ist es sehr wichtig, dass das Personalmanagement die Bedeutung seiner Mitarbeiter im Unternehmen erkennt und es seine Funktionen zukunftsorientiert und für das Unternehmen wertsteigernd erfüllt.
Zur Bewertung der Wertsteigerung durch das Personalmanagement sind fünf Indikatoren[70] vorgeschlagen worden:

- Strategie der Personalarbeit;
- Struktur des Personalbereichs;
- Abläufe im Personalmanagement;
- Systeme und Instrumente der Personalarbeit;
- Mitarbeiter im Personalbereich.

Damit lässt sich die Qualität des Personalmanagements erfassen und beurteilen. Zugleich ist das die Basis für die Zielsetzungen eines besseren Personalmanagements.
Das heutige Personalmanagement bezieht sein Selbstverständnis immer noch zu oft aus den zwei wesentlichen Ideen, die schon die letzten 50 Jahre des Personalwesens bestimmt haben: Personal muss verwaltet werden, und Personal muss gepflegt werden.
Daher sind die Personaladministration und die Personalbetreuung oft genug noch die Hauptaktivitätsfelder des Personalwesens in den Unternehmen.
Schon die Bezeichnung Personalwesen verrät, wie beschaulich und marktfremd es zugehen kann rund um die Mitarbeiter und dass die Idee des Mitunternehmertums, die weitere

[70] Vgl. Wucknitz (2002).

Mitarbeiterpotenziale freisetzen soll, für das Personalwesen selbst nicht zum Ziel der eigenen Weiterentwicklung geworden ist. Die Überlegungen der 90er-Jahre, das Personalwesen in Wertschöpfungscenter[71] zu transformieren, die unternehmensintern Managementleistungen und Serviceleistungen als Beiträge für höhere Unternehmensleistungen erbringen und auch für fremde Unternehmen Leistungen anbieten, haben bisher wenig Anklang in der Praxis gefunden.

Wie aber soll das Personalmanagement Mitarbeiterpotenziale finden, beurteilen, einsetzen, fördern und managen, wenn es mit der Entwicklung der eigenen Professionalität weit zurück ist? Wenn die Mitarbeiter im Personalbereich keine Genderkompetenz haben?

Wie kann es die klassische Personalfunktionen von der Personalstrategie bis zur Personalpraxis überhaupt wertschöpfend erfüllen, wenn von Personalvorständen bis zu Personalleitern und Personalreferenten hin das dazu notwendige unternehmerische Denken und Handeln wenig ausgeprägt ist und Genderkompetenz fehlt, wenn es um Steuerung der wichtigsten Produktionsfaktoren, der Frauen und der Männer, im Unternehmen geht?

Die großen Unternehmensberatungen stellen seit Jahren und immer wieder fest, dass europaweit bei etwa 75 Prozent der Unternehmen die Voraussetzungen für ein modernes Personalmanagement fehlen. Die wenigsten Unternehmen haben

- Verbindliche und veröffentlichte Personalstrategien
- Humankapitalbilanzen
- Intrapreneurshiporientierung[72]
- Nachweise über den Mehrwert des praktizierten Personalmanagements

[71] Rolf Wunderer hat 1992 die Umwandlung des Personalwesens in Wertschöpfungscenter propagiert.

[72] Die Entwicklung des Intrapreneurship als Managementaufgabe hat Isabell Welpe (1999) beschrieben.

Wenn zudem nur ein Viertel der Personalabteilungen überhaupt im Personalmanagement mit Zielsetzungen und Zielcontrolling arbeitet, dann ist erklärlich, dass ihre Effektivität zu gering ist und der Personalfaktor in den Unternehmensstrategien vernachlässigt wird.
Das Personalmanagement spielt daher bis jetzt zu Recht nur eine nachrangige Rolle in den Geschäftsberichten der Unternehmen und auch bei den internen Weichenstellungen für strategische Ausrichtung. Wiederholte Umfragen des Instituts für Innovationsforschung[73] belegen, dass die Zukunftsbranchen der nächsten 50 Jahre bereits heute vor einer zunehmend schwierigen Personalrekrutierung und -bindung stehen.
Die Zahl der offenen Stellen übersteigt selbst bei Vorzeigeunternehmen in einigen Regionen bereits die der Bewerber.
Kritisch ist die Situation bereits jetzt sowohl bei dem akademischen als auch technisch ausgebildeten Personal aus Biologie, Chemie, Medizin, Bioinformatik und Verfahrenstechnik. Wegen der aus Wettbewerbsgründen immer stärkeren Produkt- und Dienstleistungsorientierung dieser Zukunftsbranchen fehlt es auch an qualifizierten Fach- und Führungskräften für Produktion, Vertrieb, Marketing, Service und Relationship-Management[74]. »Blauäugig« und entsprechend sorglos steht das Personalmanagement vieler Unternehmen dieser bedenklichen Personalsituation in robusten Wachstumsbranchen gegenüber. Die Vereinigung deutscher Biotechnologieunternehmen (VBU) und ihrer börsennotierten Unternehmen erwarten einen Mehrbedarf an naturwissenschaftlichem und ingenieurwissenschaftlichem Personal von 20 Prozent, darin enthalten sind ein Drittel für Verwaltung- und Managementpersonal.
Auch in weiteren dynamischen Wirtschaftsbereichen gibt es

---

[73] Z. B. Herstatt & Müller (2002).

[74] Relationship-Management = Herstellung und Aufrechterhaltung von Beziehung zu Unternehmensinteressengruppen wie Kunden oder Investoren.

einen stetig wachsenden Personalbedarf und eine Verkleinerung des qualifizierten Bewerberpools, insbesondere auch auf der mittleren Kompetenzebene.
Der Faktor Personal limitiert so das Wachstum und die Fortentwicklung vieler Unternehmen, und dies ist offensichtlich wesentlich bedeutsamer als Produkt- und Marktfaktoren.
Die US-amerikanische Studie »Workforce 2000«[75] macht unter ihren Prognosen für die Entwicklung der Arbeitswelt auch die Aussage, dass die neuen Arbeitsplätze in den neuen Technologie- und Dienstleistungsstandorten indifferent sind gegenüber geografischen Standorten und demografischen Aspekten wie Alter, Nationalität oder Geschlecht und dass flexible Arbeitszeit, Teilzeitarbeit und Zeitarbeit die Regelfälle sind.

Das richtige Personalportfolio zu definieren und zu realisieren ist eine Leistung und in der Verantwortung des Personalmanagements. Daher wird das Personalmanagement auch angesprochen werden, wenn der quantitative und qualitative Personalengpass weiter eskaliert oder die Produktivität des Personals unzureichend ist.

Hinter den Kulissen wird jetzt schon hart um die guten und leistungsstarken männlichen und weiblichen Bewerber gekämpft.
Zu bedenken ist dabei, dass es für das Personalmanagement nicht zu schwer und nicht entscheidend ist, Gehaltsforderungen zu befriedigen, sondern den Bewerbern die gewünschten immateriellen Leistungen zu bieten.
Der interne und der externe Arbeitsmarkt sind die wesentlichen Aktionsfelder für das Personalmanagement. Hier müssen andere Such- und Aktivierungsstrategien entwickelt und erprobt werden. Vordringlich ist die Ausschöpfung aller personellen Ressourcen an jeder Stelle des Personalmanagementprozesses.

---

[75] Vgl. Friedman u. Krackhardt (1997).

Personalstrategen fragen sich:	Der **Personalverwalter** fragt sich:
• Wo bietet sich eine neue Möglichkeit? • Wie kann ich sie nutzen? • Welche Ressourcen benötige ich dazu? • Wie erhalte ich diese Ressourcen? • Welche Struktur ist am geeignetsten?	• Welche Ressourcen unterstehen mir? • Welche Struktur bestimmt die Beziehung unserer Organisation zum Markt? • Wie kann ich den Einfluss anderer auf meine Leistung minimieren? • Welche Möglichkeit ist am geeignetsten?

Abb. 26: Andere Fragen – andere Ergebnisse im Personalmanagement

Der Personalmanagementprozess wird von der strategischen Personalplanung und Personalbeschaffung bestimmt. In den vielen operativen Feldern, im Personalmarketing, bei der Personalauswahl, im Assessment-Center, im Personaleinsatz, bei der Personalführung, in der Personalentwicklung und bei der Personalleistungsbeurteilung sind dazu Innovationen einzuführen, die wirklich etwas anderes als das Übliche sind. Im internen Personalmanagement wäre das etwa die abteilungsübergreifende gezielte Suche nach männlichen und weiblichen Mitarbeitern, die unentdecktes Intrapreneurshippotenzial[76] haben. Auf dem externen Arbeitsmarkt wären es gezielte Personalmarketingmaßnahmen, welche die Kompetenzpotenziale von Männern und Frauen über 45 Jahren nicht ignorieren und diese Zielgruppe nicht ausschließen, wie es 60 Prozent der Unternehmen[77] tun, sondern ganz im Gegenteil diese wegen ihres besonderen Leistungsfaktors Erfahrung systematisch rekrutieren.
Mit den Möglichkeiten des Internets können überregionale

[76] Intrapreneure sind Mitarbeiter, die auch innerhalb eines Unternehmens und trotz seiner Beschränkungen mit ihrem persönlichen Innovationspotenzial handeln wollen.

[77] In Anzeigenkampagnen wird derzeit darauf aufmerksam gemacht.

Personalrekrutierungen auch ganzer Erfolgsteams betrieben werden.
Bei Großkonzernen wartet frustriertes Fach- und Führungspersonal, das reale Aufstiegschancen und Möglichkeiten für Mitunternehmertum sucht, auf seine potenzialorientierte Abwerbung.
Anstelle der immer noch üblichen grafologischen Gutachten bei der Bewerberauswahl für Führungspositionen müssen Assessment-Center für Spitzenmanager so selbstverständlich werden wie für das mittlere Management.
Eine effektive Personalführung verlangt, dass das Leistungsbeurteilungssystem für Führungskräfte ebenso selbstverständlich wird, wie es für Mitarbeiter bereits selbstverständlich ist. Und eine zielorientierte Personalentwicklung kann schließlich nicht ohne den Aspekt des »Return on Employee Development[78]« erfolgen.

Mit Genderblicken auf ...

- ⇨ **Personaldaten**
- ⇨ **Personalstrategien**
- ⇨ **Personalmanagementprozesse**
- ⇨ **Karrieremanagement**
- ⇨ **Arbeitsorganisation**
- ⇨ **Anreizsysteme und Gehälter**
- ⇨ **Kommunikationsstrukturen**
- ⇨ **Hierarchie und Statusgruppen**
- ⇨ **Leistungsmanagement**

... finden Sie mehr Leistungspotenziale

Abb. 27: Genderblicke im Personalmanagement

---

[78] Return on Employee Development bedeutet, dass das Unternehmen die Kosten, die ihm durch die Qualifikation der Mitarbeiter entstehen, als bessere Leistungen zurückerhält.

Innovative Einzelaktivitäten im Personalmanagement sind reizvoll und nützlich, in der heutigen Situation reichen sie jedoch nicht aus, um die teuersten Produktionsfaktoren, die zudem sehr schwierig zu beschaffen und zu binden sind, die qualifizierten Männer und Frauen, für die Unternehmen zu bewerben, zu finden und zu gewinnen. Wenn man zudem bedenkt, dass der Anteil der Personalkosten an den Gesamtkosten eines Unternehmens **70 Prozent** und mehr betragen kann, so ist die Forderung nach einem innovativen und unternehmerischen Personalmanagement zwingend. Die Aufforderung an Personalvorstände und an ihre nachgeordneten Führungskräfte, Nachweise zu erbringen, dass das von ihnen verantwortete Personalmanagement auch einen ökonomischen Mehrwert schafft, ist nur eine Frage der nächsten Zeit.

Das Innovationspotenzial für ein wertschöpfendes Personalmanagement kommt aus drei Quellen: Alle resultieren aus der Verschiedenheit der Mitarbeiter, die individuell und kulturell verschieden sowie männlich und weiblich sind.

Bisher gibt es für ein Personalmanagement, das an den individuellen Unterschieden ansetzen kann, **keine** Grundlagen. Auf ein individualisiertes Personalmanagement werden Unternehmen sehr lange warten müssen.

Bessere Ansätze gibt es für das Diversitätsmanagement, bei denen überwiegend soziokulturelle Unterschiede, die sich auf Sitten und Normen beziehen, bedacht werden müssen. Für das Management kultureller Mentalitätsunterschiede **fehlt** auch eine ausreichende Wissensbasis. Das **größte** Innovationspotenzial für die aktuelle Reorganisation der Personalmanagementprozesse liefert Gender, weil darüber jetzt schon viel Wissen vorliegt. Auf der soliden Wissensbasis über die Unterschiede zwischen Männern und Frauen ist es für das Personalmanagement nicht nur möglich, in allen operativen Feldern Innovationen einzuführen, sondern *fachlich* geboten.

Mit Genderaspekten können Unternehmen auch zu den

überfälligen Innovationen kommen: zu attraktiven Arbeitsbedingungen und besonderen Arbeitsformen, spezifischen Kompetenzprofilen und neuen Beurteilungsverfahren, differenzierterer Mitarbeiterführung und anderen Führungskompetenzen, neuen Inhalten und neuer Didaktik[79] in der Personalentwicklung und zu innovationsorientierten Anreizsystemen.

In der Praxis muss das Personalmanagement dann seine Funktionen »gendern«. Was dazu in einem Unternehmen im Einzelnen getan werden muss, in welchem Ausmaß und an welchen Ansatzpunkten die notwendigen Veränderungsprozesse beginnen müssen, hängt vom Entwicklungsstand des Unternehmens zur Genderfrage ab.

Mit einem Selbstcheck und durch einen Vergleich mit dem Entwicklungsstand anderer Unternehmen können Unternehmen beurteilen, wie weit sie im Gendermanagement fortgeschritten sind.

Dazu lassen sich Best-Practice-Vergleiche anstellen. Wenn man die Skalen aus einer Best-Practice-Datenbank[80] heranzieht, kommt man zu ersten wichtigen Einschätzungen und weiterführenden Erkenntnissen.

Der Selbstscheck **»Wo stehen wir mit Gender?«** enthält fünf Fragen:

[79] Didaktik bezeichnet die Lehre von spezifischen Unterrichtsformen und Seminarkonzepten.

[80] Die Beratungsgesellschaft A-Andersen erstellte »Global Best Practices« mit den hier genannten Skalen und Statusbezeichnungen I–V, die wir erweitert haben.

1. Haben wir überhaupt eine Idee davon, was Gender ist, oder davon, dass andere Unternehmen Gender eingeführt haben?

Ja ☐ Nein ☐

Lautet die Antwort »Nein«, dann ist das Unternehmen im »Stand der Naivität«.

STATUS I
Innocence
und
unbewusste
Inkompetenz

- Es ist naiv.
- Es ist unbewusst inkompetent.
- Es hat deutliche Wettbewerbsnachteile.

2. Sind wir ganz allgemein darüber informiert, dass Gender eine Rolle spielt im Personalmanagement und dass andere Unternehmen Gender eingeführt haben?

Ja ☐ Nein ☐

Lautet die Antwort »Ja«, dann ist das Unternehmen aufmerksam geworden.

STATUS II
Awareness
und
bewusste
Inkompetenz

- Es hat Gender notiert.
- Es ist bewusst inkompetent.
- Es hat Wettbewerbsnachteile.

3. Haben wir Wissen über Gender und Pläne für eine Personalstrategie Gender?

Ja ☐ Nein ☐

Lautet die Antwort »Ja«, dann hat das Unternehmen begriffen, welche Erfolgspotenziale in der Anwendung von Gender im Personalmanagement liegen.

- Es versteht Gender.
- Es ist bewusst und teilweise kompetent.
- Es hat Schwächen im Wettbewerb.

STATUS III
Verstehen
und
Teilkompetenz

4. Haben wir Gender in die Praxis des Personalmanagements eingeführt?

Ja ☐ Nein ☐

Lautet die Antwort »Ja«, dann ist das Unternehmen umsetzungsstark.

- Es praktiziert Gender.
- Es ist genderkompetent.
- Es kann sich mit seinen Wettbewerbern vergleichen.

STATUS IV
Handlung
und
bewusste
Kompetenz

5. Haben wir mit unserem genderbasierten Personalmanagement nachweislich den Humankapitalwert und damit den Unternehmenswert gesteigert?

Ja ☐ Nein ☐

Lautet die Antwort »Ja«, dann hat sich das Unternehmen einen realen Wettbewerbsvorteil verschafft.

STATUS V
Exzellenz
und
unbewusste
Kompetenz

- Es hat Gender in sein Unternehmen integriert.
- Es praktiziert Genderexzellenz selbstverständlich und muss darüber nicht mehr nachdenken.
- Es hat eine Führungsfunktion im Wettbewerb.

Wenn das Unternehmen bei seinem Selbstcheck feststellt, dass es den Status V »Exzellenz« noch nicht erreicht hat, sondern sich in den Stadien I, II, III, IV befindet, muss es passende Ansatzpunkte und Zielsetzungen für die notwendigen Veränderungsprozesse identifizieren.
Vor konkreten Maßnahmen und Aktivitäten ist festzustellen, auf welchen Ebenen zu beginnen ist oder welche weiterentwickelt werden sollen.

Ebene Strategie?

Ist eine Personalstrategie Gender entwickelt worden?

Ist die Übereinstimmung zwischen Unternehmensstrategie und der Personalstrategie Gender herzustellen?

Ebene Prozesse?

Sind die Personalmanagementprozesse zu gendern?

Ebene Praxis? – Ist das Gendermanagement praxisgerecht durchzuführen?

Ebene Controlling? – Ist der Wertzuwachs im Unternehmen durch richtiges Gendermanagement nachzuweisen?

Die Entscheidung eines Unternehmens, die Personalprozesse zu gendern, ist auch eine Entscheidung über die Weiterentwicklung der Unternehmenskultur. Den Erfolg des Gendermanagements bewirkt eine beliebige Maßnahme ebenso wenig, wie eine beliebige Maßnahme zum Markterfolg führt. Das Erfolgsprogramm folgt auch hier den bewährten Schritten in Veränderungsprozessen.

1. Schritt – **Klarheit** – Das Personalmanagement klärt, welche Auswirkungen die Personalstrategie Gender auf das Personal hat.

2. Schritt – **Bewertung** – Das Personalmanagement erstellt eine Kosten-Nutzen-Analyse für die Personalstrategie Gender.

3. Schritt – **Entwicklung** – Das Personalmanagement entwickelt Genderprogramme und Erfolgsmaße.

4. Schritt – **Umsetzung** – Das Personalmanagement setzt die Genderprogramme in konkrete Maßnahmen und Veränderungen um.

5. Schritt – **Controlling** – Das Personalmanagement begleitet die Umsetzung und prüft die Wirkung der Genderprogramme mit Erfolgskennzahlen.

Damit leistet das genderbasierte Personalmanagement seinen Beitrag zur Unternehmensinnovation und führt mit der Erschließung und Nutzung der Genderpotenziale die Reform des Personalwesens ein.

Take away!

1. **Die Reform des Personalwesens beginnt mit der Einführung von Gender.**
2. **Führen Sie einen »Selbstcheck« durch zur Frage »Wo stehen wir mit Gender?« und stellen Sie Ihre Position im Wettbewerb fest.**
3. **Führen Sie Gender in die Strategie, die Struktur, die Abläufe, Systeme und Instrumente der Personalarbeit ein. Beenden Sie ein beschauliches und marktfernes Personalmanagement und bestehen Sie auf Innovationen durch Gendermanagement.**

14

Kein Mismatch im Personalmarketing

Alle Unternehmen haben Probleme, Profitprobleme, Produktprobleme, Kundenprobleme und natürlich Personalprobleme. *Wer passt zu uns?* Wie bekommen wir und behalten wir die besten Leute für unsere Branche? Das Personalmarketing ist hier zuerst gefragt. Personalmarketing heißt keineswegs, dass Unternehmen Personal vermarkten. Unternehmen vermarkten sich selbst und ihre Arbeitsplätze. Aber wer unter den vielen fähigen Menschen verkauft dem Unternehmen sein Potenzial und ein Stück Lebenszeit? Und wen von den vielen Menschen umwirbt ein Unternehmen? Und wie kommt es zu einem aussichtsreichen Kontakt zwischen beiden? Hinter diesen einfachen Fragen stehen komplizierte Vorgänge. Wie kann ein Unternehmen gerade die Menschen erreichen, die es für sich gewinnen will? Lesen Sie die folgende Bewerbung …

Die Bewerbung
France de Lagarde

»Ich komme auf Ihre Anzeige, Madame.«
»Fein«, sagte die Personalchefin, »nehmen Sie Platz. Wie heißen Sie?«
»Batier, Bernard Batier.«
»Herr oder Herrlein?«
»Herr.«
»Und Ihr Geburtsname?«
»Duplat.«
»Herr Batier, ich muss Ihnen leider sagen, dass wir zurzeit wenig an verheirateten Männern interessiert sind. In Frau Palonceaus Abteilung, wo der Posten frei ist, sind

bereits mehrere Angestellte auf Vaterschaftsurlaub. Natürlich, junge Ehepaare möchten gern Kinder haben, aber die Abwesenheit junger Väter ist eben doch ein Problem für den Geschäftsablauf.«

»Ja, das verstehe ich, wir haben schon zwei Kinder und wollen keine mehr. Im Vertrauen gesagt« – Herr Batier errötete und senkte die Stimme, – »ich nehme die Pille.«

»Gut, dann also weiter. Was haben Sie für eine Schulbildung?«

»Ich habe die mittlere Reife und einen Handelsschulabschluss mit Stenografie und Maschinenschreiben. Ich hätte gern das Abitur gemacht, aber wir waren vier Kinder daheim, und meine Eltern wollten, dass die Mädchen studieren, was ja auch ganz natürlich ist.«

»Wo waren Sie zuletzt beschäftigt?«

»Ich habe nur gelegentlich gearbeitet, um mehr Zeit für die Kinder zu haben.«

»Was macht Ihre Frau beruflich?«

»Sie ist Werkmeisterin in einer Metallbaufirma. Aber sie bereitet sich auf ihre Ingenieurprüfung vor, damit sie später die Nachfolge ihrer Mutter antreten kann, die das Unternehmen gegründet hat.«

»Nun kehren wir wieder zu Ihnen zurück. Wie sind Ihre Gehaltsvorstellungen?«

»Ja, wissen Sie …«

»Wenn ich Sie recht verstehe, hat Ihre Frau eine gute Position, und Sie arbeiten eigentlich nur nebenbei, für die Extras sozusagen, nicht wahr? Taschengeld für Kleidung und Ähnliches, was eben junge Männer so haben möchten. 1300 Franc können wir Ihnen als Anfangsgehalt bieten, dazu ein 13. Monatsgehalt, Kantinenessen zu fünf Franc und eine Prämie für regelmäßiges Erscheinen. Unsere Frau Direktor hat diesen Bonus eingeführt. Sie findet, das hebt die Arbeitsmoral der Belegschaft und hält die Leute davon ab, dass sie wegen jeder Kleinigkeit fehlen. So konnten wir bei unseren Herren die Abwesenheitsquote

um die Hälfte senken. Aber freilich gibt es immer einige, die zu Hause bleiben, weil das Baby angeblich Husten hat. Wie alt sind denn Ihre Kinder?«
»Sechs und vier Jahre. Beide gehen zur Schule. Ich hole sie jeden Tag nach Dienstschluss ab, bevor ich die Einkäufe erledige.«
»Und wenn Sie mal krank sind?«
»Dann kümmert sich ihr Großvater um sie. Er wohnt bei uns in der Nähe.«
»Ausgezeichnet, haben Sie vielen Dank, Herr Batier. Sie werden in den nächsten Tagen von uns hören.«

Voller Hoffnung verließ Herr Batier das Büro. Die Personalchefin sah ihm nach. Batier hatte kurze Beine, ging leicht gebeugt, und sein Haar war schon ziemlich schütter.

»Frau Palonceau kann kahlköpfige Männer nicht ausstehen«, dachte sie. »Sie hat gesagt: Am liebsten wäre mir ein großer Blonder, gut aussehend und Junggeselle … Und Frau Palonceau wird nächstes Jahr in die Direktionsetage aufsteigen.«

Drei Tage später erhielt Bernard Batier, geborener Duplat, einen Brief, der begann: »Zu unserem Bedauern…«

Beim Personalmarketing geht es keineswegs immer nur um den Kampf um die »Besten« bei den Unternehmen. Alle potenziellen Bewerber sollten sich auch beim Unternehmen bewerben wollen. Manches Personalmarketing hat dazu bereits teilweise ein ausgeklügeltes Verfahren. Personalreferenten im Direktmarketing an den Hochschulen, welche die vielversprechendsten Talente auf dem Markt angehen wollen, bringen dazu reichlich »Studentenfutter« mit. An Studentinnen wird dabei noch nicht besonders gedacht. Das Studentenfutter ist reichhaltig, das hat die deutsche Gesellschaft für

Personalführung herausgefunden. Die Unternehmen präsentieren sich von ihrer besten Seite, vergeben, bezahlen und prämieren Diplomarbeiten, bieten Arbeitsverträge auf Probe, veranstalten Hochschultage in Unternehmen und bieten Personalvorstände zum Anfassen und Kamingespräche mit erfolgreichen Trainees. Die Marketingbotschaft heißt: »Wir sind besser als andere Unternehmen und suchen die Besten.« Unter den Gesetzen des Wettbewerbs und des Marktes sollen qualifizierte Menschen das eigene Unternehmen als das attraktivste von allen wahrnehmen.

Die üblichen Marketingstrategien nach außen und nach innen sind natürlich keineswegs die besten Marketingstrategien. Wieder ist ihr Blick verengt auf »**den** Bewerber«. Wieder **fehlt** der Genderblick. Die Zielgruppen sind ja nicht abstrakte Bewerber, sondern qualifizierte Frauen und Männer. Die sollen kommen und bleiben, ihre Talente optimieren und den Erfolg des Unternehmens dazu. Das kann dann geschehen, wenn Frauen und Männer und das Unternehmen zusammenpassen. Bis dahin ist es noch ein weiter Weg.

Die meisten Personalleiter sind gute Personalverwalter und schlechte Personalstrategen. Sie lesen zu wenig und wenig Neues. So können sie nicht fündig werden, wenn es um den neuen Personalmarketingaspekt Gender geht. Personalmanager fragen immer wieder nach einer praktischen Theorie, die es ja nicht gibt. Sie suchen nach Ratschlägen und Hinweisen bei Kollegen, wie man ein besseres Personalmarketing zuwege bringt.

Aber auch deren Stand des Wissens ist nur der gegenwärtige Stand des Irrtums im Personalmanagement bei uns. Denn wer liest hier schon Bücher über die Neuorientierungen in der Ökonomie oder nutzt die Ergebnisse der Genderforschung? Personalleiter, Personalmanager und Personalberater verlangen von Bewerbern das als Qualifikation, was sie selbst oft nicht bieten: neues Wissen.

Wer unter Bewerbungsabsichten die Stellenanzeigen in der Süddeutschen Zeitung vom 14./15. Juni 2003 durchgesehen hat und gefragt würde, ob die Stellenanzeigen bewerberorientiert sind, der würde verneinen. Keine der Anzeigen war unter Genderaspekten bewerberorientiert. Hier lesen Sie eine reale Stellenanzeige[81], wie sie zu Hunderten in den Wochenendausgaben in den überregionalen Zeitungen zu finden sind.

Management Solution

Vertriebsleiter Deutschland

Unser Klient ist ein international sehr erfolgreicher Produzent von Mineralstoffen zur Weiterverarbeitung. Für den konsequenten Ausbau der Marktposition und zur Intensivierung der Kundenbeziehungen suchen wir jetzt den Leiter Vertrieb für eine spezifische Branche. Wir beschreiten in unseren Marktsektoren innovative Wege.

Sie haben eine abgeschlossene kaufmännische Ausbildung und zusätzlich fundierte technische Kenntnisse erworben. Des Weiteren verfügen Sie über Erfahrungen im Vertrieb von erklärungsbedürftigen technischen Produkten und Produktlösungen. Ihre Arbeit ist markt-, kunden- und ergebnisorientiert. Sie besitzen Verhandlungsgeschick und die Fähigkeit, moderne Managementinstrumente adäquat einzusetzen. Als Führungskraft überzeugen Sie durch Ihren Teamgeist und Ihre kommunikativen Fähigkeiten. Sichere Englischkenntnisse, Eigeninitiative und Durchsetzungskraft runden Ihr Profil ab.
Wenn Sie eine Menge bewegen wollen und eine anspruchsvolle, ausbaufähige Aufgabe suchen, steht Ihnen für weitere Informationen Frau … bei der von uns beauftragten Personalberatungsgesellschaft … Holding AG, Niederlassung … zur Verfügung.

SZ Nr. 135, 14./15. Juni 2003

---

[81] Namen und Anschriften gelöscht.

Männliche und weibliche Bewerber lesen vermutlich alle relevanten Stellenanzeigen, bevor sie sich für eine Bewerbung entscheiden. **Die Stellenanzeige trennt in Bewerberaugen bereits die interessanten von den uninteressanten Stellen. Interessant ist, was die Person anspricht und viel versprechend zu sein scheint.**

Schauen wir mit dem Genderblick auf diese Stellenanzeige. Unsere Stellenanzeige sucht einen Mann. Eine Betriebswirtschaftlerin wird nicht gewünscht. Für das anzeigende Unternehmen werden so 50 Prozent des Potenzials, das auf dem Markt ist, ausgeschlossen. Warum? Wir unterstellen keinen Vorsatz, sondern nehmen einfach Ignoranz der beauftragten Personalberatungsgesellschaft an. Dem genderblinden Unternehmen kann das natürlich auch nicht auffallen. Die eigene Inkompetenz im Personalmarketing ist ja unbewusst. Das Unternehmen und die Personalberatungsgesellschaft sollten jedoch wissen, dass Betriebswirtschaftlerinnen bessere Studienabschlüsse haben, schneller studiert haben und es dazu etwa gleich viele weibliche wie männliche Bewerber gibt.

Fakt 1: Verluste durch fehlendes Gender-Know-how

Im Gegensatz zu ihren männlichen Kollegen, die »fight and flight«[82] bei Stress und Konflikt mit Kunden bevorzugen, benutzen Frauen ihre bessere emotionale Intelligenz auch bei Kundenproblemen. Empathisch zuhören und sachorientiert fragen, Stimmungen in Kundenbeziehungen verstehen und steuern, die eigenen Gefühle dabei erkennen, sich in schwierige Kunden einfühlen können, das senkt die Transaktionskosten im Kundengeschäft. Die Stellenanzeige berücksichtigt das Alltagswissen, dass mehr Frauen beziehungskompetenter sind, nicht. Wer bei Spezialaufgaben auf Spezialisten verzichtet, versteht nicht genug vom Personaleinsatz.

[82] Kampf und Flucht.

Fakt 2: Verluste durch Verzicht auf die Spezialistin für Beziehungsmanagement

Der gewünschte Vertriebsleiter soll als Führungskraft durch Teamgeist und kommunikative Fähigkeiten überzeugen und Eigeninitiative ergreifen.
Unsere Stellenanzeige sucht den Leiter für den Bereich Vertrieb. Er soll Kundenbeziehungen in einer spezifischen Branche intensivieren und innovative Wege im Markt beschreiten. In der Vertriebsbranche und bei männlichen Vertriebsingenieuren hat es sich lange herumgesprochen, dass Frauen im Vertrieb so erfolgreich sind, dass dies neidlos von ihren männlichen Kollegen anerkannt wird. In Vertriebsteams sind daher Frauen sehr gesucht, weil sie Umsatz und Profit bei ihren meist männlichen Kunden steigern. Das ist unzweideutig zu verstehen. Wenn es dazu noch um die Verbesserung von Kundenbeziehungen geht – wo ist es wahrscheinlicher für das Unternehmen, Potenzial zu finden, als bei Frauen?
In der Qualität des Beziehungsmanagements übertreffen viele Frauen viele Männer. In den Stresssituationen mit Kunden tendieren weibliche Vertriebsingenieure dazu, Gespräche und Verhandlungen mit kooperativen Strategien aufrechtzuerhalten.
Der Klient der Personalberatungsgesellschaft sucht weiterhin eine Führungskraft mit Teamgeist, Kommunikationsfähigkeiten, Eigeninitiative und Durchsetzungskraft. Das hier annoncierende international tätige Unternehmen würde sicher nicht zugestimmt haben, dass eine Vertriebsleiterin von vornherein durch das Marketing kategorisch ausgeschlossen wird, hätte es den Überblick über die aktuellen Entwicklungen im Personalrecruiting und wüsste es, was hier auf der Höhe der Zeit, anders als früher, getan werden kann. Clevere Praktiker lesen, was praxisorientierte Theoretiker für Unternehmen erforschen. Der Blick in die Zeitschrift für Arbeits- und Organisationspsychologie hätte leicht informiert, dass sich männliche und weibliche Manager auf wichtigen Dimensionen der Managementleistung nicht unterscheiden. Die Fähigkeit zur

Mitarbeitermotivation, die Sanktionsbereitschaft, das Konfliktmanagement und die Mitarbeiterbeurteilungskompetenz haben Männer und Frauen in Führungspositionen gleichermaßen.

Wenn das Unternehmen nun nicht zuerst einer organisationspsychologischen Fachzeitschrift glauben will, sondern lieber den gegenwärtigen Meinungsbildnern in der Führungslehre, dann hätte die Personalberatungsgesellschaft auf die St. Gallener[83] Führungsliteratur zu Frauen im Management verweisen können. Traut das Unternehmen dagegen nur Taten und nicht Worten, so hätte es auf europäische und deutsche Fachkonferenzen hingewiesen werden können, die das Bundeswirtschaftsministerium mit deutschen und internationalen Konzernen und Mittelstandsunternehmen durchführt. Ziel ist Benchmarking[84] zum Standort Deutschland unter der Frage, ob der Produktionsfaktor »Mensch« optimal genutzt wird und wo ungenutzte Potenziale liegen.

Dass es die Frauen in der Wirtschaft sind, erklärt nicht nur der Vorstandssprecher der Kreditanstalt für Wiederaufbau, die diese Fachkonferenzen mitfinanziert, sondern das sagen auch viele große deutsche Unternehmen wie BASF, Schering, Siemens oder Telekom. Sie entwickeln erste genderorientierte Aktivitäten im Personalmanagement, um keine Möglichkeit zur Potenzialnutzung zu übersehen. Besondere Zielgruppen sind Frauen in Führungspositionen. Das Unternehmen könnte seine internationale Marktposition, wie es in der Anzeige gewünscht wird, ausbauen, wenn es das verfolgt, was Zanussi in Italien, Xerox in Großbritannien, Center Parcs in Belgien oder Ericsson in Schweden, heute weltweit, aus Wettbewerbsgründen, unter Innovationsdruck und unter der Zielsetzung Effizienzsteigerung schon länger tun:

---

[83] Die Hochschule St. Gallen ist renommiert für Managementführung und -lehre.

[84] Benchmarking: Vergleich mit den Besten.

Auf mehr Frauen im Management setzen

Hätte das Unternehmen auch noch gewusst, dass es zudem noch Kosten sparen kann, wenn es auch eine Vertriebsleiterin als Kandidatin akzeptierte, dann hätte es die Anzeige sicher nicht so veröffentlichen lassen, wie wir sie gelesen haben.

Bei einer Vertriebsleiterin ist eine höhere Produktivität, mehr Effizienz, mehr Identifikation mit Unternehmenszielen wahrscheinlicher, so sagt es die Fachliteratur. Nicht mehr nur wahrscheinlich, sondern sicher ist, dass das Unternehmen einer Vertriebsleiterin für eine bessere Managementleistung weniger Geld bezahlen muss und sie mit einem kleineren Firmenauto zufrieden ist. Noch sind Frauen im Management billiger als Männer.

Ein konkretes Fallbeispiel aus unserem Bekanntenkreis: Eine junge Ingenieurin ist die erste und einzige Niederlassungsleiterin bundesweit unter zwölf männlichen Niederlassungsleitern. Bei den Gehaltsverhandlungen erhält sie 20 Prozent weniger als die männlichen Kollegen, wie sie später feststellt. Sie selbst begnügt sich mit einem kleineren Firmenwagen, wählt einen Audi A3 anstatt des A4, den alle männlichen Niederlassungsleiter gewählt hatten. Es war für sie nicht wichtig, den größeren Dienstwagen zur Aufgabenerfüllung zu haben. In drei Jahren kostet die weibliche Niederlassungsleiterin die Firma, bei einem angenommenen Jahresgehalt von 80.000 Euro für einen männlichen Niederlassungsleiter, 48.000 Euro (20 Prozent) weniger. Die Kostenersparnis ist noch größer, wenn man die geringeren Pkw-Kosten für den kleineren A3 mit einrechnet.

Das Unternehmen hätte mit der Kostenersparnis eine weitere Person für ein Jahr bezahlen können. Das hätte jeden Controller erfreut.

Fakt 3: Monetäre Verluste. Das Unternehmen hat weniger Leistung für mehr Geld eingekauft, weil es keine Genderstrategie hat.

Eine interessierte, qualifizierte und karriereorientierte Betriebswirtschaftlerin wird sich auf diese Anzeige nicht bewerben. **Das Unternehmen ist zu schlecht für sie.** So muss das Unternehmen mit den zweitbesten Bewerbern zufrieden sein. Wird das Unternehmen gefragt, warum es in seiner Branche eine Unterdeckung bei weiblichen Führungskräften gibt, wird es einfach sagen: Es haben sich ja keine beworben.

Die richtige Antwort ist aber: Wir kannten die richtige Personalmarketingstrategie nicht.

Wenn man viele Goldfische angeln will, muss man viele Goldfische anlocken. Nur aus einem großen Pool kann man erfolgreich fischen.
Al Ries und Jack Trout aus New York sind weltweit bekannte Marketingexperten. Seit 25 Jahren analysieren sie die Prinzipien des Marketings und formulieren einfache Marktgesetze für die Praxis. Unter den 22 Geboten für das Marketing sind auch einige, die man im Personalmarketing für Gender anwenden kann.
Die ersten drei Gebote sagen: »Seien Sie der Erste!«, »Machen Sie etwas Neues!«, und »Dringen Sie in das Gedächtnis der Kunden ein!« Die Gebote fünf und neun empfehlen: »Setzen Sie auf ein Schlagwort!«, und »Seien Sie anders!«
Sie sind im Personalmarketing weder Erster, noch ist es neu, wenn Sie »unserer Anzeige« dem Vertriebsleiter (m/w) hinzufügen. Das ist bereits ein Standard, den mehr als 50 Prozent der Unternehmen beachten. Es ist auch nicht neu, zu schreiben, dass sie Frauen besonders zur Bewerbung auffordern. Sie können jedoch das erste Unternehmen sein, das in seinen Anzeigen das Schlagwort **»Genderexzellenz«** benutzt. Sie werden in das emotionale Gedächtnis des potenzi-

ellen Bewerbermarktes eindringen, wenn Sie »Gender und Fairness mit Führungspositionen« verbinden.
Und einen richtigen Marketing-Coup landen Sie im Wettbewerb dann, wenn Sie noch etwas ganz anderes anzeigen: **Frauen im Management erhalten dasselbe Gehalt wie unsere Männer im Management**. Seien Sie sicher. Die besten Frauen werden sich bei Ihrem Unternehmen bewerben. Und nicht die schlechtesten Männer. Das Gebot, Erster oder anders zu sein, erschreckt die meisten Unternehmen ebenso wie die meisten Menschen. Aber richtige Unternehmer wollen immer die Ersten auf dem Markt sein, nicht zuerst des Profits wegen, sondern zuerst wegen der Lust am Unternehmertum und dem Erfolg mit engagierten Frauen und Männern.

Was müsste man an »unserer Anzeige« verändern? Wenig, aber das Folgende ist hinzuzufügen, was sie sehr attraktiv machen kann:

Vertriebsleitung Deutschland

Wir suchen eine Führungskraft – Mann oder Frau

....
....

Wir beschreiten nicht nur in unseren Marketingsektoren innovative Wege. In unserem Unternehmen gibt es Genderexzellenz. Frauen im Management erhalten bei uns dasselbe Gehalt wie Männer im Management

....
....

In der modernen betriebswirtschaftlichen Sprache würde man das eine bewerberorientierte Gestaltung von Anzeigen nennen.

Take away!

1. **Betreiben Sie Ihr Personalmarketing mit dem Genderblick.**
2. **Werben Sie mit Genderexzellenz um potenzielle und beste männliche und weibliche Bewerber. Damit prägen Sie sich in das emotionale Gedächtnis im Bewerbermarkt ein!**

15

Gender im Assessment-Center

Die Frauen und die Männer mit dem besten Potenzial finden

Unternehmen existieren, um Leistungen zu erbringen, die einzelnen Menschen nicht möglich sind. Unternehmen bleiben dann bestehen, wenn ihre Menschen langfristig Leistungen gemeinsam erzeugen wollen und das auch können.
Die Existenzsicherung und Weiterentwicklung der Wirtschaft und der Gesellschaft hängen von ihrer Urteilsfähigkeit ab. Richtige Urteile über das, was erforderlich ist und mit welchen Mitteln Menschen Ziele erreichen können und Nutzen geschaffen wird, erfordern Klarheit über Beurteilungsmaßstäbe.
Im Personalmanagement werden Personen nach ihren Leistungen, ihrer Persönlichkeit und ihrem Verhalten beurteilt, Unternehmen nach den Ergebnissen in ihren Bilanzen. Personalbeurteilungen und Unternehmensbilanzen hängen mehr zusammen, als die meisten Controller je gedacht haben. Es sind die Menschen, die Frauen und Männer, die in Unternehmen arbeiten, welche die Unternehmensergebnisse produzieren. Die Beurteilungen von männlichen und weiblichen Bewerbern gehören so zu den alltäglichen und schwierigen Aufgaben des Personalmanagements und der Führungskräfte. Dafür gibt es verschiedene Gründe: Über Beurteilungsgrundlagen und Beurteilungsmaßstäbe besteht keine Einigkeit in Unternehmen. Zudem fehlt es vor allem an einer gemeinsamen Werteorientierung, die die Zusammenarbeit und die Führungsqualität leiten können. So willkürlich oft Werte in Unternehmen sind, so willkürlich sind oft auch die Beurteilungen darüber, was gut oder was schlecht ist für das Un-

ternehmen und sein Personal. Für Beurteilungen, die auf unsicherer Basis erfolgen, gibt es wenig Akzeptanz. So scheuen sich Führungskräfte davor, klare Beurteilungen auszusprechen. Feedbackgespräche bleiben oft diffus und werden lieber beurteilungspolitisch korrekt als sachgerecht geführt.

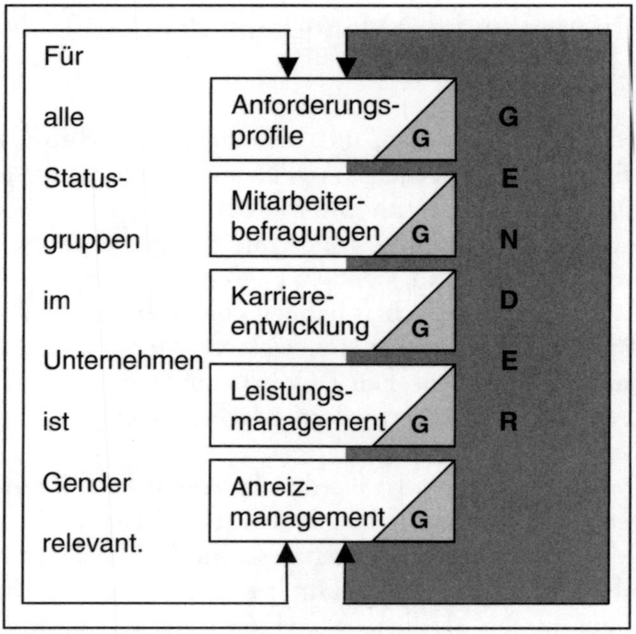

Abb. 28: Wichtige Anlässe für Beurteilungen mit Genderaspekten

Die Entscheidungen über die Anforderungsprofile für Positionen in Unternehmen und über die Struktur des Personalportfolios setzen Beurteilungen voraus. Bewerbungsinterviews und Assessment-Center (AC) zur Auswahl des Personals, Potenzialchecks für das Management-Development-Verfahren oder für Beförderungen enthalten ebenso karriereentscheidende Beurteilungsprozesse. Ohne richtige und akzeptierte Beurteilungen gibt es auch kein erfolgreiches Leistungs- und Anreizmanagement. Von der Professionalität der Personalauswahl hängt es ab, ob die richtigen Talente ge-

sucht, erkannt und gewonnen werden können. Zur Professionalität im Personalmanagement gehört das Gender-Know-how.
Eine der entscheidenden Stellen in Personalauswahlprozessen ist das Assessment-Center mit Interviews, Leistungs- und Persönlichkeitstests, Verhaltens- und Arbeitsproben oder Rollenspielen.

Jährlich finden in Deutschland etwa 10.000 zweitägige Assessment-Center statt. Dabei nehmen durchschnittlich zehn Personen teil. So unterziehen sich im Jahr 100.000 männliche und weibliche Bewerber einer solchen Potenzialbeurteilung. Trotz ihrer Verbreitung in vielen Unternehmen kritisieren sowohl Frauen als auch Männer die Qualität von Assessment-Centern. Fragwürdige Leistungsnormen, Eigeninteressen der Unternehmen, Gestaltungsmängel und Fehlurteile rufen häufig Unmut der Bewerber hervor.
Daher brauchen Assessment-Center eine besonders hohe Qualität. Ein Assessment-Center ist nämlich ein diagnostisches Managementinstrument, das in die Persönlichkeitsrechte eingreift. Es muss deshalb bei der Konstruktion, bei der Gestaltung, bei den Beurteilungsprozessen und beim Ergebnisfeedback eignungsdiagnostischen Kriterien genügen und diskriminierungsfrei sein. Jedes AC, das Genderaspekte nicht berücksichtigt, enthält fachliche Fehler, diskriminiert Männer und Frauen und beurteilt sie falsch. Für das Personalmanagement ist daher ein Assessmentverfahren, das in Gebrauch ist, unter Genderaspekten zu evaluieren und gendergerecht zu gestalten.
Unabhängig davon, ob die Anforderungsprofile, die Unternehmen für ihre Führungskräfte formulieren, überhaupt die richtigen sind, kann für alle Anforderungen gesagt werden, dass sie genderspezifisch überprüft werden müssen. Dabei reicht es nicht, von Alltagsansichten über Frauen und Männer auszugehen, sondern solides Wissen über Verhaltensunterschiede und deren Erscheinungsweisen bei Männern und Frauen ist hier gefragt.

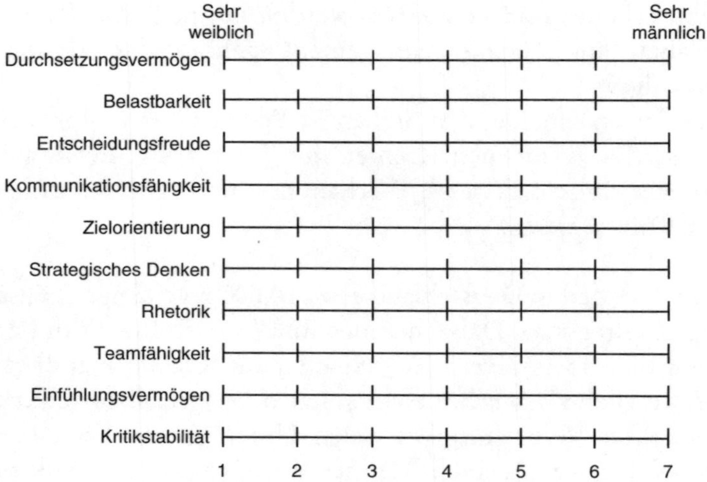

Abb. 29: Polaritätsprofil: Empfinden Sie diese Anforderungen an Führungskräfte als eher männlich oder eher weiblich? Markieren Sie Ihre Meinung.

Auch die männlichen oder weiblichen Beobachter und Beurteiler in ACs können nicht einfach ihre persönlichen Meinungen über Frauen und Männer benutzen oder ihre Spekulationen darüber, was männlich und weiblich ist, in ihre Beurteilungen einfließen lassen. Sonst haben wir statt der Urteile im AC die Bekräftigung von Vorurteilen über männliche und weibliche Bewerber. Wenn es um Personalentscheidungen geht, müssen Vorurteile kontrolliert werden. Nach Vorurteilen, die mit Gender einhergehen, muss besonders gesucht werden. Die meisten Menschen, so auch Beurteiler und Beobachter im AC, glauben nämlich, alles über Gender zu wissen. Man ist ja schließlich selbst Mann und Frau. Diese persönlichen Erfahrungen genügen selbstverständlich nicht für die Beurteilung anderer.

Daher soll eine Checkliste zu einem gendergerechten Assessment-Center weiterhelfen.

Das Personalmanagement kann diese *Checkliste für ein gendersensibles Assessment-Center* und die Lösungsvorschläge zur Weiterentwicklung nutzen.

Prüffragen	**Lösungsvorschläge**
1. Wie sieht die Führungsstruktur in Ihrem Unternehmen aus?	**1.** Erstellen Sie eine Genderstatistik über Ihre Führungskräfte auf allen Ebenen!
2. Wer entscheidet über die Personalstrategie und die strategischen Personalbeschaffungsmaßnahmen?	**2.** Machen Sie wieder eine Genderstatistik. Untersuchen Sie die Personalstrategie auf Aussagen zu Geschlechterrollen!
3. Welche Eigenschaften und Merkmale sollen Ihre Führungskräfte haben?	**3.** Interviewen Sie die männlichen und weiblichen Führungskräfte dazu getrennt!
4. Wie kommen die Führungskräfte in ihre Positionen?	**4.** Legen Sie die Karrierewege offen!
5. Wer ist an der Auswahl der Führungskräfte beteiligt?	**5.** Stellen Sie fest, welche Frauen und Männer es sind!
6. Welche Führungskompetenzen werden als männlich oder als weiblich angesehen?	**6.** Interviewen Sie die männlichen und weiblichen Führungskräfte dazu getrennt!
7. Wer konstruiert das AC und die Aufgaben?	**7.** Klären Sie auch das Gender-Know-how der externen Berater!
8. Sind die Aufgaben und Testverfahren gendertauglich?	**8.** Lassen Sie Aufgaben und Testverfahren von Genderexperten prüfen!
9. Wie sind Beobachter- und Beurteilerteams zusammengesetzt?	**9.** Nehmen Sie gleich viele Männer und Frauen in die Teams!
10. Haben Beobachter und Beurteiler Gender-Know-how?	**10.** Fügen Sie in die Beobachterschulung ein Modul »Gender« ein!
11. Wie kontrollieren Sie bei den Assessorenbeurteilungen den Genderbias?	**11.** Geben Sie den Assessoren eine gendersensitive Checkliste zu Beurteilungsfehlern!

Prüffragen	Lösungsvorschläge
12. Haben Sie bei Frauen im AC mehr Führungspotenziale gefunden als bei Männern?	**12.** Nehmen Sie alle Frauen in das Management-Development-Programm auf!
13. Haben Sie ein gendergerechtes Führungsprofil erstellt?	**13.** Nutzen Sie Ihre Genderkompetenz im Assessment-Center als Personalmarketinginstrument!

Die Einführung von Genderaspekten in ein Assessment-Center ist leicht, wenn es um die formale AC-Organisation geht. **Zwei nur formal scheinende Aspekte haben dabei auch weit reichende Konsequenzen für die Leistungsfähigkeit des ACs.**

In den Pool der Bewerber gehören gleich viele Frauen wie Männer. So stellen Sie sicher, dass Sie nicht von vornherein Potenziale ausschließen! Das Minimum für den Frauenanteil beträgt **37,5 Prozent**[85]. Erst dann können Sie mehr Talente finden.

In die Beobachter- und Beurteilergruppe gehören gleich viele Frauen und Männer. Damit stellen Sie sicher, dass Sie Urteilsfehler durch Genderblindheit oder Voreingenommenheit gegenüber männlichen und weiblichen Bewerbern vermeiden, kontrollieren oder ausgleichen können.

Die Feedbackgespräche, in denen den Bewerbern ihr persönliches AC-Ergebnis mitgeteilt wird, sollen von einem männlichen und weiblichen Beurteiler durchgeführt werden. Sie gewinnen damit eine bessere Ergebniskommunikation und Akzeptanz bei den Rückmeldegesprächen bei Frauen und Männern.

Aufwendiger ist die genderorientierte Gestaltung des Assessment-Centers. Das setzt das Überdenken des ACs voraus und kann nur unter der Anleitung von Genderexperten durchgeführt werden. Die qualitative Reorganisation des As-

85 Vgl. Valian (1997).

sessment-Centers beginnt am besten mit dem Verständnis der Dynamik, die sich im AC durch Genderaspekte ergibt. Richten Sie Ihr Augenmerk zuerst auf sich als Beobachter und überlegen Sie, welche Vorurteile in Ihre Beobachtungen eingehen und ob Ihre Beurteilungstendenzen auch davon bestimmt werden, ob Sie ein männlicher oder weiblicher Beurteiler sind. Ein psychologisches Grundgesetz ist, dass jeder Beurteiler in Beobachtungssituationen Informationen nur teilweise aufnimmt, sie persönlich bewertet und seinen Eindruck sehr persönlich bildet. Man beobachtet nur teilweise, übersieht Informationen, bewertet Informationen nach den eigenen Wertvorstellungen oder Zielsetzungen. Beobachtungen verbindet man mit seinen Erinnerungen und Erfahrungen und seinem Geschlecht.

Bei einer Untersuchung[86], wo man sich die Frage stellte, ob Frauen im Assessment-Center ein Gewinn sind, wurden wichtige Genderaspekte für das Personalmanagement aufgedeckt.

Frauen als Teilnehmerinnen und Frauen als Beobachterinnen sind ein Gewinn im Accessment-Center, wenn man als Erfolgskriterium des Assessments sieht, dass es das richtige Potenzial suchen und finden muss. Ohne Genderaspekte ist das unmöglich.

Im Assessment-Center kann man die richtigen Führungskräfte dann nicht finden, wenn es aufgrund seiner genderblinden Konstruktion zwangsläufig *bestimmte* männliche Bewerber bevorzugt. Ein Grund dafür ist, dass der Maßstab für Führungspotenzialmessung, der in der Privatwirtschaft noch immer gilt, sich am Stereotyp der »männlichen Führungskraft« ausrichtet. Unter Potenzialaspekten ist dieser Maßstab falsch. Er identifiziert unter männlichen Bewerbern lediglich die, welche dem männlichen Stereotyp am besten entsprechen. Dieser Maßstab ignoriert alle die männlichen Bewerber, die von diesem Stereotyp abweichen. Das sind auch die meisten Männer. So bekommen Unternehmen

---

[86] Neubauer hat sich 1990 mit der Praxis der Assessment-Center befasst und die zitierten Ergebnisse mitgeteilt.

regelmäßig immer wieder und mehr von demselben alten Typ Führungskraft und weniger von der Vielfalt der anderen und moderneren männlichen Führungskräfte. **Viele Männer mit Potenzial werden also durch den stereotypen Maßstab ausgesiebt.** Mit dem Stereotyp der »männlichen Führungskraft« werden männliche Bewerber bevorzugt und gefunden, deren Führungs- und Managementmotive Macht, Profilierung, Status, persönliche Karriere und materielle Belohnung sind.

Die internationale Männerforschung[87] hat diesen Managertyp als »Machtmann« klassifiziert. Unternehmen, die das Stereotyp »männliche Führungskraft« verwenden, finden im AC also nicht das natürliche Führungspotenzial, sondern mehr das Machtpotenzial, dazu Egoismuspotenzial und Opportunismuspotenzial. Das allerdings steigert weder die Unternehmensbilanz noch die Zufriedenheit im Unternehmen noch die Attraktivität des Unternehmens.

Falsch beurteilt werden natürlich ebenso Frauen, wenn das Stereotyp »männliche Führungskraft« verwendet wird. *Ist für viele männliche Bewerber dieser Maßstab nur eingeschränkt brauchbar, so ist dieser für Frauen noch unbrauchbarer.* Zudem bringt er weibliche Bewerberinnen im Assessment-Center in Verhaltensdilemmata. Für welche Verhaltensweisen oder Strategien sich Frauen bei der Lösung von AC-Aufgaben auch immer entscheiden, immer werden ihre Verhaltensweisen zweifach verglichen und überprüft, und sie sind wahrscheinlich dennoch unpassend in den genderblinden Beobachteraugen. **Ist das Verhalten der Frauen genug männlich?** Das betrifft die Frage nach dem Führungspotenzial. **Und ist ihr Verhalten auch weiblich genug?** Das betrifft die Frage, ob die Bewerberin um eine Führungsposition auch genug »Frau« ist. Mann und Frau zugleich sein oder abwechselnd so erscheinen zu müssen, das wird **nur** von Bewerberinnen verlangt.

[87] Der Organisationsforscher Kimmel hat 1994 männliche Managertypen in amerikanischen Unternehmen untersucht.

Zwischen männlichem Führungsbild und weiblichem Führungsbild müssen Frauen im AC sich überlegen, was jeweils erfolgreicher ist in ihren Präsentationen vor den männlichen und weiblichen Beurteilern. Diese wiederum müssen bei ihren Beobachtungen und Beurteilungen die Gratwanderung ihrerseits zwischen zwei Geschlechterstereotypen bewältigen. Um die zwiespältigen Situationen zu klären, hat das Personalmanagement keine andere Wahl, als das Assessment-Center qualifiziert zu gendern. Die hohe Bedeutung dieses zentralen und auch teuren Personalauswahlinstruments verlangt Genderqualität.

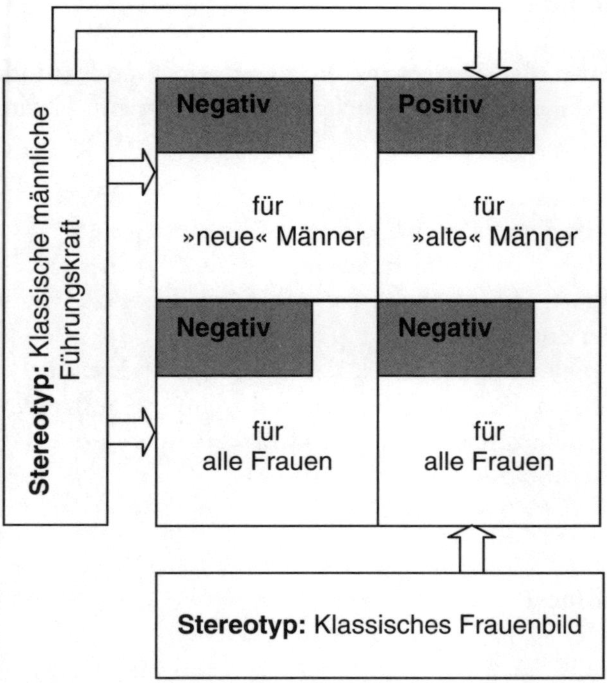

Abb. 30: Verlierer im genderblinden Assessment-Center

Im genderblinden Assessment-Center profitieren *die* männlichen Bewerber mehr, die, obgleich jung, *»alte«* Führungsmotive haben und dem Bild der klassischen Führungskraft entsprechen. Sie werden die alten Führungsstile in Unternehmen weiter praktizieren.

Wenn Unternehmen mit einem genderblinden Assessment die alten Führungsstile heraussieben und die neuen Führungspotenziale durch das AC-Sieb fallen lassen, dann sind die wirklichen Verlierer die Unternehmen selbst.

Das Personalmanagement kann mit drei Maßnahmen sofort Verbesserungspotenziale für das firmeneigene Assessment-Center erzeugen.

Maßnahme 1

Dazu führt das Unternehmen zuerst ein **Gendermodul** in seine Beobachter- und Beurteilerschulungen ein. Darin sind enthalten:

- Wissen über Wahrnehmungsverzerrungen und Beurteilungskonflikte, die durch Genderrollen, klassische Führungskonzepte und traditionelle Frauenbilder entstehen
- Beispiele für Mildeeffekte und Strengeeffekte, die bei der Beurteilung von Frauen und Männern auftreten
- Wahrnehmungstrainings und Bewertungstrainings für männliche Beobachter

Maßnahme 2

Die zweite Maßnahme betrifft die Zusammensetzung des Beurteilerteams. Die Assessmentforschung empfiehlt nachdrücklich, dass weibliche Beurteilerinnen in den Teams sind. Die Beurteilungsqualität im AC verbessert sich nachweislich. Männliche Beurteiler lernen in der Zusammenarbeit mit weiblichen Beurteilern ihre Beurteilungsmaßstäbe zu korrigieren und Frauen »objektiver« wahrzunehmen. Wenn gemischte Beurteilerteams im AC beobachten, dann schneiden weibliche Bewerberinnen so ab, wie es nach Noten und Abschlüssen zu erwarten war: Sie sind besser. In der klassischen Postkorb-Übung des ACs, einer Aufgabe, die den Posteingang einer Führungskraft simuliert und die nach Expertenmeinung konzeptionelles Denken, Entscheidungskraft und Organisationstalent erfasst, schneiden Frauen auf 90 Prozent der Beurteilungsdimensionen besser ab. Hier liegt ja offensichtlich das Führungspotenzial, das auf seinen Einsatz wartet. Dass bisher nicht mehr Frauen als Männer in die Management-Development-Programme kommen, ist wieder einem schlechten Personalmanagement und den dazu altmodischen Führungskräften, die nach dem AC die Auswahl mitbestimmen, zuzurechnen. Auch das beste genderorientierte AC kann nicht erfolgreich sein, wenn die männlichen Führungskräfte zuletzt nach persönlichem Gutdünken entscheiden, wer Führungskraft werden soll, und Aufstiegskandidaten nicht nach ihrem Potenzial, sondern passend zu ihrer Fasson auswählen. Das werden außer Frauen auch alle die männlichen Bewerber kritisieren, die zwar Potenzial haben, jedoch nicht in das Raster ihrer Chefs passen.

Maßnahme 3

Die dritte Maßnahme betrifft den Informationsfluss innerhalb der Personalentwicklungssysteme, die mit dem Assessment-Center zusammenwirken müssen. Die strategischen Personalbeschaffungsprogramme, die Personalentwicklungsprogramme, die Aufstiegsbeurteilungen und die individuellen Entwicklungsplanungen sind verbunden durch allgemeine Genderaspekte. Jedes Personalsystem hat zudem auch seine spezifischen Aspekte zu Frauen und Männern.
Wenn das Personalassessment genderbasiert konstruiert und durchgeführt werden soll, müssen alle anderen Personalsysteme mit eingebunden werden.

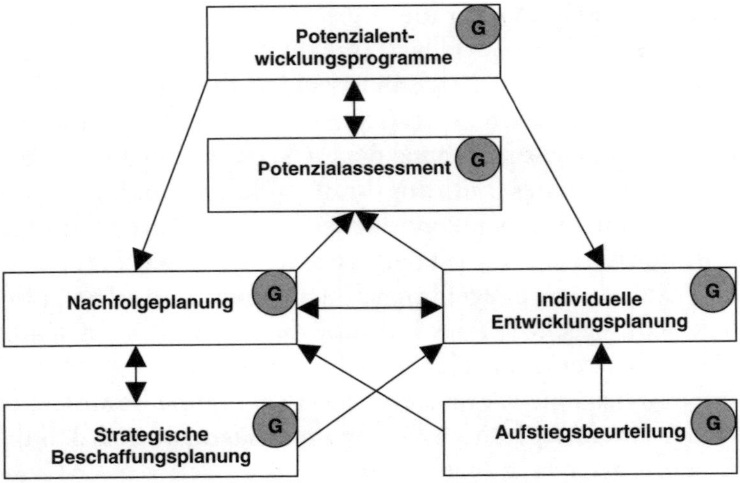

Abb. 31: Personalentwicklungssysteme rund um das Potenzialassessment, die Genderaspekte (G) enthalten

Assessment-Center sind ein Dreh- und Angelpunkt in der Personalauswahl. Wer hier mit dem Gendern anfängt, findet nicht nur die richtigen Potenziale, sondern auch den Einstieg in neue Ansichten und Einsichten im Personalmanagement.

Take away!

1. **Das Erfolgskriterium eines Assessment-Centers ist, dass es neue Potenziale findet. Machen Sie alle Frauen, die im AC besser sind als Männer, zu Führungskräften. Sie können sicher sein, dass Sie Gold herausgesiebt haben!**
2. **Nutzen Sie Ihr genderadäquates Assessment-Center im Wettbewerb um die besten Potenziale.**
3. **Führen Sie ein Gendermodul in die Beobachterschulung ein.**

16

Management-Development und Gender

»Think manager – think male and female too!«

»Think manager – think male.«[88] Das rief 1976 ein berühmter Harvard-Professor für Ökonomie den amerikanischen Frauen zu, die sich auf den Weg nach oben machen wollten. Er meinte das als präventive Maßnahme. Es galt den Frauen, die ihre Potenziale nicht in der privaten Haushaltsökonomie verschleudern wollten, die auch nicht im Junior-Management-Jobs dienen wollten, wo man ihre harmonisierenden Kräfte schätzte, sondern deren Ziel die Seniorpositionen und die Vorstandsetagen waren.
Scheins[89] Aufforderung von 1976 an Frauen gilt heute dem Personalmanagement. Es ist nämlich gedanklich im Verzug beim Management-Development (MD).
»Think manager – think male and female too.« Also Männer ins Management und Frauen ebenso!
Ein Personalmanagement, das das erreichen will, hat sich erst selbst noch genderspezifisch zu positionieren.
Wer soll Menschen führen und Prozesse managen im Unternehmen? Alle die, die Potenzial für die heutigen Führungsanforderungen haben. Über die Anforderungen für den Führungskräftenachwuchs, die in ein Management-Development-Programm gehen, haben sich Experten aus Wirtschaft und Wissenschaft Gedanken gemacht.

---

[88] »Wenn du an Manager denkst, denk männlich.«
[89] Prof. Schein ist heute Professor am Massachusetts Institute of Technology in Boston, USA.

Die Experten, alle männlich, kommen bei ihren Prognosen über die Zukunft der Personalführung zu dem Schluss, dass Führung zukünftig immer mehr die Form eines *psychologischen* Vertrags zwischen Führungskräften und ihren Mitarbeitern annimmt. Die Steuerung der Psychodynamik in den unterschiedlichsten Zielgruppen im Unternehmen gewinnt an Bedeutung. Die Fähigkeit, die rationale und emotionale Konsensbildung mit individuellen Mitarbeitern und unterschiedlichen Teams zu erreichen, wird wesentlich stärker gefragt werden. Erheblich mehr Zielkonflikte werden wegen der weiteren ökonomischen Nutzung des Humankapitals und bei sinkenden Karrierechancen zu lösen sein. Die Komplexität der Unternehmensumwelten verlangt mehr, als mit traditionellen Führungsprinzipien zu steuern und zu managen ist.
Die Netzwerks- und Informationswirtschaft zwingt vor allem zu *Verhaltensinnovationen,* die auch aus Führungskräften schließlich Mitunternehmer machen. Die Führungsinstrumente müssen wirken. Sie haben auf Ergebnisse, Flexibilisierung, Individualisierung, kulturelle Diversität und Talententfaltung zu zielen. Eine Führungskraft braucht wenig Verfahrensorientierung und sicher nicht zuerst Rezepte aus der üblichen Managementliteratur. Führungskräfte brauchen *Einstellungen,* die sie zur Führungsleistung bringen.

Führung ist eine persönliche Leistung und nicht das Anwenden von Personalsystemen!

Eine gute Führungskraft ist eine Führungskraft, die die besten Leute sucht, findet und behält. Gute Führungskräfte gehen zu guten Unternehmen, nicht zu den mittelmäßigen.
Wieder kann man die Gallup-Studien heranziehen, wenn man wissen will, was gute Führungskräfte tun. Gallup hat mit exzellenter Methodik herausgefunden und belegt, wie die nach Unternehmenskennzahlen 80.000 besten Führungskräfte der Welt führen.

- Sie kümmern sich um Chancen statt um Probleme.
- Sie tun Wichtiges statt Dringendes.
- Sie denken über Zukunft nach, statt Gegenwart zu managen.
- Sie verfolgen Ergebnisse statt Details.
- Sie verstehen Führung als persönliche *Leistung.*

Diese Führungsleistung entsteht aus dem Zusammenwirken der Möglichkeiten, welche die Position hergibt, mit dem persönlichen Potenzial und dem richtigen Rollenverständnis als Führungskraft.
Junge Männer und Frauen, die Führungstalente haben, entwickeln die notwendigen Kompetenzen schnell und können später leicht mit Handlungsmaximen[90] führen.
Deshalb gehört in ein Management-Development-Programm der männliche und weibliche Nachwuchs, der mit folgenden Einstellungen führen kann.

Die Handlungsmaximen für Nachwuchsführungskräfte sind:

- Der Zeit voraus sein durch Lernlust und Wissenslust.
- Ziele werden mit Teamintelligenz erreicht. Aus Fehlern zu lernen ist ein Zeichen des Fortschritts.
- Kooperation im Konflikt führt zu Konsens.
- Der tägliche Dialog ist besser als der tägliche Schriftwechsel.
- Ein Minimum an Regeln und ein Maximum an Selbstorganisation und Information im Alltag.
- Entwicklung durch eigene Lernprozesse.

Das Personalmanagement entwickelt den Nachwuchs genderkompetent.

Wenn am Ende eines Management-Development-Prozesses ein Unternehmen auch tatsächlich genügend Nachwuchs für

[90] Aus Führungskräftebeurteilungen und Mitarbeiterbefragungen haben wir effektive Handlungsmaximen identifiziert.

Führungsaufgaben gut gefördert hat, ist das eine besondere Leistung. Die meisten Management-Development-Programme starten schnell, oft gut und enden schlecht. Die Besten aus dem Assessment-Center sind oft auch die klugen und kritischen Männer und Frauen und auch die, die persönlich flexibel sind und die Versprechungen des Personalmanagements auf ein zugesagtes maßgeschneidertes Entwicklungsprogramm auch tatsächlich einfordern. Kann das Personalmanagement nicht einhalten, was es dem Nachwuchs verspricht, verlässt der *gute* Nachwuchs die Firma.

Im Management-Development-Programm gibt es zwei Zielgruppen, die genderkompetent bearbeitet oder geführt werden müssen:

- die Führungskräfte, die Mitarbeiter in einem Management-Development-Programm haben;
- die jungen Frauen und jungen Männer im Programm.

Statt »alter Denke« »neue Denke«, Aufklärung und Überzeugung für Führungskräfte.

In vielen Gesprächen mit Personalberatern, weiblich oder männlich, hören wir nach Beratung zum Gendermanagement immer wieder eine Frage: Wie überzeugen wir die Führungskräfte mit »alter Denke«? Das Personalmanagement, das Genderkompetenz in seinen Prozessen will, sieht auch hier schon voraus, dass wieder die alten Hierarchien, die als »Betonköpfe« bekannt sind, die größten Hindernisse für die »neue Denke« sind. Was vordergründig wie Beton aussieht, ist hintergründig Schwäche, sogar Kraftlosigkeit, Überforderung und oft nur schiere Angst vor der Entdeckung, dass man sich als Führungskraft auf Veränderungen überhaupt nicht mehr einstellen kann. Neue Gedanken, die auf Verhaltensänderungen zielen, verursachen Reizungen. Wird ein Wort wie »Gender« in die Diskussion geworfen, dann reagiert das alte Immunsystem im Unternehmen prompt. Wenn Führungskräfte mit »alter Denke« mit der »neuen Denke« Gender konfrontiert werden sollen, dann sind daher folgende Schritte zu empfehlen:

1. Die eigene Veränderungsmotivation muss gestärkt werden.

Man muss wissen, *was* man mit Gender will, *warum* man Gender will und *wie* man es praktisch machen will. Diese drei Fragen müssen dem Personalmanagement selbst klar sein, bevor es anderen darüber Klarheit geben kann.

2. Zuerst an Widerständen arbeiten.

Es ist nicht beunruhigend, dass »alte« Führungskräfte widerständisch sind. Eher muss es beunruhigend sein, wenn sich kein Widerstand zeigt. Wenn niemand aus der Ruhe gebracht wird, sind die eigenen Ideen offensichtlich nicht professionell genug vorgetragen.

Für Widerstände gelten vier Grundsätze:

- Widerstände gegen Veränderungen sind alltäglich. Wenn Widerstände ausbleiben, dann sollten Sie sich Gedanken machen, ob Ihr Vorhaben überhaupt Veränderungspotenzial hat.

- Widerstände zeigen Emotionen an. Wenn Führungskräfte sich gegen sinnvolle oder notwendige Veränderungen sträuben, dann suchen Sie nach emotionalen Ursachen.

- Wenn Sie Widerstände nicht beachten, dann werden daraus Blockaden. Blockaden sind Hinweise darauf, dass die Umsetzung des Vorhabens noch nicht einwandfrei erfolgen kann.

- Widerstände sind ernst zu nehmen. Wenn Widerstand akzeptiert wird, kann der Dialog beginnen und damit die Verständigung.

Für die Überzeugungsarbeit bei Führungskräften bedenken Sie außerdem, welchen Typ von Führungskraft Sie vor sich haben. Ist die Führungskraft ein ordnungsliebender Konven-

tionalist, dann überzeugen Sie sie durch Informationen über Gender und über die Auswirkungen auf **seine** Aufgaben. Was muss sie anders machen, wenn Gender in das Management-Development-Programm eingeführt wird?
Ist die Führungskraft schon perspektivenlos und resigniert, dann informieren Sie über die Auswirkungen auf ihren unmittelbaren Arbeitsbereich und geben Sie ihr **optimistische Prognosen** darüber, was für sie besser wird.
Haben Sie es mit einem nonkonformen Idealisten zu tun, dann informieren Sie ihn eingehend über den gesellschaftspolitischen **Nutzen** des Gendermanagements.
Der aktiven und realistischen Führungskraft geben Sie Sachinformationen schnell und vollständig und präzisieren Ziele und **Ergebnisse** und Nutzen des Gendermanagements.
Widerstände lassen nach, wenn die Führungskräfte das Gefühl haben, dass Sie für Klarheit und Feedback sorgen und einen emotionalen Konsens herstellen können. Und finden Sie auf alle Fälle heraus, wo Sie für Gender Spielräume und Entwicklungsfreiräume finden können.

Gerade bei Genderfragen ist es notwendig, dass soziale und emotionale Übereinstimmung mit den Gesprächspartnern und Kollegen erfolgt. Die soziale Übereinstimmung wird am besten durch gute Gründe und nachvollziehbares Vorgehen bei den Veränderungsprozessen erreicht. Über »Bauchschmerzen« bei Genderfragen lässt sich nicht diskutieren. Die muss man nur gut verstehen, und man muss gut zuhören. Damit erhält man schließlich Akzeptanz und weitere Informationen.
Wenn Sie in einem Führungskräftemeeting vielen Führungskräften gegenübersitzen, dann achten Sie auf die Gruppendynamik, die bei der Diskussion über Gender entsteht. In den wenigsten Männergruppen geht es rational zu, auch dann nicht, wenn einzelne Frauen dazwischen sind. Diese müssen wegen der Gruppendynamik auch noch die Männerpositionen stärken und vertreten.
Die Überwindung von Widerständen setzt selbstverständlich

auch voraus, dass Sie eine Position mit Einfluss und Entscheidungskompetenz haben und dazu bestimmte Verhaltensweisen zeigen. Rigide Führungskräfte schätzen die Ideenüberbringer zuerst nach ihrer Glaubwürdigkeit ein. Glaubwürdig ist man für sie, wenn man offensichtlich keine persönlichen Interessen mit der Genderidee und keine Vorteile davon hat und zudem keine Vorurteile gegenüber dem alten Denken mitbringt. Noch besser ist es, wenn man ganz andere Ideen als erwartet zum Thema Gender vorträgt. Zum anderen ist *Faktenwissen zu Gender* der beste Erfolgsfaktor bei einer Überzeugungsstrategie.

Es gehören jedoch auch ein Stück Realismus und eine gehörige Portion Selbstbehauptung dazu, wenn man unbelehrbaren und lernunwilligen Führungskräften mit einem Innovationsvorhaben wie Gender gegenübersteht. Die Kooperationsforschung legt es nahe, dass die Kooperationsversuche, wie es ja Überzeugungsgespräche und Argumentation sind, dann aufgegeben werden, wenn in kurzer Zeit keine Fortschritte gemacht werden können. Die passende Strategie wäre dann aber ein »Tit for Tat«, was hier heißt »Wie du mir, so ich dir«. Man kooperiert beim ersten Mal und tut dann das, was die Führungskraft am Ende des Gesprächs getan hat. Das fördert die Kooperationswilligkeit.

Ist eine Führungskraft dafür bekannt, dass sie bei Innovationen veränderungsunwillig ist, dann empfiehlt sich dagegen eine zielstrebige Umgehungsstrategie durch Netzwerkbildung und Steuerung der Gruppendynamik unter den Führungskräften.

Wenn der Personalvorstand im Management-Development-Programm Gender nicht berücksichtigen will, dann **verlassen** Sie das Unternehmen, weil Sie selbst Kompetenzen verlieren, wenn Sie bleiben.

Für junge Frauen gleichen gestandene männliche und weibliche Mentoren Nachteile aus.

Wenn Frauen mit ihren Lebens- und Berufskarriereplänen in traditionell männliche Domänen geraten, dann ist das zumeist ein fremdes Terrain. Das gilt für ein ingenieurwissenschaftliches Studium genauso wie für ein Management-Development-Programm. Teilnehmer eines Management-Development-Programms zu sein ist weder für Männer noch für Frauen eine Garantie für eine spätere Führungsposition. Auf dem Weg von einer Nachwuchsführungskraft zur Führungskraft liegen Unwägbarkeiten, und der Erfolg hat vor allem weniger mit den eigenen Fähigkeiten, sondern mehr mit zeitlichen Zufällen und mit Durchblick im Unternehmen zu tun. Wer weiß, wie man sich als Nachwuchsführungskraft im Konkurrenzfeld bewegt, wie man zu Schlüsselpersonen Beziehungen herstellt, die Mikropolitik im Unternehmen versteht und nutzt, auf sich aufmerksam macht und trotz Karriereehrgeiz sozial verträglich erscheint, der kann auch mit Mittelmaß erfolgreich sein.
Studien, die das Schicksal von männlichen und weiblichen Nachwuchskräften in Management-Development-Programmen verfolgen, kritisieren die geringe Erfolgsquote aller Teilnehmer und verweisen auf offensichtlich effektivere Wege, wie Quereinstieg, Auslandsentsendungen oder einfach Beförderungen, um tatsächlich und schnell in eine Führungsposition zu gelangen.
Der Rückzug weiblicher Nachwuchsführungskräfte aus Karriereplänen ist signifikant höher. Von zwei Seiten her haben sie mehr Bedrohungspotenzial als ihre männlichen Kollegen im Management-Development-Programm. Sie sind in einer besonderen Position, als oft einzige Frau im Programm. Statistisch betrachtet sind sie dazu noch im besten Alter für Familiengründung und Mutterrolle. Während das Management des Familienglücks eine persönliche Aufgabe ist, enthält die zahlenmäßig marginale Position junger Frauen in MD-Programmen einen Genderaspekt, den das Personalmanagement zu bedenken hat.
In den Assessment-Centern, den Eintrittspunkten in das Management-Development-Programm, muss der weibliche Kandidatenpool ebenso groß sein wie der männliche.

Eine größere Anzahl weiblicher Teilnehmerinnen im Management-Development-Programm beugt auch den schlechteren Beurteilungen vor, die bekanntlich gegenüber Einzelpersonen oder Minderheitengruppen[91] auftreten.
Für den Erfolg der weiblichen Nachwuchsführungskräfte im Management-Development-Programm gilt auch, was generell bekannt ist: Wenn eine Person mit Autorität und Status Mentor ist, dann vergrößern sich die Erfolgsaussichten. Dafür gibt es verschiedene Gründe und ein gutes Fallbeispiel aus der medizinischen Fakultät der nordamerikanischen John Hopkins University[92]. Um die Karrierechancen von Frauen in der Medizin zu verbessern, wurde nach einer Problemanalyse ein Mentorenprogramm für weibliche und männliche Mediziner durchgeführt. Entsprechend der Problemanalyse zu Karrierehemmnissen für weibliche Mediziner hatten die männlichen Mentoren folgende Aufgaben:

- Klärung der Karrierekriterien
- Wissensvermittlung und Anleitung für das Karrieremanagement bei Frauen
- Informationen über Karriereprobleme
- Beratung bei Karriereproblemen
- Einbindung in besondere Projekte und Präsentationen

Die männlichen und weiblichen Mentoren für den weiblichen Nachwuchs erhielten ein Gendertraining, in dem Genderkompetenz vermittelt wurde.

Das Ergebnis konnte sich sehen lassen, die Erfolgsquote für Medizinerinnen war von 38 Prozent auf 53 Prozent gestiegen. Außerdem brachte das Mentoringprogramm *sowohl* für weibliche *als auch* männliche Mentees[93] nachweislich mehr Fairness und richtigere Beurteilungen.
Unklar ist bisher, was erfolglose und erfolgreiche Frauen im

---

91 Vgl. Hoffman & Hurst (1990).
92 Die genaue Fallbeschreibung ist bei Virginia Valian (1997) nachzulesen.
93 Mentee: Nachwuchsführungskraft, die einen Mentor hat.

Management-Development-Programm unterscheidet. Falsch ist jedenfalls die Empfehlung an Frauen, dass sie erfolgreich aus einem Management-Development-Programm in eine Führungsposition gelangen können, wenn sie nur »alles richtig machen«.

Männliche und weibliche Nachwuchsführungskräfte profitieren von einem Genderprojekt im Management-Development-Programm.

Sowohl männliche wie weibliche Nachwuchsführungskräfte sollen sich ein erfahrenes Mentorenteam auswählen. Es soll je eine männliche und eine weibliche einflussreiche Führungskraft aus verschiedenen Unternehmensbereichen sein.
Damit ist gewährleistet, dass man im Management-Development-Programm die Vielfalt der weiblichen und männlichen Perspektiven, Erfahrungen, Beurteilungen und Empfehlungen erhalten kann.
Das Mentorenteam gibt den Nachwuchsführungskräften Transparenz über die Erfolgskriterien im Unternehmen und über die eigenen Karriereverläufe, auch unter dem Genderaspekt.
Ein gutes Mentorenteam vermindert auch die individuellen Wissens- und Verhaltensdefizite nicht nur allgemein, sondern gibt sowohl den jungen Frauen als auch den jungen Männern genderspezifische Handlungsanweisungen bei der Karriere- und Lebensplanung.
Und gute Mentorenteams dringen darauf, dass in einem Management-Development-Programm ein für alle Teilnehmer verbindliches **Genderprojekt** durchgeführt wird. Das dient sowohl der Modernisierung des Programms als auch der Diskussion der Personalstrategie im Unternehmen. Besonders bedeutsam ist dabei der enthaltene Gendertrainingseffekt, den die zukünftigen Führungskräfte dabei erfahren. Wenn Männer und Frauen im Management-Development-Programm an und in einem Genderprojekt gemeinsam lernen, dann sollten sie als spätere Führungskräfte weniger Wider-

stände bei Genderfragen im Personalmanagement entwickeln.

Take away!

1. **Ein Mentorenteam (m/w) im Management-Development-Programm gleicht Genderdefizite des Unternehmens aus.**
2. **Führen Sie ein verbindliches Genderprojekt in das Management-Development-Programm ein. Es trainiert bereits Nachwuchsführungskräfte in Genderkompetenz.**

17

Gender und Geld

Was gleiches Geld für gleiche Leistung ist, sollte man eigentlich ganz einfach sagen können. Das ist aber nicht so.
Unter den weltbesten Tennisspielerinnen gab es zwischen den Jahren 1991 und 1995 eine Kontroverse. Monica Seles forderte 1991, dass Frauen bei Tennisturnieren dieselben Preisgelder erhalten sollten wie Männer. Steffi Graf und Mary Joe Fernandez kommentierten die Forderung von Seles öffentlich: »Wir haben genug, wir brauchen nicht mehr«, war Grafs Antwort. »Ich bin zufrieden mit dem, was wir bekommen. Ich meine, wir sollten nicht gierig sein«, befand Mary Fernandez. 1995 allerdings schrieben Seles und Graf etwas anderes an die Organisatoren des Australian-Open-Tennis Turniers. Sie protestierten dagegen, dass die Preisgelder 1996 nur für die Männer erhöht werden sollten, und zwar um 390.000 Dollar. Das war ein »Grand Slam gegen Frauen im Spitzentennis[94]. Die Männer protestierten auch, forderten aber dennoch, die Spiele durchzuführen. Natürlich wurden die Australien Open durchgeführt. Die Organisatoren sahen außerdem keinen Anlass, den weltbesten Tennisspielerinnen dieselben Preisgelder zu geben. Die Tennisfrauen spielten am Ende natürlich für weniger Geld. Alles bleibt beim Alten. Auch im Sport.
Warum arbeiten wir, wie die meisten Menschen, am liebsten und regelmäßig in einem Unternehmen? Weil wir täglich Geld verdienen und zusätzliche Versorgungsansprüche erwerben. Daneben gefällt uns natürlich auch die Arbeit selbst. Wir sind stolz auf das Image oder die Produkte unseres Unternehmens und genießen in der Regel die gute Kollegialität in der täglichen Zusammenarbeit.

---

[94] Gallo, B. (1996): »A Grand Slam against Women«.

Es war ein langer Weg von der Tauschwirtschaft zur Geldwirtschaft und bis wir feine und faire Anreizsysteme in den Unternehmen entwickelt hatten, denen wir unsere Lebenszeit und Arbeitskraft für die Wirtschaftsentwicklung zur Verfügung stellen.
Finanzielle Anreize werden in der Wirtschaft als die wichtigsten Mittel betrachtet, um die Produktivität des Personals positiv zu beeinflussen. Daher beschäftigt sich das Personalmanagement besonders intensiv mit Entgeltsystemen und Anreizen für Führungskräfte.
In den USA ist es üblich, dass renommierte Beratungsgesellschaften und Wirtschaftsjournale jährlich die Entgeltsysteme analysieren und die Höhe der Managerbezüge und ihrer Erfolgsbeteiligungen veröffentlichen. Eine vergleichsweise Prozedur, die Transparenz über die Entgelte der Führungskräfte verschafft, gibt es in Deutschland noch nicht.
Zwei Fragen können wir allerdings schon heute unzweideutig beantworten. Fragt man: »Sind die Entgelte für Führungskräfte leistungsorientiert?«, so antworten alle Wirtschaftsunternehmen: **Ja!** Und erhalten Frauen und Männer, die gleich alt, gleich qualifiziert und auf gleicher Position tätig sind, das gleiche Entgelt? Ebenso klar heißt die Antwort: **Nein!**
Die kontinuierlichen Datenanalysen über die Gehaltsentwicklungen männlicher und weiblicher Berufsanfänger zeigen seit vielen Jahren unverändert das gleiche. Männer erhalten unverdient Startvorteile. Ob Akademikerinnen oder Aushilfskräfte, ob Kfz-Mechanikerinnen oder Informatikerinnen, ob als Lektorin oder als Autorin, ob als Vorstandsmitglieder oder als Zeitarbeiterinnen, immer sind die Entgelte der Frauen niedriger. Im Osten wie im Westen. Zu jedem Zeitpunkt einer gleichen Berufslaufbahn geben die Personalentscheider Frauen bis zu 25 Prozent weniger Geld. Je höher die Positionen sind, umso größer wird die Gehaltsschere. Eine finanzielle Extrabenachteiligung gibt es für die Topmanagerinnen. Um 40 Prozent können für sie Entgelte und Erfolgsbeteiligungen niedriger sein als für die männlichen Kollegen.

Die Ergebnisse früherer Recherchen von Headhuntern und der Zeitschrift Capital[95] werden in den neuesten Daten des Nürnberger Instituts für Arbeitsmarkt- und Berufsforschung bestätigt. Auch 1997[96] gibt es für Frauen im Beruf weniger Geld. Selbst wenn die strategischen Ziele gleichermaßen erreicht werden und die Männer und Frauen gleich zufrieden sind – beim Geld endet die Freundschaft zwischen Unternehmen und Frauen.

Geld ist im Unternehmen die Kompensation für geleistete Arbeit. Geld betrachten die Unternehmen als wichtigen Anreiz. Deshalb verhandeln Unternehmen auf der Grundlage der Zielerreichung regelmäßig über Gehaltserhöhungen mit ihren Führungskräften. Die Leistungsmotivation der Führungskräfte soll ja erhalten bleiben, so begründet es das Personalmanagement.

Warum gibt es beim wichtigsten Anreizsystem, über das ein Unternehmen verfügt, eine finanzielle **Extrabenachteiligung** für Frauen? Diese Frage bringt das Personalmanagement in Erklärungsnöte.

Die gewöhnlichen Einwände sind oft auch sehr simpel.

1. Frauen können ja irgendwann schwanger werden

Das ist richtig. Bei Entgeltfragen ist der Einwand irrelevant. In allen Führungspositionen sind mehr weibliche Managerinnen allein lebend, ohne Kinder oder mit weniger Kindern. Je höher die Position eines männlichen Managers ist, umso mehr Kinder hat er, sagt die Statistik.

---

95 Prof. Sonja Bischoff hatte das im Auftrag von der Zeitschrift »Capital« bereits 1986 aufgedeckt.

96 Die Daten sind bisher bis 1997 analysiert.

2. Frauen bleiben wegen Familienpflichten weniger lang im Unternehmen.

Das ist falsch. Vergleicht man die Dauer des Verbleibs von männlichen und weiblichen Führungskräften in ihren Firmen, so entdeckt man, dass junge Männer aus Karrieregründen im Durchschnitt nach drei Jahren wechseln und im Karriereverlauf zur Steigerung des Einkommens häufiger die Firma verlassen als Frauen. Dem Unternehmen entstehen dadurch bei männlichen Führungskräften mehr Kosten und mehr Verluste in der Führungskräfteentwicklung, weil sie häufiger ersetzt werden müssen.

3. Frauen fordern beim Eintritt in eine Firma weniger Geld als Männer und fragen weniger häufig nach Gehaltserhöhungen.

Das ist richtig. Aus interessanten Experimenten zum Verhalten von Männern und Frauen zu Geld haben wir inzwischen sehr aufschlussreiche Erkenntnisse darüber, warum Männer und Frauen unterschiedlich viel Geld für sich selbst verlangen. Es ist nicht einfach nur so, dass Frauen »netter« sind und deshalb weniger Geld für sich verlangen. Die persönliche Entscheidungsgrundlage, um mehr oder weniger Geld für sich zu verlangen, sind Vergleiche mit anderen Personen. Zum Vergleich zieht man die Gruppe heran, bei der man die größte Ähnlichkeit mit sich feststellt. Das ist die Referenzgruppe.

Das wichtigste Vergleichskriterium hier ist Gender. Auch wenn es um Geld geht, vergleichen sich Männer nicht mit Frauen und Frauen nicht mit Männern. Daher richten sich Männer bei Geldforderungen nach Männern und dem, was diese auf bestimmten Positionen verdienen, und Frauen in der gleichen Weise nach Frauen. Selbst Vorstandsfrauen vergleichen sich beim Geld mit Vorstandsfrauen. Da Männer ihre Arbeit allgemein als wichtiger betrachten als die Arbeit der

Frauen, leiten sie daraus ab, dass ihnen mehr Geld zusteht. Da Frauen ihre Arbeit allgemein als weniger wichtig als die der Männer bewerten, akzeptieren Frauen weniger Geld für ihre Arbeit. Ebenfalls aus solchen Gendergründen arbeiten bei fixem Gehalt Männer kürzer und Frauen länger.
Ganz anders verhalten sich Männer und Frauen, wenn sie lediglich daran interessiert sind, was man in einem bestimmten Beruf verdienen kann *ohne* Rücksicht auf das Geschlecht. Wenn man Gehaltsforderungen nur in Verbindung mit Position und Aufgaben sieht, dann verlangen *alle,* auch Frauen, dasselbe Geld für denselben Job. Die Tennisspielerinnen hätten sich also bei den Forderungen nach den gleichen Preisgeldern nicht auf die Männer berufen müssen, sondern nur auf die Leistung »Tennisspielen«. Die Chancen für gleiche Preisgelder wären sehr viel besser gewesen.

4. Frauen sind zufrieden mit weniger Geld.

Das ist richtig. Und es ist auch falsch. Nur wenn Frauen individuell gefragt werden, ob sie bei gleichen Qualifikationen und auf gleichen Positionen das geringere Entgelt unzufrieden macht, verneinen sie das. Sie vergleichen sich ja nicht mit Männern. Fragt man dieselben Frauen jedoch danach, ob sie unzufrieden sind, dass Frauen allgemein weniger bezahlt werden als Männer, dann antworten sie eindeutig mit Ja. Warum sind Frauen bei der richtigen Beurteilung der schlechteren Entgeltsituation für Frauen persönlich mit weniger Geld zufrieden? Dieses Verhalten wird als **Verleugnung einer persönlichen Benachteiligung** bezeichnet.
Ohne diese Verleugnung der persönlich unfairen Situation entstünden nicht nur Unzufriedenheit, sondern weitere negative Emotionen und damit ein großes Konfliktpotenzial am Arbeitsplatz. Das vermeintlich positive Statement der persönlichen Zufriedenheit mit weniger Geld ist in Wahrheit eine Konfliktlösungsstrategie der Frauen bei einem **unfairen** Personalmanagement. In Unternehmen entscheiden das Personalmanagement und Führungskräfte über die Höhe

der Gehälter und Erfolgsbeteiligungen. Sie können jedoch nicht begründen, dass sie Männern mehr und Frauen weniger geben.

5. Unternehmen bezahlen nicht nur für die Position und Aufgaben, sondern auch etwas extra für Männer

Bei Gehaltsverhandlungen mit Führungskräften geht es um Aufstiege, Karrieren und um Geld für Leistung. Bei den Gehaltsgesprächen geht es auch darum, ob es ein Mann oder eine Frau ist, die vor den Chefs steht. Wahrnehmungen, Erinnerungen und Bewertungen in Gehaltsverhandlungen unterliegen auch dem Genderbias.
Unternehmen sind sich einig darin, dass Männer, Beruf und Karriere zusammengehören. Er hat eine Familie zu ernähren. Das Ansehen in seiner Familie und sein Selbstwert steigen mit seinem Einkommen und seinen materiellen Erfolgen. Deshalb fragt der Manager öfter nach mehr Geld. Weil der Mann mehr Geld braucht, geben Chefs ihm mehr. Eine Managerin ist anders zu bewerten, meinen Chefs. Sie muss ja nicht Beruf und Karriere in den Mittelpunkt stellen. Sie hat auch eine andere Option. Eine Familie kann ihr Betätigungsfeld sein. Ihr Ansehen und ihr Selbstwert hängen nicht von der Höhe ihres Einkommens ab. Deshalb fragt die Managerin nicht öfter nach mehr Geld. Weil die Frau weniger Geld braucht, geben die Chefs ihr weniger. Und verhalten sich damit ganz korrekt entsprechend der Genderrollen, jedoch **irrational** unter sachlogischen Aspekten.

6. Führungskräfte führen Gehaltsverhandlungen unter Berücksichtigung der Genderrollen.

In Gehaltsverhandlungen und Mitarbeitergesprächen werden Aufstiege, Karrieretempo und Entgelte entschieden, und zwar nicht nur nach Leistung und Aufgaben, sondern auch mit dem Blick auf Genderrollen. Unbewusste oder unterbewusste Gendernormen und Rollen, die für Frauen und Männer gelten, wirken sich auch auf die Beurteilung aus, wie viel Geld man zugestehen kann, wie viel jemand verdient oder braucht. In der Männerrolle sind viele Aspekte enthalten, die Chefs in Gehaltsverhandlungen zu mehr Geld für männliche Manager bewegen. Schließlich gehört der männliche Mitarbeiter in dieselbe Gruppe, der man als Chef selbst angehört.

7. Führungskräfte geben keine ausreichenden Informationen. Sie verhalten sich opportunistisch.

In unseren Unternehmen sind Gehälter geheime Angelegenheiten. Es gibt keine Transparenz, wie die Entgeltsysteme mit den Leistungsbeurteilungen und Leistungen zusammenhängen. Hier gibt es viele »hidden agendas«[97], da Führungskräfte wesentliche Informationen für sich behalten. Sie nutzen ihre Informationsvorsprünge für eigene Entscheidungsspielräume bei Gehaltsvereinbarungen und die Unwissenheit der Gesprächspartner aus. Managerinnen haben in der Regel keinen Einblick in die Gehaltsstruktur ihrer männlichen Kollegen. So sind sie in Verhandlungen auf eigene Spekulationen angewiesen. Wir wissen ja, dass Frauen zu geringe Forderungen stellen. Unter Unwissenheit, bei fehlender Offenheit und mangelhafter Unterstützung durch Chefs werden Forderungen noch schlechter gestellt werden. Ein Anreizsystem, das nicht transparent ist und mit opportunistischen Einstellungen und traditionellen Genderrollen verbunden ist, übervorteilt besonders Frauen. Zuletzt glauben wir alle im Alltag, dass männliche Manager tatsächlich viel mehr Geld brauchen und mehr verdient haben. Wenn wir unseren Glauben der Vernunft unterwerfen, dann wissen wir, dass Führungspositionen und höheres Gehalt bei männlichen Führungskräften nicht verdient werden, sondern durch *Anhäufung* täglicher kleiner Vorteile bewirkt werden.
In einem Computermodell, in dem die Karriereentwicklung

[97] Hidden agendas = verdeckte, heimliche Pläne.

simuliert wurde, konnte dokumentiert werden, dass schon sehr kleine tägliche Vorteile schneller zu höheren Positionen und mehr Geld führen. Im Computermodell hatte das simulierte Unternehmen acht Hierarchiestufen. In die Berechnungen wurde eingegeben, dass Männer minimal bevorzugt werden sollten. Ihr Karriereverlauf im Computermodell sollte zu **einem Prozent** durch Bevorzugung bestimmt sein. Das Ergebnis war eindeutig. Nach einer Reihe von Durchläufen waren auf der höchsten Hierarchiestufe 65 Prozent Männer. Wenn wir in der Realität in den oberen Managementebenen und in Unternehmensspitzen bis zu 100 Prozent Männer haben, dann, so sagt es die Computersimulation, ist das kein reiner Verdienst, sondern durch die Anhäufung von Vorteilen erreicht worden. Das wäre dann eher Vetternwirtschaft als freie Marktwirtschaft.

Für die meisten Unternehmen, deren Führungskräfte und dessen Personalmanagement heißt das: **Trennung von Karriere, Geld und Gender**. Professionelles Gendermanagement ermöglicht Karriere durch Leistung und nicht durch Gewährung von kleinen Vorteilen mit großer Wirkung. So kann in Zukunft ein Teil der Männer nicht mehr aus kleinen Gewinnen sehr große persönliche Gewinne auf Kosten anderer Männer und vieler Frauen und des Unternehmens machen. Unternehmen sollen Profit machen, und Profit kann auch intern durch richtiges Gendermanagement beim Gehalt gemacht werden.

Unsere Empfehlungen dazu:

1. Nehmen Sie Genderaspekte bei Entgelten und Erfolgsbeteiligungen heraus. Sie reduzieren Ihre Personalkosten.
2. Bezahlen Sie Männer im Management so, wie Sie Frauen im Management bezahlen. Rechnen Sie aus, wie viel Sie damit einsparen können. Für weniger Geld haben Sie die gleiche Managementleistung.

3. Mit der Einsparung von unverdienten Personalkosten gewinnen Sie zusätzlich neue Leistungsmotivation, da Sie nur nach Leistung, nicht nach Vorurteilen bezahlen.
4. Sie reduzieren damit gleichzeitig Demotivation, die immer entsteht, wenn man Managern zu viel unverdientes Geld gibt.
5. Sie reduzieren gleichzeitig die bisherige Anzahl von Gehaltsforderungen, wieder sparen Sie Personalkosten.
6. Sie werden ein faires Unternehmen und modern dazu, wenn Sie als Erster Gender und Geld trennen.
7. Die eingesparten Personalkosten investieren Sie in neues Humankapital des Unternehmens. So steigern Sie den Unternehmenserfolg!

Wichtiger noch als die Ersparnis bei den Personalkosten ist die Reduktion materieller Anreizorientierung in Ihrem Management. Es gibt verborgene Kosten von materieller Belohnung.[98] Die Arbeitsmoral und die Einsatzbereitschaft des Managements sinken, die Geldforderungen steigen. Sie lesen ja derzeit selbst, dass Spitzenmanager der deutschen Wirtschaft ihre Einkommen den Aktionären offen legen sollen, weil merkwürdig ist, dass in den Zeiten von annähernd Nullwachstum und Missmanagement die Gehälter von Spitzenmanagern unverhältnismäßig steigen, eben wie in einer Vetternwirtschaft. Wir würden sagen, weil viele männliche Manager ihre Jobs nicht *wirklich* richtig mögen, lassen sie sich ihre Unlust bezahlen. Die Trennung von Gender, Geld und Position würde selbst aus den Spitzenmanagern mehr intrinsisch motivierte Mitarbeiter machen. Ihre öffentlichen Aussagen über sich selbst, dass sie »Leistung aus Leidenschaft« erbringen, wären nicht nur Lippenbekenntnisse, so wie sie es auf den Hauptversammlungen ihrer Aktionäre von sich geben.

---

[98] Vgl. Frey (1997).

Take away!

1. Trennen Sie Gender und Geld!
2. Bezahlen Sie nicht für Vorurteile, sondern für Leistung!

Take away für Frauen!

Für Frauen, die zu wenig Geld fordern, die Geld zu wenig lieben, die Geld belastet oder es nur sparen wollen, empfehlen wir: Machen Sie ein Brainstorming zu Ihrer eigenen Geschichte mit Geld. Was hat man Ihnen erzählt über Geld? Was wissen Sie über Geldgeschäfte? Klären Sie Ihr ambivalentes Verhältnis zu Geld!

18

Modernisierungsvorsprünge: So flexibel arbeiten und leben wie Topmanager

Kennen Sie einige solcher Statements?

- Wir gewinnen alle dabei, wenn wir Arbeit teilen und Zeit gewinnen.
- Beruf und Familie müssen vereinbar sein.
- Teilzeitarbeit geht nicht für Führungskräfte.
- Die Arbeitszeitdebatte braucht neuen Schwung.

Wirtschaftspolitiker und Familienministerinnen äußern sich so, allerdings aus unterschiedlichen Motiven. Manager, deren Berufstätigkeit ihr Lebensinhalt ist, haben zur Frage, ob man Arbeit teilen soll, um mehr freie Zeit fürs Privatleben zu gewinnen und dazu mehr vom Leben zu erfahren, eine ganz unspektakuläre Antwort: Nein. Sie denken, dass sie bereits das beste Lebenskonzept gefunden haben. Das belegen uns Befragungen aus den letzten fünf Jahren. 59 Prozent der vollzeitbeschäftigten Menschen finden die Frage, ob man weniger arbeiten soll, um mehr vom Leben zu haben, interessant. Unter diesen interessierten Menschen sind bisher jedoch nur 15 Prozent wirklich bereit dazu, acht Prozent meinten dazu: »Schauen wir mal«, und 26 Prozent halten von derartigen Überlegungen überhaupt nichts. Zurzeit arbeiten bereits sieben Millionen Menschen, davon viele unfreiwillig, in Teilzeitverhältnissen.
Flexibel leben zu können, davon träumen die meisten Menschen. Der flexible Mensch ist der Wunschkandidat der Unternehmen. In der Realität ist vieles anders. So denken die meisten Männer, dass es das Beste ist, ihre Lebenszeit mit der Berufstätigkeit auszufüllen, und die meisten Manager in

Unternehmen schütteln den Kopf, wenn auch für ihre Führungspositionen ein Teilzeitjob gefordert wird. Lösungen für Widersprüche zwischen Wunsch und Realität findet man, wenn man sich ansieht, wie viele Frauen ihr Leben flexibel führen. Für die unbestreitbar richtigen Forderungen der Unternehmen nach flexiblen Menschen lassen sich hier leicht Modelle finden. Von solchen Frauen können Männer lernen, weil diese Frauen professionell sind, wenn es um eine flexible Lebensführung geht. Fordert man Flexibilität, muss man bei sich selbst anfangen. Und daher sind die eigenen Überzeugungen, die einem hier im Weg stehen, zu revidieren. *Wie* geht es denn? So muss man sich zuerst fragen. Und nicht: Bei mir geht es nicht, weil ich ein Manager bin. Die männlichen Manager in den Unternehmen haben ein zu starres Lebenskonzept. Die Aufgaben in höheren Positionen scheinen ihnen nur mit **einem** Modell zu bewältigen zu sein. Ihr Modell enthält keine flexiblen Elemente und ist unvereinbar mit Tätigkeiten außerhalb des Berufs.

Es sind jedoch lediglich persönliche Glaubensbekenntnisse, die als Gesetze in vielen Unternehmen verkündet werden. Die Annahme der Unteilbarkeit von Einfluss, Geld und Entscheidungsmacht und der Unvereinbarkeit von Beruf mit Kindern und Familienleben ist so stark im Denken verankert, dass es bereits ideologische Züge hat.

Wann denken sonst rationale Manager ideologisch? Immer dann, wenn sie sich persönlich verändern sollen. Ideologien führen zu Denkhemmungen. Sie sind daher die wesentlichen Innovationshindernisse. Wenn Sie Ihr Unternehmen flexibler machen müssen, dann nutzen Sie die flexiblen Lebenskonzepte, welche die meisten Frauen bevorzugen und die uns die führenden Organisationssoziologen schon lange empfehlen. Flexible Menschen können mehr als nur einen Beruf managen. Unternehmen brauchen nicht flexible Menschen, sondern mehr flexible Männer.

Lebenskonzept Mehrfachorientierung

Viele Frauen konzentrieren sich ganz selbstverständlich auf mehrere Lebensbereiche. Die meisten Frauen vertreten mehrheitlich einen Lebensentwurf, der ausbalanciert ist. Frauen finden es erstrebenswert und gut, in mehrere Lebensaufgaben zu investieren, unterschiedliche Lebensbereiche zu gestalten und zu vereinbaren.

Diese Lebenseinstellung enthält ein großes Innovationspotenzial für das Management des Lebens und die Auseinandersetzung mit seinen guten und schlechten Ereignissen.

Dieses Lebenskonzept heißt »Mehrfachorientierung«. Es bietet persönlich ein Maximum an Freiheit und Selbstbestimmung, und es hat seine Kosten.

Innovatives Verhalten in Unternehmen

Mehrfachorientierung ist Befreiung und Anpassung. Sie entspricht dem Leitbild für eine zukunftsfähige Gesellschaft, die erwartet, dass man auf mehr als einer »Hochzeit« tanzen kann. Die Entwicklungspsychologie des Erwachsenenalters ermuntert auch dazu, verschiedene Lebensfelder zu »beachten«. Man bleibt dadurch einfach länger »jünger«.

Mehrfachorientierung verhindert die Reduktion auf eine einzige Karriere, schützt vor der Sucht nach Positionen und Ämtern und befreit eingeschlossene Potenziale. Vor allem aber bewahrt es männliche Manager davor, ihr Leben wie ein potemkinsches Dorf[99] aufzustellen und Fassaden aufzubauen, hinter denen das wahre Leben fehlt.

Die Überlegungen von Hannah Arendt, dass ein »nur in der Öffentlichkeit verbrachtes Leben« unweigerlich zu einer »eigentümlichen Verflachung« führe, bestätigen sich, wenn wir die persönlichen und unternehmerischen Leistungsbilanzen vieler Manager ansehen. Psychisches Gleichgewicht, In-

---

[99] Potemkin war ein russischer General, der Straßenzüge in »blühenden Dörfern« vorführte, hinter deren Fassaden niemand wohnte.

tegrität und Leistungsfähigkeit können nur aufrechterhalten werden, wenn Menschen sowohl in privater wie beruflicher Beziehung leben und arbeiten.
Mehrfachorientierung ist Voraussetzung für Flexibilität. Sie ist Grundlage für persönliche Selbstentfaltung und Unabhängigkeit. Eine Besonderheit der Lebensführung von Frauen ist, dass sie Optionen für diese drei Rollen haben. Sie können Berufsfrau sein, Mutter und Hausfrau und ein Leben in mehreren Aktionsfeldern führen. Die Besonderheit der Mehrheit der Männer ist jedoch ein Leben im »Berufsmenschentum«. Nur ein Leben im Beruf führen zu wollen, gelingt heute nicht mehr leicht. Das neue Jahrhundert entwertet dieses heute unzureichende Modell, weil es nicht genügend Innovationspotenzial enthält und weil nicht mehr genügend solcher Positionen zur Verfügung stehen.
Für Frauen und für Männer hat sich viel verändert: Heiratete eine Frau im Jahr 2000, so war sie nicht mehr wie 1949 ihrem Mann untergeordnet; bekommt heute ein Mann einen Sohn, kann er nicht mehr öffentlich stolz auf einen Stammhalter sein, sondern er muss sich eher fragen: »Woran erkenne ich, dass meine Tochter hoch begabt ist?«

Daimler Chrysler führte im Januar 2001 die Frauenquote ein und wird ab 2005 ein Drittel aller Arbeitsplätze für Frauen ausweisen. In Führungspositionen sollen nach Unternehmensvorgaben doppelt so viele Frauen sein wie bisher, obgleich viele Arbeitsplätze wegfallen werden.
Die Ehe ist heute keine Bedingung mehr für das Sorgerecht an Kindern, es kann relativ unkompliziert auch anderen Personen übertragen werden. Einseitige Lebensorientierungen können also den Erfordernissen zukünftiger Gesellschaften kaum standhalten. Die monetär vergütete, über den Markt vermittelte Arbeit nimmt ab, das traditionelle Geschlechterverhältnis, das die Alleinzuständigkeit von Frauen für die Haus- und Familienarbeit begründet, verändert sich. Immer mehr Frauen und Männer distanzieren sich auch zwangsläufig von den ausschließlich arbeitsorientierten Lebenskonzep-

ten und fordern von Unternehmen flexible Modelle. Frauen lassen sich zunehmend weniger auf die ausschließlichen Verpflichtungen für den Lebensbereich Familie festlegen. Lebenserfüllung und Identität werden kaum mehr in nur einem einzigen Lebensbereich gesucht und dort auch immer seltener gefunden. Mehrfachorientierte Menschen haben eine Art *»Modernisierungsvorsprung«*.

So betrachtet sind viele Frauen moderner als viele Männer, und weibliche Lebenskonzepte sind moderner als männliche Lebenskonzepte.

Die Balance zu finden zwischen den Anforderungen verschiedener Berufs- und Lebensphasen, persönlichen Lebens- und Unternehmensplänen ist ein steter Aushandelungsprozess mit sich selbst und mit anderen Menschen.

Das Balancekonzept ist der bewusste Lebensentwurf für eine Mehrfachorientierung im Leben zwischen Beruf, Familie und Privatheit.

Wenn man die vielen Möglichkeiten, welche die derzeit bereits sehr offene Gesellschaft bietet, vergleicht mit bisherigen Realisierungen, so stellt man bei einem solchen Ist-Kann-Vergleich fest, dass die meisten Unternehmen gegenüber flexibler Zusammenarbeit und Arbeitsorganisation veränderungsresistent sind und dass Unternehmen zwar energisch Leanmanagement, Reengineering und Prozessmanagement betreiben und Hierarchie abbauen wollen, jedoch dabei der Flexibilisierung der Arbeitsorganisation auf wichtigen Positionen zielstrebig ausweichen.

Die zeitliche und inhaltliche Organisation folgt hier immer noch den alten Strukturen. Für die Arbeitsorganisation kann auch nicht mehr gelten: Was bestimmte Manager für machbar halten, wird gemacht, was sie sich vorstellen können, wird erlaubt, und was internationale Standards vorgeben, wird ignoriert.

Die Organisationsvielfalt in Unternehmen wird bestimmt vom Maß der Aufgeklärtheit im Denken, der Qualität des Bewusstseins und daraus folgend der Handlungsfähigkeit des Managements.

Ob das Unternehmen heute ein männliches Management oder ein weibliches hat, hat keinerlei Auswirkungen auf die Organisationsstrukturen. Die oft imponierenden Forderungen nach dem »Umbau« des Unternehmens und die lauten Willensbekundungen für mehr Produktivität durch Flexibilität enden oft nur mit Entlassungen des Personals. Entscheidend ist, wie modern das Management ist und wie stark der Antrieb und die Lust sind, sich mit schwierigen Problemen auseinander zu setzen.

Wie Sie als Manager Unternehmensprobleme lösen, hängt maßgeblich von der richtigen Beurteilung der Fragestellungen und der Sachverhalte ab. Die solide Basis für Beurteilungen sind lösungsorientierte Analysen und die schonungslose Suche nach den persönlichen blinden Flecken, die im Problemlösungsprozess auftauchen.

Stellen Sie sich vor, ein talentierter junger Mann, eine Nachwuchsführungskraft in Ihren Augen, dem Sie Führungsverantwortung geben wollen und für eine Managementposition vorsehen, sagt Ihnen im Mitarbeitergespräch, dass er flexibel arbeiten und leben will. Das erfordert eine Arbeitsorganisation, die bisher in Ihrem Unternehmen unüblich ist.

Wenn Sie antworten: »Für Führungspositionen ist eine flexible Arbeitsorganisation nicht möglich«, dann verträten Sie damit die gängige Meinung. Dann hätten Sie eine schnelle, konventionelle und unter dem Aspekt verschiedener Lösungsmöglichkeiten simple Antwort gegeben. Wenn Sie eigentlich »Ja« sagen wollen, es dennoch nicht tun, dann müssen Sie eine persönliche Motivforschung betreiben.

Da es schwierig ist, die eigenen Denkgrenzen zu erkennen, muss man sich mit weiterführenden Fragen konfrontieren, wenn man Wissenslücken aufspüren will. Der Fragenkatalog hilft bei diesem Selbstcheck weiter. Beantworten Sie sich daher die folgenden Fragen:

1. Sind Sie ein vollzeitbeschäftigter weiblicher oder männlicher Manager?
2. Warum haben Sie das für Manager übliche Arbeitsmodell »Vollzeit« gewählt?
3. Leben Sie in einer konventionellen Partnerschaft? (Mann vollzeitbeschäftigt, Frau teilzeitbeschäftigt mit Familienzuständigkeit)
4. Warum leben Sie in einer konventionellen Partnerschaft?
5. Welche Konzepte empfehlen Sie Nachwuchskräften für eine erfolgreiche Berufskarriere und ein erfolgreiches persönliches Leben?
6. Wenn Sie Managementverantwortung und Führungspositionen mit Arbeitszeitflexibilität für unvereinbar halten, wie begründen Sie das?
7. Was geht in Ihnen vor, wenn Ihr Chef oder Ihre Chefin Ihnen vorschlägt, als Manager Ihre Aufgaben zeitflexibel zu erledigen?
8. Kennen Sie Unternehmen und deren Argumente, die eine flexible Arbeitsorganisation für alle Positionen praktizieren?
9. Haben Sie das Thema flexible Arbeitsorganisation jemals auf die Agenda einer Führungsrunde setzen lassen, und wenn ja, für welche Führungspositionen?
10. Wie würden Sie die flexible Arbeitsorganisation argumentativ und operativ durchsetzen können? Was hindert Sie bisher?

Wie Sie diesen Fragenkatalog beantwortet haben, hängt nicht davon ab, ob Sie ein männlicher oder weiblicher Manager sind, sondern davon, ob Sie die Arbeit im Beruf unter der traditionellen Perspektive definieren.

98 Prozent der Männer sagen für sich »Hauptsache Arbeit und nur Arbeit«, während für Frauen »Hauptsache Familie und Arbeit« gilt. Männliche Arbeitseinstellungen sind Ergebnisse alter Errungenschaften.

Diese Einstellungen, die in Diskussionen zäh verteidigt werden, haben eine Funktion. Sie sollen im Kern diese hergebrachten, etwa 150-jährigen Arbeitsorganisationen für Männer erhalten und neue zeitgemäße Organisationsformen möglichst lange noch verhindern.

Ein kurzer Exkurs[100] in die Zeit der Industrialisierung verdeutlicht diesen Standpunkt. Der Industrialisierungsprozess, in dem in der zweiten Hälfte des 19. Jahrhunderts in der Textil- und Schwerindustrie und in der Jahrhundertwende in der Chemie- und Elektroindustrie Deutschland führend war, rief für Frauen und Kinder, besonders jedoch für Männer, heftige persönliche Veränderungen hervor. Die Familie als Unternehmen unter der Leitung des Familienvaters, die für den eigenen Lebensunterhalt arbeitete und produzierte, verlor diese Funktion. Die Neuorganisation der Arbeit verlangte die neue Technik, bei der Maschinen die Handarbeit ersetzten, der Maschinenbetrieb die Arbeitszeit bestimmte und die Arbeitskräfte nach Produktionsprozessen ausgewählt wurden. Frauen und Kinder wurden erstmals unabhängig von ihren Männern und Vätern beschäftigt und bezahlt.

Die Industrialisierung bot auch Frauen Arbeit und Lohn außerhalb der Familie. Das schwächte die Rolle der Männer in der Familie und in der Arbeitswelt. Die Wirtschaftsleistung der Familie entstand nicht mehr durch gemeinsame Arbeit, sondern durch das Zusammenlegen der erarbeiteten Löhne von Frau und Mann.

Auch schon für die Zeit der Industrialisierung lassen sich die Ängste der Männer vor Veränderungen und Verdrängung durch Frauen und damals auch Kindern belegen. Auch Karl Marx gehörte zu den Meinungsmachern in der Industrialisierung, die Frauen und Kinder als bedrohliche Konkurrenz für

---

100 Wecker (1996): »Weiber sollen unter keinen Umständen in der Nachtarbeit eingesetzt werden.«

Männer in Fabriken sahen, da sie zwangsläufig für weniger Lohn arbeiteten.

In den Arbeitskampf- und Verteidigungsstrategien der damaligen Männer um ihren Arbeitsplatz und ihre Arbeitsorganisation war das schon enthalten, was auch heute in der Flexibilisierungsdebatte in den Unternehmen zu finden ist: der Ausschluss innovativer Konzepte und eine eigennützige männlich orientierte Arbeitsorganisation.

Die Männer in der Industrialisierung betrieben einen weit reichenden Ausschluss der Frauen durch eine massive öffentliche Meinungsbildung zur Moral und Gesundheitsgefährdung der Frauen durch Arbeit außerhalb der Familien. Arbeitsverbote für Frauen unter Vorgabe des Arbeitsschutzes für Frauen wurden erlassen. Die Männer definierten für sich die *»Ernährerrolle«* und den höheren *»Ernährerlohn«* und damit den Anspruch auf die besser bezahlten Arbeitsplätze. Beides gilt bis heute. Der Vertragsfreiheit für Männer beim Abschluss eines Arbeitsverhältnisses stand die Einschränkung der Vertragsfreiheit für Frauen gegenüber.

Zwei Kategorien von Arbeitskräften gibt es seither: »erstklassige« Männer und »zweitklassige« Frauen – damals dazu die Kinderarbeitskräfte. Die Ängste vieler Männer der Industrialisierung von damals sind auch die Befürchtungen vieler Männer in der nachindustriellen Zeit: Es sind weit reichende Sorgen um Bedeutungsverlust, Arbeitsverlust und Arbeitszeitreduzierung, Karriere und Lebensgestaltung. Das hat sehr persönliche Konsequenzen für viele Männer. Und dies geht auch Ihnen unterbewusst durch den Kopf, wenn Sie als männlicher Manager gefragt werden, ob man Führungsaufgaben und Verantwortung im Unternehmen teilen und flexibel leisten kann.

Ängste und Befürchtungen hemmen und erschweren die Informationssuche bei Problemlösungen. Angst verzerrt die

Wahrnehmung und macht sie selektiv und führt zur Bestätigung oder Verteidigung der eigenen Gedanken. So bleibt bei ängstlichen Managern das Vorhaben Flexibilität im Unternehmen ein Schlachtplan, dem kein Feldzug folgt.

Wie müssen Sie vorgehen, wenn Sie Flexibilität als neue Norm ins Unternehmen bringen wollen?
Zunächst brauchen Sie ein Konzept, mit dem Sie Flexibilität für sich selbst begründen und vor anderen argumentieren können. Das Konzept verlangt emotionale und mentale Anstrengungen und folgerichtige Handlungen:

1. Verabschieden Sie sich vom Altherrenmodell der Arbeitsorganisation! Es gehört ins Archiv der Geschichte der Arbeit.
2. Wenden Sie die Ideen der zweite Aufklärung auf Ihr Unternehmen an. Die erste Aufklärung galt den Wissenschaften vor 500 Jahren. Das Leitwort der zweiten Aufklärung heute heißt Individualisierung und bezeichnet die Lebensstrategie in unserer Gesellschaft heute.
3. Denken und handeln Sie individuell. Die Technikentwicklung und die Gesetze der modernen Gesellschaft ermöglichen und verlangen eine individualisierte Berufs- und Lebensstrategie.
4. Definieren Sie daher Arbeit, Leistung und Organisation neu unter dem Aspekt der Flexibilität. Anwesenheit, Kontinuität und Sicherheit auf Dauerarbeitsplätzen erzeugen keine zukunftsfähige Wertschöpfung mehr. Stattdessen sind Verfügbarkeit, Mobilität, Mehrfachorientierung und Ergebnisorientierung notwendig.
5. Informieren Sie sich über Vielzahl der Arbeitszeitformen, die von Topmanagern bis zu Saisonarbeitern heute gewählt werden, und studieren Sie Fallbeispiele über Arbeitszeitgestaltungen in innovativen Unternehmen.
6. Machen Sie einen Entwurf für »Unser flexibles Unternehmen«, entwickeln Sie mit Personen, die flexibel arbeiten wollen, eine Flexibilisierungsstrategie für alle Positionen im Unternehmen.

7. Entwerfen Sie ein Anforderungsprofil für »flexible Mitarbeiter« und lassen Sie sich dabei von Experten beraten, die eine flexible Berufs- und Lebensstrategie gewählt haben, z. B. berufstätige Familienfrauen, berufstätige Elternpaare, die ihre Familienpflichten teilen, oder Freiberufler, oder nehmen Sie gleich Topmanager als Vorbild.
8. Erstellen Sie unter dem Aspekt »Flexibilität« ein Portfolio für Ihre Human Resources und alle Positionen im Unternehmen.
9. Und dann fangen Sie an mit der Transformation zum flexiblen Unternehmen, und zwar bei sich selbst und der Position, die Sie innehaben.
10. Zuletzt veröffentlichen Sie »Best-practice«-Beispiele aus Ihrem Unternehmen.

So wird Flexibilität zur Norm im Unternehmen. Teilzeit, Arbeit auf Zeit, Elternzeit, Kurzzeit, Mehrfach-Teilzeit und beliebig viele weitere Arbeitsformen und Arbeitsverhältnisse können marktorientiert und individualisiert eingeführt werden. So sichern Männer und Frauen im Beruf ihre Existenz als flexible Lebensunternehmer und als Manager ihren Job.

Topmanager und Spitzenpolitiker sind schon lange die klassischen flexiblen Lebensunternehmer. Sie haben eine besondere Berufspraxis und Lebensstrategie. Sie sind nicht nur zeit- und aufgabenflexibel, sondern ausgesprochen mehrfachorientiert. Zur Existenzsicherung und zur Risikominderung üben sie unterschiedlichste Ämter aus, sogar Ehrenämter. Sie vereinbaren ihre diversen Beraterverträge unschwer mit ihren Spitzenposition und leben dazu noch in Familien mit Kindern. Wenn man von der Position und dem Einkommen dieser Männer einmal absieht, so leben und arbeiten sie nach denselben Prinzipien wie berufstätige Familienfrauen.

Wenn Topmanager und Frauen im Beruf ein »Portfolio von Tätigkeiten« erfolgreich managen, dann liefern sie für alle anderen Männer und Frauen in Unternehmen das Zukunftsmodell: die Portfolioarbeit[101]. Sie ist das bessere Lebenskonzept.

Take away!

Mit Flexibilität und Individualisierung haben Frauen und Männer mehr von Leben und Beruf, und das Unternehmen erhält außerdem einen Modernisierungsvorsprung.

[101] Gross (1995).

19

Familie, Liebe und Beruf: Privatangelegenheiten von Männern und Frauen

So machten es berühmte Männer:

Kafka schreckte jedes Mal zurück, wenn es ans Heiraten ging, aber es hat immer Frauen gegeben, die ihn bewunderten und liebten.

Marx hatte Sorgen, wie er seine Familie ernähren sollte. Er konnte aber sein Lebenswerk verfassen, umsorgt von seiner Frau Jenny und seiner Haushälterin Lenchen. Mit der hatte er zudem ein Kind. Seine Frau und seine Töchter durften das allerdings nicht wissen. Als Vater musste sein Freund Friedrich Engels herhalten, der beschloss, dieses Kind und die Familie Marx mit zu unterhalten.

Auch Sigmund **Freud** hatte häufig Geldsorgen. Damit er produktiv sein konnte, hatte er mehrere Frauen zur Verfügung, die sich um ihn kümmerten und ihm die kleinen Alltagssorgen vom Leib hielten. Dazu gehörten seine Frau und deren Schwester, das Hauspersonal und später seine Tochter Anna. Alles war für ihn geregelt, damit er seiner Arbeit nachgehen konnte. Sogar die Zahnbürste, die jeden Morgen für ihn bereitlag, war mit Zahnpasta schon belegt, bevor er aufstand. Mit seinen Kindern beschäftigte er sich kaum. Dafür interessierte er sich mehr für die frühkindlichen Erinnerungen seiner Patienten.

Wie machten es berühmte Frauen?

Simone de **Beauvoir**, Clara **Schumann**, Marilyn **Monroe**, Mileva **Maric**, Einsteins erste Frau, Martha **Gellhorn**, Picassos dritte Frau, Maria **Callas** oder Virginia **Woolf**. Geben uns ihre Biografien Antworten auf die Frage, wie sich berufliche Ambitionen und Liebesbeziehungen vereinen lassen? Mileva Maric galt vor ihrer Eheschließung als außergewöhnlich begabte Physikerin. Sie war ausgesprochen ehrgeizig und darauf bedacht, eine wissenschaftliche Karriere zu machen. Heiraten wollte sie deshalb nicht. Einstein und sie liebten sich leidenschaftlich. Er war stolz auf ihr Talent und bewunderte sie. So heiratete sie ihn doch. Nach ihrer Eheschließung *berechnete* sie Einsteins Relativitätstheorie und unterschrieb bei gemeinsamen Publikationen nur noch mit »Einstein«. Herr Einstein bekam den Nobelpreis. Frau Einstein versank nach der Geburt ihres zweiten Sohnes, der sehr kränklich war, in Haushalts- und Pflegearbeiten und in tiefe Depressionen. Zu dieser Zeit verließ Einstein sie wegen einer anderen Frau. Diese war persönlich unbedarft und fachlich ungebildet.

Pablo Picasso hatte allen Galerien in Paris untersagt, die Werke seiner dritten Frau, Martha Gellhorn, auszustellen. Nie wieder würden die Galerien sonst ein Bild von ihm bekommen. Martha verließ Pablo. Viele neue Frauen standen für ihn bereit.

Begabte und berühmte Männer und begabte und berühmte Frauen haben ganz gewöhnliche Beziehungen. So wie die meisten von uns. 1994 erschien ein Buch mit dem Titel »Über die Unmöglichkeit der Liebe zwischen Mann und Frau«[102]. Und das Institut für Kultursoziologie der Universität Magdeburg identifizierte und veröffentlichte 20 Gründe, warum Männer heiraten. Die 1667 Männer zwischen 19 und 39 Jahren gaben aufschlussreiche Antworten, die sie später wahrscheinlich nie mehr selbst gelesen haben, auf eine einzige Frage: »Aus wel-

[102] Vgl. Anja Meulenbelt (1994).

chem Grund haben Sie geheiratet oder würden Sie heiraten?« Wissen Sie, warum die Frauen und Männer, die in Ihrem Unternehmen arbeiten, heiraten? Und wie es ihnen nach der Heirat geht? Und wissen Sie, was Sie darüber für ein zielführendes Mitarbeitergespräch unbedingt wissen müssen? Hier sind zunächst die 20 stärksten Motive, die Männer im besten Alter zur Heirat bewegen.

Nr.	Heiratsmotive von Männern	%
1	Steuern sparen	74
2	Frau wünscht es	64
3	Fördert Karriere	59
4	Familie gründen	52
5	Kind unterwegs	44
6	Mal ausprobieren	40
7	Aus Einsamkeit	38
8	Aus Tradition	33
9	Zur Ruhe kommen	31
10	Zum Repräsentieren	29
11	Um Rückhalt zu haben	27
12	Aus Loyalität	25
13	Aus Romantik	23
14	Frau hat Geld	20
15	Angst vor dem Alter	19
16	Sicherheitsbedürfnis	17
17	Eltern wollen es	12
18	Aus Liebe	10
19	Aus Eifersucht	8
20	Um Hausmann zu werden	6

Quelle: Taunus Institut für Kultursoziologie. Erhebungszeitpunkt: 1995

Abb. 32: Heiratsmotive von Männern zwischen 19 und 39 Jahren (Mehrfachnennungen waren möglich)

Man kann es kurz machen. Bei Geld oder Liebe bevorzugen Männer dieser Altersgruppen Geld. Sie heiraten für die Beförderung der Berufskarriere, weil die Frau es wünscht und weil zu einer Familie auch die Hochzeit gehört. Persönliche Unsicherheiten und Konventionen sind die weiteren Motive. Pragmatismus, Konvention, Kalkül und Egoismus bewegen Männer mehr zum Heiraten als andere Gründe. Und: Liebe ist dabei unwesentlich. Haben Frauen andere Motive? Nein, lediglich die Reihenfolge ist unterschiedlich. Im oberen Drittel stehen Familie und Liebe. Karrieremotive entfallen dagegen ganz.
Bei ihrer Partnerwahl haben 68 Prozent Männer und Frauen wirtschaftliche Interessen und feste Vorstellungen von den richtigen Verhältnissen.
Bei der heterosexuellen Partnerwahl

- ist er größer[103] – sie kleiner
- ist er älter – sie jünger
- hat er mehr Einkommen – sie weniger Einkommen

Partnerschaften beginnen so unter ungleichen Voraussetzungen. Wenn sie dazu noch ohne Liebe leben, gelten auch in Partnerschaften nur die Gesetzmäßigkeiten eines Marktes und der Macht. Es bestehen Verhältnisse oder Beziehungskisten. Die wichtigsten privaten und persönlichen Anliegen werden inzwischen von 40 Prozent der Männer und Frauen nicht mehr gemeinsam bewältigt. Private Partnerschaftsprobleme, die sachlogisch aus Macht- und Ökonomiemotiven entstehen, werden, weil persönlich unlösbar, zu öffentlichen Wünschen, politischen Forderungen nach Regierungsprogrammen z. B. für den Wiedereinstieg in den Beruf oder bezahlte Kindergartenplätze. Männer und Frauen wählen jeweils diese persönlichen Lebensmodelle, die ihnen den meisten Nutzen versprechen. Heiraten sie und gründen sie Familien, so sollten sie wissen, was sie tun. Männer scheinen das

[103] Lady Di durfte während ihrer Ehe mit Prinz Charles keine Stöckelschuhe tragen. Sie hätte ihm dann über die Schulter geschaut.

besser zu berechnen als Frauen, da sie sich auf die gewöhnlichen Prinzipien der Macht und des Marktes auch im Privatleben einstellen. So sind sie nach allen Untersuchungen viel zufriedener mit dem Ehe- und Familienleben. Das erhoffte Maß an Behaglichkeit, Entspannung und Unterstützung erhalten sie in der Ehe, und ihr Berufsleben gestalten sie ohnehin unabhängig. Ihre großen Befürchtungen um Freiheitsbeschneidung durch Partnerschaft erweisen sich als fast unbegründet.

Anders ist das für die Frauen. Die mit viel mehr Optimismus begonnenen Ehen erweisen sich für sie als größere und längere persönliche Freiheitsberaubungen, wenn daraus eine Familie wird. Viel mehr Frauen als Männer würden daher bei einer erneuten Wahlmöglichkeit ein anderes Leben führen. Jede fünfte Mutter wollte keine Kinder mehr haben. Kein Mann erwähnte das bei den Befragungen.[104] Frauen sind enttäuschter, einsamer und müder von Ehe und Familie.

Private Beziehungen zwischen Frauen und Männern sind heute jedoch **gewählte** Beziehungen. Ob sie lustvoll oder qualvoll werden, hängt eher von der Klugheit der Frauen ab. Da sie mehr zu verlieren haben, müssen sie besser überlegen und vorteilhafter wählen.

Wenn in der Zusammenarbeit mit Managern in Trainings- und Beratungsprojekten die Masken fallen, dann wird auch über das Managen von Beruf und Privatleben gesprochen. Im Unterton hört man Anspannung. Ein »vagabundierendes« schlechtes Gewissen treibt vor allem männliche Manager um, wenn sie an ihre Familien denken. Die Gedanken an nicht geleistete Haushaltsarbeiten, an die wiederholten Urlaubsverschiebungen, die Vorwürfe über mangelnde Anwesenheit zu Hause oder über persönliches Desinteresse an Familienproblemen lassen sich nicht wirklich kontrollieren. Und endlich daheim, fehlt es an Konzentration oder Spaß am Privaten. Die Gedanken an das »Geschäft«, an den fälligen Monatsbericht, an das Marketingkonzept, das immer noch nicht

[104] Vgl. Lüscher u. a. (1988).

akzeptiert ist, an das schon mehrmals verschobene Konfliktgespräch mit einer Kollegin lassen sich noch weniger beiseite schieben. Nirgendwo ganz anwesend sein und immer der Vorsatz und das Versprechen »Bald wird es anders, bald habe ich mehr Zeit«, das treibt um. Berufstätige Männer und berufstätige Frauen, verheiratet oder unverheiratet, mit Kindern und ohne Kinder, müssen sich mit dem Pendelverkehr zwischen Arbeit und privatem Leben arrangieren, für den man einen Fahrplan sucht.

Tatsächlich handelt es sich hier um ein Dilemma, für das es keine Lösungen gibt. Im Spannungsfeld zwischen Beruf, Privatleben und eigenen Bedürfnissen ist es eine persönliche Kunst, alle Bälle gleichzeitig in der Luft zu halten.

Von 1000 befragten Partnerinnen von Vorstandsvorsitzenden, Vorständen und Geschäftsführern zum Thema »Manager und ihr Privatleben« zogen 90 Prozent das Fazit, dass der Konkurrenzkampf ihrer Männer im Beruf zu viel Zeit und Energie verzehrt und Verhaltensweisen herausbildet, die mit dem Privatleben unvereinbar sind.[105] Dennoch akzeptieren 75 Prozent der Frauen diesen Preis. 85 Prozent dieser Topführungskräfte bestätigen, dass der Beruf zu viel vom privaten und persönlichen Leben kostet.
Man kann es auch klar sagen: Im Mittelpunkt des Lebens steht der Beruf. Familie und Privatleben müssen sich am Rande mit der Erwerbstätigkeit arrangieren. Die normale Familie ist nur noch im Heimatfilm der 50er-Jahre zu sehen. Stattdessen gibt es eine Vielfalt der Lebensstile und Partnerschaftsmodelle. Alle enthalten individuelle Lebensführungen. Niemand lässt sich mehr vorschreiben, wie man zu leben hat. Das ist Privatsache. So lange, bis man Vater oder Mutter geworden ist. Dann gelten für Männer und Frauen noch mehr unterschiedliche Stichworte. Gender schlägt nun voll zu, besonders trifft es die Frauen.

---

[105] Vgl. Willi (2002).

Der Mikrozensus »Leben und Arbeiten in Deutschland« 2002 zeigt, dass nach wie vor die traditionelle Familie hoch im Kurs steht. 75 Prozent aller Lebensgemeinschaften bestehen als klassische Familie mit Vater, Mutter, Kind. 19 Prozent allein erziehende Mütter und Väter gibt es derzeit, sechs Prozent der Kinder leben in alternativen Familienformen.
Das in den Augen der meisten Paare bewährte Familienmodell hat seine bekannten und seine unterschiedlichen Auswirkungen auf berufliche Entscheidungen von Frauen und Männern. Aber die Lösungsstrategien sind ebenso traditionell geblieben, wie es die Partnerverhältnisse und die Unternehmen sind. 75 Prozent der Mütter und 25 Prozent der Väter mit Berufstätigkeit ziehen eine Teilzeitbeschäftigung der Vollzeitbeschäftigung in den ersten drei Lebensjahren des Kindes vor. Zwei Drittel der Mütter verzichten ganz auf eine Berufstätigkeit, bis ihr Kind drei Jahre alt geworden ist. Auch bei schulpflichtigen Kindern bevorzugen Frauen eine Halbtagsstelle. Ostdeutsche Frauen haben da andere Einstellungen als westdeutsche. Frauen aus dem Osten entscheiden sich bei derselben Kindergartensituation anders. Da sind 50 Prozent der Mütter voll im Beruf, und ihre Teilzeitarbeit begründen 51 Prozent der Frauen mit fehlenden Vollzeitstellen. Über die Vereinbarkeit von Familie und Beruf nachzudenken, gehört zu den Hauptbeschäftigungen für Frauen mit Kindern. Die Begründung, dass der Ehemann mehr Geld im Beruf verdient und deshalb nach dem Beistand bei der Schwangerschaftsgymnastik, bei der Entbindung und während des Wochenbettes wieder zurück in die Arbeitswelt geht, ist nachvollziehbar.
Dass es so sein soll, ist ein Ergebnis von Tradition und des Mangels an Innovationen im Privatleben und in der Wirtschaftsorganisation. Jedes Paar, das Kinder bekommt, steht mehr oder weniger vor gleichen privaten Entscheidungen. Sollen wir ein traditionelles Leben in Familie und Beruf führen oder innovativ sein? Viele wissenschaftliche und familienpolitische Studien analysieren immer und immer wieder gleiche Ergebnisse zur Lage von Männern und Frauen zwi-

schen Beruf und Familie. Vorgeschlagene Veränderungsprogramme für die Arbeitszeitorganisation fallen weder bei Unternehmen noch bei berufstätigen Männern auf bemerkenswerte Akzeptanz.
Die derzeit vielleicht 100.000 Hausmänner haben zu 65 Prozent Abitur, zu 50 Prozent ein Studium, sind etwa 35 Jahre alt und warten auf die Promotion oder eine gute Position. Ihre Partnerinnen sind am häufigsten im öffentlichen Dienst beschäftigt und sind hoch qualifiziert. Dennoch bleiben Hausmänner im Durchschnitt nur zwei Jahre im Haus und bei den Kindern, bis die »Erlösung« durch die Berufstätigkeit eintritt.
Wenig Veränderungspotenzial haben Politik und Wirtschaft, wenn es um Vereinbarkeitsprobleme geht. Der Durchbruch zu Veränderungen muss von den Paaren selbst kommen. Paare, die Familie und Beruf ohne »Opferethik« – Frau für die Familie, Mann für den Beruf – des einen oder anderen Partners managen, unterscheiden sich bei Hindernissen für die Handlungsorientierung und gegen Passivität.
Diese sehr verschiedenen Denkstile sind entscheidend dafür, ob man etwas tut oder etwas lässt, ob man bei Hindernissen Wege findet oder stehen bleibt. Weder Frauen noch Männer wollen Nachteile durch Kinder haben. Frauen möchten ihre Qualifikationen und Potenziale ebenso nutzen wie Männer. Männer möchten auch aktive Väter sein. Mehr vom Leben zu haben, erfordert Verbundenheit mit dem Beruf und Verbundenheit mit Partnern und Kindern.

Lebensglück und Handlungsorientierung gehen ein gutes Stück zusammen.

Passive Paare warten auf Lösungen von außen. Sie können eigene Bedürfnisse nicht von fremden Bedürfnissen, hier sind es konventionelle Normen, unterscheiden. Bei den Auseinandersetzungen mit Beruf und Familie sehen sie vor allem die unwichtigen und bedrohlichen Aspekte. Ihre Lage löst negative Gefühle und Stressempfinden aus. Eigene Handlungsmöglichkeiten sind nicht in Sicht. So warten sie, jedoch vergeblich, auf Hilfe und Lösungen aus der Politik oder den Unternehmen.

Handlungsorientierte Paare sind in derselben Ausgangslage. Sie denken jedoch anders. Sie sind vor allem selbstbestimmt, wenn es um ihre berufliche und private Lebensgestaltung geht. Sie betrachten sich als »Lebensunternehmer«, entscheiden rechtzeitig und zielstrebig in ihrer Lebensplanung. Ihre persönlichen Lösungen motivieren sie mehr als diffuse Hoffnungen auf externe Veränderungen.

Noch haben wir keine modernen Zeiten zwischen Paaren. Am eindrucksvollsten sagen das die jungen berufstätigen Mütter.

Wie geht es heute jungen Müttern im Beruf?

Die neueste Umfrage der Zeitschrift »Brigitte«, an der sich 5000 deutsche Mütter beteiligten, gibt uns klare Antworten: Zwei Themen beschäftigen junge berufstätige Mütter unverändert: Kind und Mann.
Fast zwei Drittel der Mütter ärgern sich, dass Kinder als reines Privatvergnügen angesehen werden. Es wird viel zu wenig honoriert, dass Kindererziehung auch eine Leistung für die Gesellschaft ist, meinen sie.
59 Prozent wünschen sich neben Muttersein auch eine qualifizierte Teilzeitbeschäftigung.

- Aus fast allen Antworten klingt Stress.
- Eindeutig sind die Botschaften: Junge berufstätige Frauen wollen ein besseres Leben mit Kindern und für die Kinder.

Geld allein macht nicht glücklich. Familie ist für die meisten Mütter in erster Linie kein finanzielles Problem, sondern eine Herzensangelegenheit. Nur für 18 Prozent ist die viel diskutierte Kindergeldhöhe entscheidend. Aber: Mit überwältigenden 72,2 Prozent beklagen sich Mütter über kinderfeindliche Verhältnisse in Deutschland.

Viele Mütter haben mit ihrer Identität zu kämpfen. Denn: Im öffentlichen Urteil sind Vollzeitmütter zu faul zum Arbeiten, Mütter mit Job sind rücksichtslos, 80 Prozent der Mütter finden, dass ihre Männer es besser und schöner haben als sie, und sie würden das Dasein als berufstätige Frau dem einer Hausfrau vorziehen, schon deshalb, weil der die Anerkennung fehlt. Keiner der Wege, die junge Mütter heute beschreiten, findet die volle, die eigene oder die gesellschaftliche Akzeptanz. Wagt sie sich für den Job aus dem Haus und überlässt anderen ihre Kinder, hat sie Schuldgefühle. Bleibt sie der Kinder wegen zu Hause, fühlt sie sich ausgeschlossen vom öffentlichen Leben. Mütter vereinigt euch – will man darum rufen, wo auch immer und besonders in »Müttervereinen«!
Für junge Frauen sind Männerfragen ein Lebensthema: Viele Frauengespräche kreisen um den Mann und die Partnerschaft und darüber, wie aus der Utopie der egalitären Partnerschaft, die alles teilt, nach dem ersten und sicher nach dem zweiten Kind, die Partnerschaft traditionell geworden ist. Der Mann macht Karriere, die Frau Haushalt, Kinder und Teilzeit. Und die Erkenntnis ist: Stagnation im Beruf und der Partnerschaft. Es bewegt sich nichts, und **er** bewegt sich nicht, **sie** bewegt sich auch nicht.

Die bundesdeutsche Männerforschung[106], die sich mit den Einstellungen von Männern zur Partnerschaft mit Frauen befasst, hat aus Frauensicht nichts Gutes zu berichten. Aus Männersicht ist vieles dagegen unproblematisch.
Ein Drittel der Männer ist als »neuer Mann« zu bezeichnen:
- Sie beteiligen sich partnerschaftlich mehr.
- Sie unterstützen ihre Frauen bei der Berufstätigkeit.
- Sie lehnen Gewalt als Konfliktlöser ab.

Ein Fünftel der Männer verhält sich unverändert traditionell, sieht Frauen lieber im Haus und am Herd, wie dies auch ein Sechstel aller Frauen für richtig hält.

[106] Vgl. z. B. Döge (2001).

Zwischen der Gruppe der neuen und der alten Männertypen stehen die pragmatischen und unsicheren Männer, für die das Anpassen und das Abwarten von Entwicklungen gilt. Etwa 15 Prozent der Männer sagen: Hauptsache Macht im Beruf und Privatleben. Ihre Aggressivität bedroht Frauen und andere Männer und Kinder gleichermaßen. 90 Prozent aller Männer, unabhängig davon, welche Position sie in ihrer Partnerschaft einnehmen, sagen, nach dem wesentlichen Element in ihrem Leben befragt: Arbeit. Für einen Arbeitsmann ist aktive Vaterschaft kein Lebensziel.

Wie geht es heute jungen Vätern?

Auch wenn Männer Väter sind, definieren sich Männer aller Altersstufen eindeutig als Versorger. Aktive Vaterschaft ist ein Konzept, das den meisten jungen Männern unattraktiv erscheint. Mit dem traditionellen Teil des »Vaterseins« sind 98 Prozent aller Männer zufrieden. Selbst der offenkundige Verlust väterlicher Autorität bewegt Männer nicht zu neuen Zielen. Aus ihrer Sicht gibt es dazu auch keine Veranlassungen. Immer schon haben Männer ihre persönliche Autorität und ihre familiäre Bedeutung aus ihren Aktivitäten außerhalb der Familien gewonnen. Beruf und Status sind die Lebenselexiere von Männern. Bei aller Rhetorik von Männern und Frauen gibt es nicht mehr Zeit und Bereitschaft für aktive Vaterschaft. Dagegen gibt es mehr Zeit und Engagement für den Beruf. Erwerbstätigkeit in einem Beruf heute fordert nämlich mehr zeitliches, emotionales und intellektuelles Engagement als je zuvor.

Männer und Frauen vergeben schließlich ihre Kapazitäten nach Nutzenaspekten. Für ein komplexes Modell von Elternschaft[107], auch wenn es speziell von Männern für Männer entwickelt worden ist, fehlen Männern Zeit und Interesse.

---

[107] Lamb (1987) hat beschrieben, dass es weltweit allen Vätern gleich geht: Berufstätigkeit und Versorgerrolle gelten als unauflösbar, soziale Elternschaft ist Frauensache.

Die neuen Väternormen verlangen nämlich:

→ persönliches Engagement mit Kindern (Spielen)
→ Verfügbarkeit für Haushaltsaufgaben, die durch Kinder entstehen (Wickeln, Waschen)
→ Verantwortlichkeit für Dienstleistungen am Kind (Kinderarztbesuche)

Das, was junge berufstätige Frauen mit Kindern bisher unentgeltlich tun und was sie persönlich im Beruf und beim Einkommen ins Hintertreffen bringt, ist nun die Forderung an die jungen Väter: eine Langzeitinvestition in Erziehung, Pflege, Unterricht und Spiel. Es wird auch jetzt nicht dazu kommen. Die frühen Phasen der Erwerbstätigkeit für Frauen und Männer sind ungünstig verknüpft mit Heirat, Kindern und Hausbau. So enden ausgesprochene oder heimliche Überlegungen, wie private Ziele mit den Plänen im Beruf in Übereinstimmung gebracht werden können, bei der Ausgangslage: Es bleibt, wie es war und ist. Die aktive Vaterschaft bleibt eine hübsche Idee. Um die Vereinbarkeit von Beruf und Familie sorgen sich weiterhin die Frauen. Und die Programme zum Erziehungsurlaub[108] finden in den Zeiten internationaler Wirtschaftskrisen keinerlei Akzeptanz. Nicht einmal beamtete Männer auf krisensicheren Arbeitsplätzen wollen den Elternurlaub. Das belegen die Gleichstellungsberichte der Länderministerien.[109]

Elternurlaub ist außerdem das falsche Marketingkonzept für beinhartes Elternengagement. Wenn so ein »Urlaub« dazu finanzielle Verluste, wirtschaftliche Unsicherheit, Diskriminierung in der Arbeitswelt und persönliche Identitätskonflikte auszulösen imstande ist, dann ist es für Eltern klüger, das alte ökonomische Modell, das die Beziehung zwischen Mann und Frau bisher bestimmt, hochzuhalten. Anstelle un-

108 Vaskovics und Rost (1999) haben für die Bundesregierung eine Spezialbroschüre für Väter in Erziehungsurlaub verfasst.
109 Zum Beispiel des Landes Schleswig-Holstein.

erreichbarer romantischer Paar-, Kinder- und Familienbeziehungen kalkulieren Männer und Frauen das Verhältnis von Kosten und Nutzen zwischen den Aufwänden der Partnerschaft, Elternschaft und Erwerbsarbeit. Was ist ergebniswirksam? So lauten auch hier die oft unausgesprochenen Fragen. Ergebniswirksam ist nach wie vor im Leben und Beruf für die Mehrheit:

- Die Verteilung und Ergänzung von Ressourcen zwischen Paaren und der Austausch von geschlechtsspezifischen Gütern: Mann bringt mehr Geld – Frau bringt mehr Hausarbeit.
- Zeit wird von dem Partner für Kinder alloziert, der sie hat oder gibt: Frau hat Kinderzeit und mehr Hausarbeitszeit gewählt.
- Wechselseitige Abhängigkeiten zwischen Paaren sind für deren Mehrzahl erfolgreicher.
- Eine gemeinsam getragene Beziehungsideologie mit den alten Genderrollen von Ehemann und Ehefrau und Vater, Mutter, Kind an bewährter Stelle ermöglicht immer noch das Durchhalten in jeder Zeit.

Wir leben heute. Wissen ist unser wirtschaftliches, wissenschaftliches und persönliches Kapital. Es bestimmt unser wirtschaftliches und persönliches Schicksal. Traditionelle Partnerschaft, traditionelle Elternschaft und traditionelle Erwerbsarbeit gehören zur industriellen Zeit. Seit 1990 haben die Wirtschaft und ihre Unternehmen Radikalkuren hinzunehmen und die Wissenschaften Erkenntnisrevolutionen. Unsere Gesellschaft ist nachindustriell.[110] Wir haben alle Köpfe und Hände voll zu tun mit dem Ende der sozialen Wohlfahrt, der Sicherung unserer natürlichen Lebensgrundlagen, mit der Konkurrenz und dem Wettbewerb der unterschiedlichen Weltkulturen.

---

[110] Lutz (1997) hat die nachindustrielle Zeit charakterisiert.

Von Wirtschaft und Wissenschaft kann nur das erwartet werden, was zu ihren Kernkompetenzen gehört. Die Wirtschaft und ihre Unternehmen schaffen Arbeitsplätze und entwickeln die wirtschaftliche Zukunft. Die Wissenschaften erzeugen Wissen und Entwicklungen. Menschen können die Leistungen der Wirtschaft und Wissenschaft für ein gutes Leben nutzen. **Ihr privates Leben, ihre sexuellen Beziehungen und ihre Lebensstile regeln und verantworten Männer und Frauen in Freiheit selbst.**

Das unternehmerische Denken und Handeln ist auch eine Anforderung im Privatleben. Partnerschaft ist eine individuelle und gemeinsame emotionale und organisatorische Leistung von Frauen und Männern. Zukunftsfähig ist das, was die Existenz sichert. Das ist oft nicht das, was für politisch korrekt gehalten wird.

Mit dem Genderblick auf Frauen und Männer und deren gemeinsamer Zukunft ist die attraktivste Vorstellung, dass Liebe und Freiheit die Grundlage der Partnerschaften sind.
Was kann ein progressives Gendermanagement zu Vereinbarkeitsproblemen tun?
Wenn Sie Personalvorstand sind oder zu den Entscheidern über Personalmanagementprozesse gehören, unabhängig davon, ob sie männlich oder weiblich sind, dann können Sie so vorgehen:

Empfehlungen:

- Sie entschuldigen sich nicht, dass sie ganz cool an »Frauenfragen«, die natürlich auch Männerfragen sind, herangehen.
- Sie informieren sich zum Diskussionsstand über Vereinbarkeit von Beruf und Familie und Work-Life-Balance bei einer Gleichstellungsbeauftragen oder benutzen das Expertenwissen eines Instituts für Frauenforschung und Gender.
- Sie bilden sich unter dem Genderblick eine Meinung und

beziehen einen unternehmerischen Standpunkt. Denken Sie daran, dass Sie die *progressiven* unternehmerischen Frauen und Männer haben wollen.

- Kopieren Sie politische Aktionen oder Unternehmen *nicht* und setzen Sie nicht auf Regierungsprogramme.
- Sie schicken Ihre Gleichstellungsbeauftragten und Personalreferenten in Genderqualifizierungsmaßnahmen zur Bundeswehr oder solchen Trainings, wie sie vom europäischen oder amerikanischen Militär angeboten werden. Das Militär hat notgedrungen aus der »befohlenen Integration des Fremden«[111], das sind beim Militär die Frauen, eine Tugend und hervorragende Praxisprogramme gemacht.
- Sie verpflichten Ihre Gleichstellungsbeauftragen und Personalreferenten danach zur Durchführung einer Genderanalyse, die Männer und Frauen spezifisch zu ihrem »Work-Life-Balance-Problem« befragt.
- Sie veröffentlichen ein offizielles »Genderstatement« im Unternehmen. Sagen Sie darin, was Privatangelegenheiten und was Unternehmensangelegenheiten sind.
- Die Personalreferenten verpflichten Sie zu einem Gendercontrolling mit den Zielen, Ihre Personalstrategie umzusetzen.
- Sie belohnen die Männer und Frauen, die in Ihrem Unternehmen flexibel arbeiten, und laden das ganze Unternehmen ein zu einem Unternehmenstheater mit dem Thema »Sex und Gender in unserem Unternehmen«.

Den meisten Spaß dabei werden *Sie* haben.

[111] Kümmel und Werkner haben 2003 am Sozialwissenschaftlichen Institut der Bundeswehr einen interessanten Artikel dazu geschrieben.

Take away!

1. Private Beziehungen zwischen Männern und Frauen sind heute frei gewählt. Liebe und Freiheit in der Beziehung sind wichtiger als Maßnahmen zur Vereinbarkeit von Beruf und Familie.
2. Unternehmerisches Denken und Handlungsorientierung gelten auch für das Privatleben.
3. Führen Sie in Ihr Privatleben Innovationen ein. Sie werden mehr Glück und Spaß erleben.

20

Genderpraxis: Methoden – Genderprogramm – Training

Die praktische Umsetzung der Personalstrategie »Gender« erfordert einen Organisationsentwicklungsprozess und Personalentwicklungsmaßnahmen. Das Unternehmen, das diesen Prozess will, erhält am Ende ein verändertes Personalmanagement, veränderte Prozesse und Strukturen und ein modernes Image.
Wenn es so scheint, als hätte man eine der größten Hürden auf dem Weg zur Umsetzung dieser Innovation im Unternehmen dann überwunden, wenn der Personalvorstand seine Zustimmung für die Personalstrategie Gender gegeben hat, dann steht auf dem Weg zur Genderpraxis noch ein weiter langer Hürdenlauf bevor. Aus unseren eigenen Erfahrungen können wir sagen, dass die mittlere Managementebene, die Personalvertretungen und oft auch Frauen und Männer besonders überzeugt werden wollen von den Zielsetzungen und dem Nutzen der bisher noch unbekannten Personalstrategie Gender.
Zunächst müssen aus der Personalstrategie die »Ideen des Machbaren« für ein Genderprogramm im Unternehmen abgeleitet werden und sowohl ein rationaler wie emotionaler Konsens entstehen, damit über Gender im Unternehmen gesprochen und es später praktiziert wird.

Das geschieht zunächst durch:
- Bewusstseinsbildung und Sensibilisierung für Gender und seine Aspekte im Unternehmen, im Personalmanagement und im Berufsleben
- Wissensvermittlung zu Genderpotenzialen und deren Effekte bei der Berufs- und Lebensplanung, in der Zusam-

Abb. 33: Ansatzpunkte für ein qualifiziertes Genderprogramm

menarbeit zwischen Männern und Frauen im Berufsalltag und zu den Anforderungen an genderkompetente Führung, die mit weiblichen und männlichen Motivstrukturen, Denkstilen und Verhaltensweisen umgehen muss

- Einstellungs- und Verhaltensformung zur Handlungsfähigkeit, zur Entwicklung von Genderkompetenz, damit in Organisationen genderbasiert gehandelt wird

Methoden

Informationsveranstaltungen, Spezialworkshops und öffentliche Vorträge sind zunächst geeignet, um das Interesse für das Thema Gender zu wecken, in das Thema einzuführen und Gender in die unternehmensinterne Diskussion zu bringen.
Diese Themen[112] werden nach unseren Erfahrungen oft für Einstiegsveranstaltungen von Unternehmen genommen:

[112] Sie können dazu unser Genderqualifizierungsprogramm »Genderkompetenz« anfordern oder an unserem berufsbegleitenden Zertifikatskurs »Genderkompenz«, der zum Genderexperten qualifiziert, teilnehmen. www.frauenforschung.fh-kiel.de

- geschlechtsspezifische Erfolgs- und Misserfolgsfaktoren in der Berufskarriere
- Gender-Mainstreaming als Querschnittsaufgabe und Handlungsmaxime in Politik und Verwaltung
- E-Quality-Management als Führungsaufgabe
- neue Partnerschaftsmodelle und Arbeitszeitmodelle in Beruf und Familie
- Frauen und Männer in Team- und Projektarbeit im Unternehmen
- Innovationen im Personalmanagement durch Gender
- Assessment-Center geschlechtsspezifisch konzipieren und durchführen
- fairer Umgang zwischen Männern und Frauen: aktuelle Standards
- Widerstandsmanagement bei der Einführung der Genderstrategie
- Qualitätsmessung und Auditierung der Personalstrategie Gender

Für die Ausrichtung des Personalmanagements auf Gender haben sich drei Methoden bewährt:

Die Genderanalysen (GA), das Gender-Impact-Assessment (GIA) und das Gender-Auditing (GAU)

Genderanalysen und Gender-Impact-Assessments sind geschlechtsspezifische Datenanalysen und Beratungsverfahren. Sie werden eingesetzt, um Maßnahmen und den Ressourceneinsatz in der Organisations- und Personalentwicklung unter Genderaspekten zu prüfen und zu optimieren, um damit Innovationspotenziale in Geschäftsprozessen freizusetzen. Unternehmenspolitische Programme und Unternehmensgrundsätze können ebenfalls mit Genderanalysen daraufhin bewertet werden, ob sie genderadäquat sind.
Zur Anwendung kommt hier häufig auch das in Schweden entwickelte Prüfverfahren »3 R«.

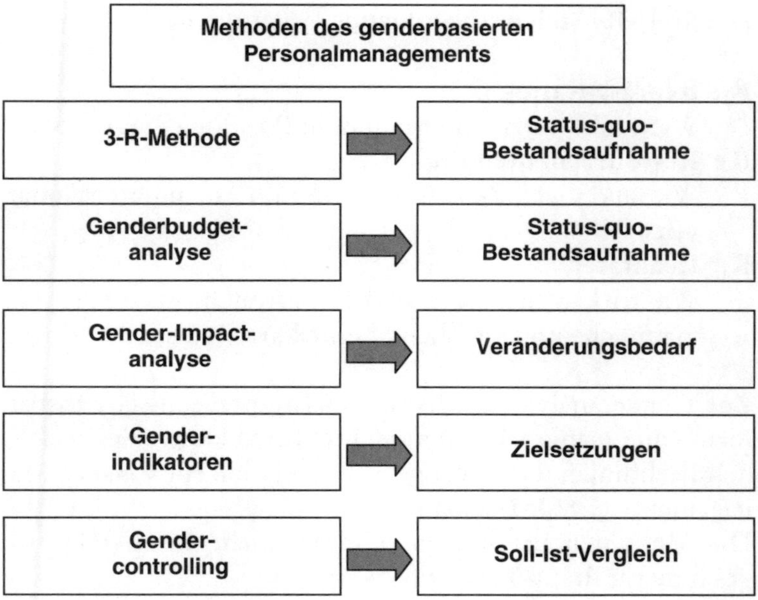

Abb. 34: Genderbasiertes Personalmanagement und Methoden

Die 3-R-Methode

		Aktionen
Repräsentation	Horizontale und vertikale Repräsentation von Frauen und Männern in einer Organisation	Erstellen Sie eine Genderstatistik.
Ressourcen	Geschlechtsspezifische Verteilung der Verfügbarkeit von unterschiedlichen Ressourcen – etwa Zeit, Geld und Raum	Erstellen Sie eine genderbasierte Ressourcenstatistik.
Realia	Beschreibung der Kultur der Organisation	Erstellen Sie eine genderspezifische Analyse der Lebensqualität im Unternehmen.

Abb. 35: 3-R-Methode zur Erstellung einer Genderanalyse im Unternehmen

Die drei »R« stehen für folgende Leitfragen:

R_1: Repräsentation
Wie sind Frauen und Männer in Positionen vertreten?

R_2: Ressourcenzuteilung
Wie sind Geld, Zeit, Sachmittel auf Frauen und Männer verteilt?

R_3: Realitäten
Wie wirken sich gegenwärtige Personalprozesse auf männliche und weibliche Berufskarrieren aus?

Zur Genderanalyse werden organisationsspezifische Instrumente und maßgeschneiderte Checklisten verwendet, welche den Richtlinien der »European Foundation for Quality Management« (EFQM) entsprechen.
Die Methoden bereiten im Unternehmen die Genderprogramme für die Alltagspraxis vor.

Genderanalysen geben Aufschluss über quantitative und qualitative Aspekte des männlichen und weiblichen Personals, sind daher differenzierter in ihren Befunden als übliche Personalstatistiken und ermöglichen so präzise Zielsetzungen für den Veränderungsbedarf.
Zugleich decken Genderanalysen neue Facetten in der Unternehmenskultur auf. Die Antworten auf die wesentlichen Fragen der Genderanalyse, warum Männer und Frauen im Unternehmen wie und auf welchen Positionen verteilt sind, wie sie unterschiedlich in die Strukturen und Prozesse des Unternehmens eingebunden sind, wie sich Systeme und Instrumente unterschiedlich auf sie auswirken und wie es sich schließlich als Mann oder Frau im Beruf lebt, sagen mehr über die Qualität und Kultur der Zusammenarbeit und Leistungsfähigkeit im Unternehmen aus als alle veröffentlichten Bilanzen, Unternehmensgrundsätze und Selbstdarstellungen.
Welche Fragen bei den Genderanalysen im Einzelnen für ein Unternehmen richtig sind, muss das Unternehmen selbst herausfinden.

Prinzipiell kann jeder Organisationsfaktor vom Unternehmensumfeld bis hin zu den Geschäftsprozessen und den Instrumenten einer Genderanalyse unterzogen werden.
Wir geben hier exemplarisch einige Anregungen für Fragen, die in Checklisten in den Bereichen *Personalmanagement*, *Managementleistung* der Führungskräfte und *Unternehmenskultur* verwendet werden können.

GENDER-CHECKLISTE: Bereich Personalmanagement

Strategie

1) Gibt es eine Personalstrategie Gender?
2) Stimmt die Personalstrategie mit der Unternehmensstrategie überein?
3) Wer war an der Formulierung der Personalstrategie beteiligt?
4) Welche Informationsquellen wurden für die Formulierung der Personalstrategie benutzt?
5) Gibt es Daten zu den Bedürfnissen und Präferenzen potenzieller weiblicher und männlicher Bewerber?
6) Gibt es Übersichten über geschlechtsspezifische Arbeitsmarktdaten, Bewerberzahlen und Bewerberverhalten?
7) Wie ist das Image des Personalmanagements aus Sicht von Genderexperten?
8) Werden in den Anforderungsprofilen für Mitarbeiter Genderpotenziale berücksichtigt?
9) Welches sind die wichtigsten Anforderungskriterien, die sich aus der Personalstrategie Gender für die Gestaltung des Unternehmens ergeben?
10) Ist Gender in die Balanced Scorecard des Personalwesens aufgenommen?

Change-Agent

11) Sind in den Veränderungsprojekten Genderaspekte enthalten?
12) Wer ist der Change-Agent[113]?
13) Haben die Change-Agents Genderexpertise?
14) Kooperieren Beauftragte für Chancengleichheit mit Change-Agents in Veränderungsprojekten?
15) Informieren die Change-Agents über die Stimmungen, Meinungen und Erwartungen der Mitarbeiter?

Kompetenzentwicklung

16) Gibt es Maßnahmen des Personalwesens zur systematischen Entwicklung von Genderkompetenz?
17) Analysiert das Personalwesen die Genderkompetenz von Führungskräften?
18) Gibt es ein spezielles Managementbudget zur Kompetenzentwicklung der Führungskräfte?
19) Welche Instrumente werden zur Entwicklung von Genderkompetenz eingesetzt?

Abläufe

20) Berücksichtigt die Personalplanung (Bedarf, Einsatz, Entwicklung, Nachfolge, Marketing) Genderaspekte?
21) Ist das Personalmarketing genderspezifisch?
22) Wie effektiv ist das Personalmarketing bei der Anwerbung von Frauen?
23) Sind bei der Personalauswahl Genderexperten beteiligt?
24) Sind die Beurteiler in Assessment-Centern gendergeschult?

[113] Change-Agent = Person, die hilft, Veränderungen im Unternehmen durchzuführen.

25) Enthält der Personalbetreuungsprozess Gleichstellungsaspekte?
26) Gibt es eine Vereinbarung zur Work-Life-Balance?
27) Gibt es Genderstatistiken (Noten, Übernahmedaten) zur Ausbildung?
28) Haben die Weiterbildungsangebote Genderaspekte?
29) Gibt es ein Gendertrainingsprogramm?
30) Gibt es Daten über den Personaltransfer (Anzahl, Kosten) von Männern und Frauen?
31) Unterscheiden sich die Leistungsbeurteilungen bei Männern und Frauen?
32) Gibt es Unterschiede im Karrieretempo bei Männern und Frauen?
33) Gibt es Unterschiede bei Gehältern und Anreizen bei Männern und Frauen?
34) Wie intensiv und unterschiedlich (Zeit und Kosten) ist die Personalbetreuung für Männer und Frauen?
35) Wie viele Frauen und Männer nehmen an Management-Development-Programmen teil und erreichen Führungspositionen?
36) Was kosten Frauen und was kosten Männer auf Vergleichspositionen das Unternehmen?

Viele weitere Fragen lassen sich selbstverständlich unternehmensspezifisch formulieren:

GENDER-CHECKLISTE: Bereich Führung

Führung

1) Anzahl der Arbeitsstunden, die Führungskräfte für die Führung und Zusammenarbeit von männlichen und weiblichen Mitarbeitern aufwenden?

2) Wie beurteilen männliche und weibliche Mitarbeiter ihre Führungskräfte?
3) Gibt es unterschiedliche Zielvereinbarungen für männliche und weibliche Mitarbeiter?
4) Welche Feedbackkanäle nutzen weibliche und männliche Mitarbeiter für Rückmeldungen zur Führungsleistung?

Führungssysteme

5) Sind die Führungsinstrumente (Mitarbeitergespräch, Leistungsbewertungen, Zielvereinbarungen, Management-Development-Programme und Mitarbeiterbefragungen) genderbasiert?
6) Gibt es genderbezogene Mentoringinstrumente?
7) Sind im Mentorenpool männliche und weibliche Führungskräfte?

Führungsverhalten

8) Wie viele männliche und weibliche Nachwuchsführungskräfte hat eine Führungskraft entwickelt?
9) Welche Stärken und Schwächen hat die Führungskraft aus weiblicher und männlicher Sicht?
10) Hat die Führungskraft ein Gendertraining absolviert?
11) Verhält sich die Führungskraft im Führungsalltag genderkompetent?
12) Setzt die Führungskraft Teams unter Genderaspekten zusammen?
13) Macht die Führungskraft Probleme in der Zusammenarbeit zwischen Männern und Frauen zum Thema?
14) Kennt die Führungskraft Präventionsprogramme zur sexuellen Belästigung, und kann sie kritische Vorfälle genderkompetent managen?

GENDER-CHECKLISTE: Bereich Unternehmenskultur

Unternehmenskultur

15) Gibt es Genderstatements in den Unternehmensgrundsätzen und Führungsgrundsätzen?
16) Wird Gender im Unternehmen kommuniziert?
17) Haben Genderpotenziale einen Stellenwert im Unternehmen?
18) Hat das Unternehmen Gender-Mainstreaming eingeführt?
19) Bewirbt das Unternehmen besonders qualifizierte Frauen für Führungspositionen?
20) Gibt es im Unternehmen Systeme zur Personalqualitätsmessung?
21) Hat sich das Unternehmen um den Europäischen E-Quality-Award beworben und ihn erhalten?
22) Erstellt das Unternehmen einen Personalbericht mit Genderaspekten?
23) Gehört Chancengleichheit in den Wertekatalog des Unternehmens?
24) Versteht sich das Unternehmen als lernende Organisation, und gehört Gender in das Lernprogramm?

Gender-Checklisten sind Instrumente, die Transparenz erzeugen sollen. Checklisten sind umso brauchbarer, je genauer und relevanter die Fragen sind. Deshalb startet man Genderanalysen im Unternehmen am besten mit **eigenen** Checklisten.

Wir schlagen daher vor:
Formulieren Sie eine spezifische Checkliste für Ihr Unternehmen mit den wichtigsten Fragen zum Personalmanagement von Männern und Frauen zu einem dieser Bereiche.

- Personalmarketing/Personalsuche
- Personalauswahl
- Personalförderung
- Outplacement
- Personalbeurteilung

Formulieren Sie Zielsetzungen für diese Bereiche!
Entwickeln Sie einen Maßnahmenplan und eine Umsetzungsstrategie!
Entwerfen Sie eine Evaluationsprozedur!

Das Genderprogramm

Die Methoden liefern Analysen, die Zielsetzungen und Ideen für die Entwicklung eines unternehmensspezifischen Genderprogramms. Entscheidend im Entwicklungsprozess ist dabei die Akzeptanz des Genderprogramms durch das Topmanagement und die Männer und Frauen im Unternehmen. Die Entwicklung und Umsetzung eines Genderprogramms ist ein **Projekt**, das in Struktur und Ablauf den Regeln des Projektmanagements folgt und neun Schritte beinhaltet.

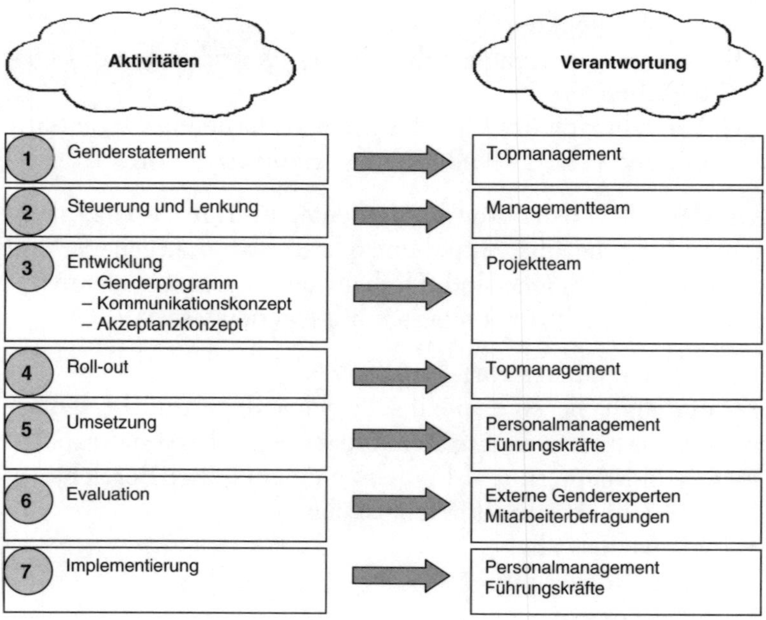

Abb. 36: Schritte zur Implementierung eines Genderprogramms

1. Schritt
Das Topmanagement gibt ein Genderstatement bekannt.

Das *Topmanagement* startet mit einem Genderstatement die Innovation im Personalmanagement. Das Genderstatement enthält die Kernaussagen zur Personalstrategie Gender, legt die Verbindungen zwischen der neuen Personalstrategie, dem Beitrag zur Wertschöpfung und Erreichung der Unternehmensziele dar, benennt die Interessen, welche die Stakeholder[114] und welche die Shareholder[115] an Gender haben.

2. Schritt
Ein Gender-Managementteam wird gebildet zur Steuerung und Lenkung.

Das *Managementteam* steuert und lenkt verantwortlich das Projekt »Genderprogramm«. Dem Managementteam gehören leitende Führungskräfte, Personalchefs im Unternehmen und Mitglieder der Personalvertretungen an. Dem Managementteam gehören optimalerweise gleich viele Männer und Frauen an.

3. Schritt
Das Gender-Projektteam wird gebildet und eine Projektleitung berufen.

4. Schritt
Das unternehmensinterne Kommunikations- und Akzeptanzkonzept wird erstellt.

5. Schritt
Das Genderprogramm wird entwickelt und als Projekt gemanagt.

---

[114] Stakeholder = Interessengruppen des Unternehmens.
[115] Shareholder = Anteilseigner des Unternehmens.

Das *Projektteam* und die Projektleitung sind nach Diversitätsaspekten zusammengesetzt. Die Mitglieder werden nach Fachkompetenz, Alter, Geschlecht und Schlüsselpositionen ausgewählt. Externe Berater mit Genderexpertise unterstützen das Projektteam bei der Entwicklung der inhaltlichen und zeitlichen Projektstruktur, der Festlegung der Aufgaben und des Pflichtenhefts, beim Projektcontrolling und der Festlegung der Erfolgsindikatoren. Die Entwicklung eines umsetzungsreifen Genderprogramms und der begleitenden Kommunikations- und Akzeptanzkonzepte sind die Kernaufgaben des Projektteams.

6. Schritt
Das Roll-out des Genderprogramms erfolgt.

Die *Umsetzungsphase* beginnt mit einem öffentlichen *»Roll out«* des Genderprogramms. Das Topmanagement erklärt dabei das Genderprogramm als verbindliche Maßnahme im Personalmanagement.

7. Schritt
Die Umsetzung des Programms erfolgt.

Die Umsetzung und Erprobung des Genderprogramms mit definierten Meilensteinen und verbindlichen Statusreports an das Managementteam ist die Aufgabe des Personalmanagements und der beteiligten Führungskräfte.

8. Schritt
Das Genderprogramm wird evaluiert.

Das Projekt wird schließlich evaluiert im Hinblick auf die Übereinstimmung mit dem Genderstatement und unter dem Aspekt der Qualitätsverbesserung und Effizienzsteigerung

des Personalmanagements und der Akzeptanz der weiblichen und männlichen Mitarbeiter im Unternehmen.
Die *Evaluation* wird von externen Genderexperten und mit Mitarbeiterbefragungen durchgeführt. Der Evaluationsreport muss Erfolgs- und Misserfolgsindikatoren (Kosten und Nutzen) ausweisen und Hinweise auf die Schnittstellen und Kontaktpersonen bei der Einführung des Genderprogramms geben.

9. Schritt
Gender wird in das Personalmanagement implementiert.

Der Report soll die Bedeutung des Monitoring[116] für die Implementierung hervorheben und Empfehlungen geben, wie ein Standardmonitoring inhaltlich erfolgen muss.
Mit der Integration des Genderprogramms in das reguläre Personalmanagement beginnt ein nachhaltiger Implementierungsprozess. Für das Personalmanagement und für die Führungskräfte steht das Genderprogramm in den eigenen Zielvereinbarungen und Erfolgsbeteiligungen und wird in ihre Leistungsbeurteilungen aufgenommen.

Das Gendertraining

Gendertrainings sind Qualifizierungsmaßnahmen, die auf Wissensaufbau, Einstellungsänderungen und Verhaltensinnovationen zielen und damit Genderkompetenzen im Unternehmen entwickeln. Zielgruppen sind zuerst die Schlüsselpersonen im Unternehmen sowie die Führungskräfte und Nachwuchsführungskräfte. Die Zielsetzung von Gendertrainings ist die Anwendung von Genderwissen auf die Erfordernisse der Zusammenarbeit, der Führung und Teamarbeit im Unternehmensalltag und auf das Management von Personalprozessen.

[116] Monitoring = das kontinuierliche Überwachen eines Prozesses.

Genderkompetenz besteht aus Fachwissen über Genderpotenziale und Genderrollen, aus Methodenwissen über genderspezifische Analyseverfahren und Gendercontrolling sowie der Fähigkeit, Wissen und Methoden für eine genderbezogene Führung und ein genderbasiertes Personalmanagement in der Praxis anzuwenden.

Die Führungskräfte und die Personalberater sind in der Regel die ersten Gruppen, die trainiert werden. Eine Pilotseminarreihe könnte dabei nach unseren Erfahrungen folgende Trainingseinheiten haben:

Seminar 1: Frauen sind anders – Männer auch
Verhaltensunterschiede und deren Auswirkungen und Konsequenzen auf die gegenseitige Akzeptanz und Kooperation im Beruf

Seminar 2: Männersprache – Frauensprache
Strategien zur effektiven Kommunikation im Beruf

Seminar 3: Macht und Konflikt zwischen Männern und Frauen
Lösungsstrategien für Beruf und privates Leben

Seminar 4: Gemischte Teams
Optimierung der Zusammenarbeit zwischen Frauen und Männern in Arbeits- und Projektteams

Seminar 5: Diversität in der Führung
Frauen und Männer richtig führen und gerecht beurteilen

Seminar 6: Lebens- und Arbeitspartnerschaften
Neue Werte- und Zeitorientierungen für Männer und Frauen

Seminar 7: Das genderbasierte Personalmanagement
Innovationen vom Personalmarketing bis zur Personalentwicklung

Gendertrainingsmaßnahmen führen zur nötigen

KLARHEIT	über Genderkompetenz und Anwendungsmöglichkeiten im Unternehmen
SENSIBILISIERUNG	für Genderaspekte in der Führung der Mitarbeiter und Mitarbeiterinnen
INNOVATION	im Personalmanagement
MOTIVATION	durch Umsetzung der Genderkompetenz in der Zusammenarbeit
AKZEPTANZ	der neuen Personalstrategie Gender

Gendertrainings sind keine Standardseminare, sie werden sowohl inhaltlich als auch didaktisch maßgeschneidert auf die Bedürfnisse der Zielgruppen entworfen und durchgeführt.
In der Regel beteiligen sich die Auftraggeber an der Gestaltung der Trainings. Die perfekte Vorbereitung der Gendertrainings geschieht nicht zuletzt deshalb, weil das Genderthema sehr neu ist, es zudem in aller Regel Emotionen auslöst und daher Detailorientierung in der Vorbereitung erfordert.
Wenn ein Gendertraining entwickelt wird, stellen wir uns zunächst eine Reihe grundsätzlicher Fragen, zum Beispiel:
- Wer will ein Gendertraining?
- Welches Anliegen (ausgesprochen oder unausgesprochen) steht dahinter?
- Was sind offizielle Begründungen und Anlässe?
- Hat die Teilnehmergruppe ein gemeinsames Ziel?
- Werden Teilnehmer zur Teilnahme verpflichtet?

Die Genderexpertise im Berater- und Trainermarkt ist bisher verschwindend gering. Nicht zuletzt das belegt den Innovationsgrad der Gendertrainings.
Bevor Sie ein Gendertraining kaufen, empfehlen wir, Rück-

fragen bei ausgewiesenen Genderexperten[117] vorzunehmen. In der Regel sind die Experten weiblich und können in ihrer Ausbildung eine Qualifikation »Genderstudien« nachweisen oder wurden in den Institutionen der angewandten Genderforschung ausgebildet.

Das Gender-Mainstreaming

Gender-Mainstreaming ist ein politisches Konzept, auf das die Europäische Union ihre Mitgliedsstaaten rechtsverbindlich verpflichtet hat, um die fachliche Gleichstellung von Frauen und Männern in der Europäischen Union zu erreichen.
Die politischen Schlüsselpersonen sind die Vereinten Nationen, die Europäische Union, die nationalen Regierungen und Länderregierungen.

Was international als »state of the art« in der politischen Zielsetzung schon gilt, wird auch bald in den Unternehmen verbreitet sein und als genderbasiertes Personalmanagement praktiziert werden.

Seit der UN-Resolution 52/100 1995 von Peking wird Geschlecht in allen UN-Resolutionen benannt.
Auf EU-Ebene enthält der Amsterdamer Vertrag, Art. 2, 3, Abs. 2 1997–1999 EVG eine Verpflichtung für ein nationales Aktionsprogramm (NAP 2000).
Danach ist in den nationalen beschäftigungspolitischen Aktionsplänen Gender-Mainstreaming umzusetzen nach den rechtlichen und politischen Vorgaben der EU.
In der Praxis ist Gender-Mainstreaming nicht nur ein Planungs- und Evaluierungsinstrument, sondern zugleich eine betriebliche Reorganisations- und Modernisierungsstrategie,

[117] Unser Institut für Frauenforschung und Genderstudien der FH Kiel verfügt über ein internationales Expertinnennetzwerk und kann hierzu beraten.

die etwa bei der Beteiligung an den EU-Forschungsprogrammen verbindlich ist.

Wer von der EU Geld oder staatliche Subventionen will, muss künftig »gendern«.

Der Genderblick muss auch in den Unternehmen bei allen Entscheidungen so selbstverständlich wie die Kostenfrage werden. Für die Einführung des Gender-Mainstreamings gibt es Hürden zu überwinden und Fragen zu beantworten.

- Gibt es öffentliche Anerkennung? → fragen Führungskräfte.
- Welchen Nutzen hat es? → fragen die Controller.
- Welche Führungskräfte lassen sich überhaupt beraten? → fragen die Berater.
- Wie vermitteln wir Gender-Mainstreaming intern? → fragen die Personalreferenten.

Wenn Gender-Mainstreaming in das Unternehmen eingeführt werden soll, braucht man dazu ein Rahmenkonzept. Voraussetzungen für die erfolgreiche Umsetzung eines Rahmenkonzepts sind:

Klarheit	Was soll erreicht werden?
Einfachheit	Wie ist das am einfachsten zu erreichen?
Prägnanz	Wie eindeutig müssen wir sein?
Stimulanz	Wie ist es attraktiv?

Als kritische Punkte erweisen sich bisher oft:

- Klare Verantwortlichkeiten für Führungskräfte, ohne die es Verantwortungsdiffusion und Vollzugsdefizite gibt.
- Personal- und Finanzressourcen, weil Anreize und Gewinne Innovationstreiber sind.
- Der Aufbau der abteilungsspezifischen Genderkompetenzen durch Projekte, Training und Beratung. Gender-Main-

streaming verändert nämlich die Anforderungen an die übliche Fach- und Methodenkompetenz.

- Die Transparenz über die Umsetzung und den Erfolg der Umsetzung.

Qualitätsprüfungen

Die Personalstrategie Gender zielt darauf, die Genderpotenziale so nutzbar zu machen, dass die Leistungsfähigkeit des Unternehmens im Marktvergleich gesteigert wird. Nicht nur die Personalqualität wird durch Genderaspekte verbessert, auch die organisatorische Qualität, die Qualität der Systeme, Prozesse und Produkte soll gesteigert werden. In den Messsystemen zur Qualität (ISO 9000–2000) ist die Personalqualität ein Teilaspekt. Seit Juni 2002 richtet sich auch das Personalmanagement an Qualitätsnormen[118] aus. Die Qualitätsmessungen, zur Chancengleichheit, denen sich bisher Konzerne unterziehen, gelten der praktizierten Frauenförderpolitik und der Familienpolitik in Unternehmen. Die Aktivitäten der Unternehmen richten sich so in der Regel auf die Zielgruppe Frauen, nicht auf eine Genderstrategie. Insofern ist der bekannte »Total-E-Quality-Award« ein Prädikat, das für die Verbesserung der Chancengleichheit für Frauen vergeben wird. Bisher fehlt ein vergleichbarer Award für ein professionelles Gendermanagement.
Der Paradigmenwechsel im Personalmanagement ist jedoch erst dann erfolgt, wenn man bei Personalmanagementmaßnahmen Frauen und Männer gleichermaßen im Genderblick hat.

[118] Die Norm DIN 33430 ist bisher noch freiwillig für das Personalmanagement und bezieht sich auf berufsbezogene Eignungsbeurteilungen.

Take away!

1. Wer künftig staatliche Gelder und Subventionen haben will, muss ein Genderprogramm vorweisen.
2. Erstellen Sie Ihre Gender-Checklisten spezifisch für Ihre Fragestellungen.
3. Führen Sie das erste Genderprogramm als Projekt und nach den Regeln des Projektmanagements durch.
4. Nehmen Sie als Führungskraft oder Schlüsselperson in der Personalarbeit zuerst an einem Gendertraining teil.
5. Lassen Sie Ihre externen Berater vor Gendertrainings von ausgewiesenen praxisorientierten Instituten prüfen.

Nachwort

»Hier gibt's keine Regeln, wir wollen schließlich etwas erreichen!«

T. A. Edison (Erfinder der Glühbirne)

Das Gendermanagement möchten wir im Rahmen der Neuorientierungsdebatten in den Unternehmen und zu den Theorien der Personalführung sehen.

Dabei geht es unserer Meinung nach um viel mehr als nur um eine weitere Facette in der Managementpraxis. Das Vorhaben, Gender als Analyseidee auf den Personalmanagementprozess in Unternehmen anzuwenden, bringt die internationale Genderforschung in den Verbund der neueren Ansätze und Themen, die derzeit als wirtschaftsökologische und wirtschaftsethische Diskurse[119], als Sozialökonomik und evolutorische Ökonomik[120] bekannt sind.

Seit 1995 ist die Forschungsrichtung »Gender und Ökonomie« eine eigene Abteilung der American Economics Association.

Auf dem Wissensmarkt konkurrieren – wie im realen Markt auch – viele Theorien und Ideen um Akzeptanz und Aufnahme in die Alltagspraxis der Gesellschaft, der Organisationen und der Unternehmen.

Für Organisationen und Unternehmen sollte es selbstverständlich sein, die Konzepte und Methoden auszuwählen, die ihnen mehr Fortschritte und Erträge versprechen, auch wenn sie dabei etwas ausprobieren müssen, was andere noch nicht wagen: neue Ideen.

Wenn Unternehmen das Gendermanagement anwenden, dann hospitieren sie teilweise auch außerhalb der traditionel-

[119] Vgl. Seifert (1989).
[120] Vgl. Witt (1992).

len Betriebswirtschaftslehre in sozialwissenschaftlichen und biologischen Disziplinen. Dabei übernehmen sie die Rolle von »Pfadfindern« in den Reformbewegungen der Arbeitswelt, mit denen unwirtschaftliche und unfaire Strategien unvereinbar sind.

Neue Ideen haben dann Erfolg, wenn die Zeit reif ist. Solange sich Wirtschaft, Unternehmen und Organisationen im Gleichgewicht glauben, sehen sie keinen Anlass für Innovationen. Die Annahmen von Stabilität und Gleichgewicht in der Wirtschaft erweisen sich ganz offensichtlich immer mehr als Wunschdenken, das beunruhigende Realitäten übersieht. Daher erscheint plötzlich die Zeit reif zu werden für neue Konzepte. Wissen gehört dazu. Genderwissen ist ein Teil des neuen Wissens zur Orientierung der Unternehmen im Personalmanagement. Dabei interessiert die Unternehmen ja nicht das Neue an sich an Gender, sondern dass seine Anwendung zu weniger Kosten und mehr Erträgen führen kann.

Wir haben versucht, mit unseren Überlegungen Organisationen und Unternehmen auf die sie interessierenden Fragen zu den Möglichkeiten des Gendermanagements erste Antworten zu geben.

Wir selbst arbeiten weiter an Genderfragen, nicht nur in der Arbeitswelt, sondern auch im Bereich der Medizin und Gesundheitswirtschaft. Denn alles das, was der Nachhaltigkeit der wirtschaftlichen Existenz von Frauen und Männern und ihrer Gesundheit dient, lässt sich früher oder später rechnen.

Wir wünschen uns einen Dialog zum Gendermanagement mit unseren Leserinnen und Lesern.
Sie erreichen uns per E-Mail:

iwelpe@web.de & ingelore.welpe@fh-kiel.de

oder besuchen Sie die Webseite www.welpe-online.de

Literaturverzeichnis

Allmendinger, J. & Hackman, J. R. (1995): The more, the better? A four-nation study of the inclusion of women in symphony orchestras. In: Social Forces, 74, S. 423–460.

Altmann, H. C. (1997): Sternstunden der Führung. Erfolgsstrategien großer Personen der Geschichte.

Axelrod, R. (1997): Die Evolution der Kooperation. München.

Bischoff, S. (Hrsg.) (1996): Top-Arbeitgeber für Frauen. Mannheim.

Bleis, T. (1992): Personalmarketing. München.

Blum, D. (1997): Sex on the brain. New York.

Buckingham, M. & Coffman, C. (2001): Erfolgreiche Mitarbeitführung gegen alle Regeln.

Clayton, S. D. & Crosby, F. J. (1992): Justice, Gender, and affirmative action (Critical Perspectives On Women and Gender), Ann Arbor.

Demmer, Ch. (Hrsg.) (1988): Frauen ins Management. Von der Reservearmee zur Begabungsreserve. Frankfurter Allgemeine Zeitung/Gabler Verlag: Wiesbaden 1988.

Dixit, A. & Nalebuff, B. (1993): Thinking Strategically. New York.

Döge, P. (2001): Geschlechterdemokratie als Männlichkeitskritik. In: Aus Politik und Zeitgeschichte, B. 31–32, S. 18–23.

Eisler, R., Studmore, M. & Jay, R. (1991): Male Gender Role Stress. Virginia Polytec Institute.

Fehr, E. & Schwarz, G. (Hrsg.) (2002): Psychologische Grundlagen der Ökonomie. Zürich.

Fields, D. L. & Blum, T. C. (1997): Employee satisfaction in work groups with different gender composition. In: Journal of Organizational Behavior, 18 (2), S. 181–196.

Frey, B. S. (1997): Markt und Motivation. Wie ökonomische Anreize die Arbeitsmoral verdrängen. München.

Frey, D. (1991): Die blinden Flecken bei Teamentscheidungen. GDI Impuls, 1/91, S. 13–20.

Friedman, B. S., Hatch, J. A. & Walker, D. M. (1999): Mehr Wert durch Mitarbeiter. Neuried 1999.

Friedman, R. & Krackhardt, D. (1997): Social Capital and Career Mobility: A Structural Theory of Lower Returns-to-Education for Asians. In: Journal of Applied Behavioral Science, 1997, Vol. 33, S. 316–334.

Gallo, B. (1996): A Grand Slam against Women. In: Denver Westward am 31.10.1996, S. 47.

Gertz, W. (2003): Flagge zeigen für den Wert des Mitarbeiters. In: Personalmagazin, Heft 5, S. 76–77.

Gross, P. (1995): Abschied von der monogamen Arbeit, In: gdi Impuls 13, 3, S. 31–39.
Heilman, M. & Stopeck, M. (1985): Attractiveness and corporate success: Different causal attributions for males and females. In: Journal of Applied Psychology, 70, S. 379–388.
Henschel, H. & Welpe, I. (2002): Wilderness-Experience. Motivation ohne Befehl und Gehorsam. Wien.
Herstatt, C. & Müller, C. H. (Hrg.) (2002): Management-Handbuch der Biotechnologie, Stuttgart.
Hoffman, C. & Hurst, N. (1990): Gender stereotypes: Perception or rationalization? In: Journal of Personality and Social Psychology, 58, S. 197–208.
Holz & Erlend (2001): Zeitaufwendung in Deutschland. Beruf, Familie, Freizeit – Bd. 13 der Schriftenreihe Spektrum Bundesstatistik, Statistisches Bundesamt, Stuttgart.
Homann, K. & Blome-Drees, F. (1992): Wirtschafts- und Unternehmensethik, Göttingen.
Kanter, R. M. (1979): Differential access to opportunity and power. In: Alvarez, R. & Lutterman, K. G. (Hrsg.) (1979): Discrimination in organizations. Using Social Indicators to Manage Social Change, San Francisco, S. 52–68.
Kimmel, M. S. (1994): Masculinity as homophobia: Fear, shame, and silence in the construction of gender identity. In: Brod, H. & Kaufman, M. (Hrsg.) (1994): Theorizing Masculinities. London: Sage, S. 119–141.
Kimura D. (1998): Sex, sexual orientation and sex hormones influence human cognitive function. In: Biomed Rev. 7, S. 33–39
Kümmel, G. & Werkner, I.-J. (Hrsg.) (2003): Soldat, weiblich, Jahrgang 2001: Sozialwissenschaftliche Begleituntersuchungen zur Integration von Frauen in die Bundeswehr – Erste Befunde. Berichte Bd. 76. Strausberg: Sozialwissenschaftliches Institut der Bundeswehr.
Knußmann, R. (1982): Der Mann – ein Fehlgriff der Natur? Hamburg.
Lamb, M. (Hrsg.) (1987): The Father's Role: Cross-Cultural Perspectives. Hillsdale, New Jersey.
Lüscher, K., Schultheis, M. & Wehrspaum, M. (Hrsg.) (1988): Die postmoderne Familie. Konstanz.
Lutz, Ch. (1997): Leben und arbeiten in der Zukunft. München.
Martell, R. F. (1991): Sex bias at work: The effects of attentional and memory demands on performance ratings of men and women. In: Journal of Applied Social Psychology, 21, S. 1939–1960.
Martell, R. F., Lane, D. M. & Emrich, C. E. (1996): Male-Female differences: A computer simulation. In: American Psychologist, 51, S. 157–158.
Meulenbelt, A. (1994): Die Unmöglichkeit der Liebe zwischen Mann und Frau. Reinbek.

Neubauer, R. (1990): Frauen im Assessmentcenter ein Gewinn? In: Zeitschrift für Arbeits- und Organisationspsychologie, 34, S. 29–36.
Orlitzky, M. & Benjamin, J. D. (2003): The effects of Sex Composition on Small Group Performance in a Business School Case Competition. In: Academy of management Learning and Education, 2003. Vol. 2, No. 2, S. 128–138.
Pritzel, M. & Markowitsch, H. J. (1997): Sexueller Dimorphismus: Inwieweit bedingen Unterschiede im Aufbau des Gehirns zwischen Mann und Frau auch Unterschiede im Verhalten? In: Psychologische Rundschau, 48, S. 16–31.
Ries, A. & Trout, J. (2001): Die 22 unumstößlichen Gebote im Marketing. München.
Rosenstiel, L. v. & Ewald, G. (1979): Marktpsychologie. Band I. Konsumverhalten und Kaufentscheidung. Stuttgart.
Schuhmacher, A. & Knußmann, R. (1977): Sind Körperhöhenunterschiede zwischen den sozialen Ständen beim Menschen ein Modifikations- oder ein Siebungseffekt? In: Homo, 30, 26–41.
Seifert, E. K. (1989): Die ökologische Herausforderung für den wirtschaftsethischen Diskurs. In: Seifert & Pfriem (Hrsg.): Wirtschaftsethik und ökologische Wirtschaftsforschung, Beiträge zur Wirtschaftsethik, Band 3, Bern/Stuttgart.
Staudt, E. & Kottmann, M. (1999): Window of Competence – Von der Gründungsdynamik von gestern zur Innovationsschwäche von morgen. In: Staudt, E. (Hrsg.): Berichte aus der angewandten Innovationsforschung. No. 182, Bochum.
Staudt, E. (1997): Kompetenz und Innovation. Eine Bestandsaufnahme jenseits von Personalentwicklung und Wissensmanagement. Bochum.
Tanner, N. M. (1994): Der Anteil der Frau an der Entstehung des Menschen. Eine neue Theorie zur Evolution.
Trieger, T. (1980): On the biological basis of sex differences in aggression. In: Child Development, 51, S. 943–963.
Valian, V. (1997): Why so slow: The advancement of women. Boston.
Vaskovics, L. A. & Rost, H. (1999): Väter und Erziehungsurlaub. Band 179. Schriftenreihe des Bundesministeriums für Familie, Senioren, Frauen und Jugend. Bonn.
Wecker, R. (1996): »Weiber sollen unter keinen Umständen zur Nachtarbeit eingesetzt werden …« Zur Konstituierung von Weiblichkeit im Arbeitsprozess. In: Eifert, Chr. u. a. (Hrsg.): Was sind Frauen? Was sind Männer?, Suhrkamp Verlag, Frankfurt/M. 1996, S. 196–215.
Welpe, I. (1983): Vergleichende anthropologische und psychologische Untersuchung an zehn- bis vierzehnjährigen Mädchen in der Reifezeit. Mainz.
Welpe, I. (1999): Das Prinzip Selbstorganisation und seine Bedeutung für die Entwicklung von Intrapreneurship im Management. München.

Wickler, W. & Seibt, U. (1998): Männlich – Weiblich. Ein Naturgesetz und seine Folgen. München.
Willi, J. (2002): Was hält Paare zusammen? Reinbek.
Witt, U. (Hrsg.) (1992): Studien zur evolutorischen Ökonomik II, Berlin.
Wood, W. (1987): Metaanalytic review of sex differences in group performance. In: Psychological Bulletin, 102, S. 53–71.
Wucknitz, U. D. (2002): Handbuch Personalbewertung. Messgrößen – Anwendungsfelder – Fallstudien. Stuttgart.
Wunderer, R. & Dick, P. (Hrsg.) (1997): Frauen im Management, Neuwied.
Wunderer, R. (1992): Das Personalwesen auf dem Weg zu einem Wertschöpfungscenter. In: Personal, Heft 4, S. 148–153.